아동의 조음음운장애 치료

Treating Articulation and Phonological Disorders in Children

Dennis M. Ruscello 지음
김수진·한진순·장선아·박상희 옮김

This edition of ***Treating Articulation and Phonological Disorders in Children, 1e*** by **Dennis Ruscello** is published by arrangement with Elsevier Inc.

Original Edition ISBN: 978-0-323-03387-9
Translated Version ISBN: 978-89-91633-88-9
Publication Date in Korea: 2011. 8. 30

Translated by **Pakhaksa** Publishing Co.
Printed in Korea

지난 35년의 임상기간 동안 나에게 많은 가르침을 준
West Virginia University의 연구자와 임상 동료들에게
이 책을 바칩니다.

또한 치료과정을 통해 나로 하여금
끊임없이 배울 수 있게 해준
말소리장애 아동과 그 보호자들에게도
이 책을 바칩니다.

역자 서문

역자들은 2009년 어느 시점에 학회와 협회에서 조음음운장애를 주제로 이야기를 나누다가 학생들에게 치료과정에 대해 이해하기 쉽고 현장에 적용하기 좋은 지침서가 있으면 좋겠다는 생각을 함께 나누게 되었다. 당시로는 가장 최근에 출판되었고, 비교적 읽기 쉬운 이 책을 번역하기로 하였다. 이 책은 많은 연구 결과를 정리한 정교한 이론서는 아니지만, 조음음운장애의 각 영역별 치료프로그램을 계획하고 실행할 수 있도록 체계적으로 구성되어 있다. 조음음운장애는 그 원인에 따라 증상과 치료예후가 매우 달라진다. 최근 조음음운장애 대신 말소리(산출)장애라는 용어를 자주 사용하는데, 이 책에서는 말소리체계장애라는 용어를 사용하기도 하였다. 여기서 '체계(system)'는 호흡체계, 발성체계, 공명체계, 조음체계, 음운체계 등을 말하는 것으로, 말소리 산출 문제는 이 체계들에 대한 진단과 치료로 접근해야 함을 의미한다. 이 책은 일반적인 교과서와는 다소 다른 개념을 사용하기도 하고, 장애의 개요나 진단에 대한 내용은 다루고 있지 않으므로 조음음운장애를 처음 접하는 사람에게는 적합하지 않다. 기본적인 내용을 익히고 실습을 경험하였거나 동시에 경험하면서 참고한다면 매우 친절하고도 실질적인 도움을 받을 수 있을 것이다.

대략적인 번역을 마친 뒤 4학년 학생을 대상으로 한 수업에 활용하기 시작하였으나, 책으로 내기 위해서는 보다 많은 수정과 마무리 작업이 필요하였다. 처음에는 네 사람이 함께 공부하면서 번역하고, 모여서 용어도 통일하고자 하였으나, 워낙 서로 먼 곳에 있고, 개인적인 일정도 얽히면서 거의 만날 수가 없었다. 차선으로 책을 나누어 따로 번역한 뒤 수업에 활용해보기로 하였다. 그 결과, 번역의 문제는 있지만 수업 진행에 도움이 된다고 판단하여 그저 취합하여 책으로 내놓게 되었음을 고백한다. 김수진은 제1장, 제3장을 번역하고, 한진순은 제2장과 제4장을, 장선아는 5장을, 박상희는 제6장을 번역하였다. 이후 여기 이름을 나열할 수 없을 만큼 많은 제자들이 읽고 다양한 의견을 주었다. 또한 이 책을 번역하는 동안 일정을 맞춰주지 않는 역자들 탓에 마음을 졸이며 편집하고 출판해 준 박학사의 여러 분들에게도 죄송하고 감사한 마음을 전한다.

2011년. 전문적인 언어치료에 대한 현장의 요구에 맞추어 이제야 언어치료 전문가들의 법적 위상을 확보할 수 있게 되었다. 이런 시점에 언어치료 분야에서 해야 할 과제가 산적해 있지만, 가장 노력을 기울여야 할 과제 중 하나는 전문서적을 저술하고 번역하는 일이라 생각한다. 이 분야에서 훌륭한 서적이 많이 나오기를 고대한다.

2011년 7월 24일
역자를 대표하여
김수진

저자 서문

말소리 산출에 장애가 있는 아동들이 많이 있는데, 이들은 언어치료사에 의한 전문적 평가와 치료가 필요하다. 어림잡아 조음음운장애 아동의 80%는 임상치료가 필요하다고 한다. 조음음운장애의 원인은 대부분 알려지지 않았지만, 일부 아동들은 구조적·감각적 장애나 신경계 기능장애 때문에 조음음운장애를 보이기도 한다. 언어학, 인지심리학, 운동기술 학습 등 여러 전문 분야의 발전과 더불어 지난 25년 동안 의사소통장애에 대한 지적 자료는 기하급수적으로 증가하였다. 또한, 우리 분야의 연구자들은 여러 가지 치료방법을 체계적으로 분석하여 여러 이론적 관점에 의거한 치료방법의 증거 자료를 제시해 왔다.

독자와 요구

조음음운장애 아동이 너무 다양하다는 사실 때문에 이 책을 쓰게 되었다. 증상이 다양하다는 사실은 언어치료학과 청각학 전공생은 물론, 현장 언어치료사라 하더라도 다양한 치료법을 이해하고 사례에 맞는 치료를 선택할 수 있어야 함을 요구한다. 치료법을 제대로 선택하는 과정에는 치료사의 교육과 경험 모두가 필요하다. 이 과정은 치료사가 특정 치료법에 얼마나 익숙한가에 따라 임의로 결정되는 것이 아니다. 서비스 제공자(임상 감독하의 학생이든 언어치료사이든)는 아동의 조음음운장애를 신중히 검사하여 알맞은 치료를 제공해야 한다. 학생 임상가의 경우 임상 감독자의 관리 하에 이러한 결정을 내리게 된다. 이 책은 특정 아동을 위해 치료를 결정하고 이행하는 데 필요한 광범위한 정보를 제공해 준다.

독특한 내용과 개념적 접근

이 책을 쓸 때 고려한 또 다른 사항은 현재 대부분의 책이 알려지지 않은 원인의 관점에서 조음음운장애를 기술하였다는 것이다. 조음음운장애 아동들의 대부분이 뚜렷한 원인이 없기 때문이다. 그러나 치료사들은 확률이 낮다고 해도 구조적, 감각적 장애나 신경계의 영향으로 인한 조음음운장애에 대한 참고문헌도 확인해야 한다. 대개 책이나 다른 자료에서는 특정 하위집단을 집중적으로 다룬다. 예를 들어 구순구개열을 가지고 태어난 아동의 조음음운장애 치료를 계획하고 제공할 때는 특별히 고려해야 할 사항이 있다. 대부분의 학생들이나 현장 전문가들은 그런 대상자들을 자주 접하지 못하기 때문에 관련 자료가 필요하다. 이 책은 드물게 접하게 되는 하위 집단뿐만 아니라 알려지지 않은 원인의 조음음운장애 아동에 특정적인 치료 정보를 제공하고 있다. 그러므로 이 책은 조음음운장애가 있는 모든 아동들에게 적용할 수 있는 여러 가지 치료접근법에 대한 개론서라 할 수 있다.

구성

제1장은 서론으로, 이 책의 기본 원리를 소개하고 있다. 또한 조음음운장애의 다양성과 일반적 프로그램의 쟁점을 논의하고, 치료사, 대상자, 보호자 변인을 포함한 치료 모형을 소개하였다. 치료를 계획하고 시행하고 평가하는 데 필요한 요소인 학습과 치료 이론에 관한 정보도 제공하였다. 제2장은 알려지지 않은 원인으로 인한 조음음운장애를 개선하는 데 현재 사용되고 있는 치료법을 상세하게 설명하고 있다. 운동학습 접근법(음성학적, 전통적 접근법)과 언어학적 접근법(음운론적, 인지-언어적)으로 양분하였으나, 두 접근법을 포괄하는 치료법도 소개하고 있다. 제3장은 아동기 말실행증과 마비말장애와 같은 말운동장애를 위한 치료 개념을 소개하고 있다. 이 책에서 아동기 말실행증은 숙련된 움직임의 계획과 이행에서의 결함으로 정의하였으며, 마비말장애는 조음동작 실행에서의 문제로 정의하였다.

몇몇 조음음운장애 화자들은 말 산출의 구조적 문제도 함께 가지고 있다. 이러한 구조적 차이는 치아 하나가 없는 것과 같은 작은 문제일 수도 있고 구개열과 같은 큰 문제일 수도 있다. 제4장은 이러한 구조적 문제에 개입할 때 필요한 구체적 절차를 소개하고 있다. 제5장은 청각장애가 있는 조음음운장애 아동들을 위한 치료를 소개하고 있다. 청각장애는 말을 익히는 데 지대한 영향을 미치는 변인이며, 개선 방안을 수립하는 데에도 매우 중요한 변인이다. 제6장은 잔여오류를 보이는 아동들에 대해 설명하고 있다. 대개 이런 특징을 보이는 아동들은 전통적인 치료에 반응하지 않거나 기대되는 발달 성숙기 이후에도 조음음운장애를 보이는 아동들이다. 이 아동들은 비록 적은 수이나, 목표음소의 적절한 조음방법과 조음위치를 익히는 데 도움이 되는 도구를 이용하거나 바이오피드백과 같은 특수한 치료가 필요하다.

학습 참고물

이 책은 학생과 임상가의 학습능력을 향상시킬 수 있도록 다음과 같이 구성하였다.

- 각 장의 맨 앞에 그 장에서 소개할 **주제의 윤곽**을 제시하였다.
- 각 장의 주요 개념을 확실히 이해하는 데 필요한 **핵심 용어**를 간단한 설명과 함께 제시하였다.
- 핵심 용어에 이어 각 장의 주요 치료 요소를 반영한 구체적 **학습목표**를 제시하였다.
- 이어서 각 장의 내용에 집중할 수 있도록 **개요**를 제시하였다.
- **연구 노트**에는 고전과 최근의 치료 관련 문헌 중에서 중요한 내용을 소개하였다.
- 구체적인 사례, 치료와 결과에 역점을 둔 **사례 연구**를 곳곳에 제시하였다. 치료의 평가와 효율성에 대한 저자의 의견도 함께 제시하였다.
- **용어 사전**은 독자가 용어를 쉽게 이해할 수 있도록 정의하였으므로 사용이 편한 참고 자료로 활용할 수 있다.

첨언

이 교재로 수업하는 강사를 위하여 다음의 자료를 웹사이트(http://evolve.elsevier.com/Ruscello/articulation)에 올려두었다.

- **Test Bank(문제은행)**: 약 200개의 선택형, 참/거짓, 빈칸 채우기 형식의 문제와 정답, 그 근거 및 참고 페이지를 제시하였다. 강사들은 이 자료를 토대로 시험 문제를 만들거나 연습문제로 활용할 수도 있다.
- **Image Collection(이미지 모음)**: 각 장마다 컬러 그림과 함께 말과 청각기관의 해부도를 제공하였다. 이미지는 수업시간에 내려 받아 이용할 수 있고 특수한 치료 상황에 이용할 수도 있다.
- **Bibliography(인용 문헌)**: 각 장의 참고 문헌은 Medline에 인용 문헌으로 모아 두었다. 독자가 치료와 관련된 주요 문헌을 쉽고 빠르게 찾아 읽어 볼 수 있도록 하기 위해, 그리고 온라인상에서 특정 저널에 바로 연결될 수 있도록 하기 위해서이다.
- **Interactive flashcards(플래시 카드)**: 학생들이 쉽게 어휘를 익힐 수 있도록 이 플래시 카드를 제공하였다. 이는 또한 용어 사전에 있는 모든 어휘를 지원하고 있다.

감사의 글

책을 쓰기 위해 준비하는 동안 도움을 준 Ms. Kathy Falk와 편집에 많은 도움을 준 Ms. Kristin Hebberd에게 깊이 감사드린다. Kristin은 책의 구성과 내용의 질을 높이는 데 크게 기여했다. 또한 이 프로젝트를 시작하는 데 많은 도움을 준 Jonathan Taylor에게도 감사드리고 싶다. 이 분들의 노고는 나에게 큰 빚이다.

그리고 말할 수 없이 큰 도움을 준 가족, 특히 아내 Edie에게 고마움을 표한다.

Dennis M. Ruscello

차 례

제1장 조음음운장애의 치료 입문

제2장 기능적 조음장애의 조음음운치료

제3장 발달성 말운동장애 아동의 치료

제4장 구조적 문제로 인한 조음장애 아동의 치료

제5장 청각장애 아동의 치료

제6장 잔존오류를 위한 대안적인 치료법

1

조음음운장애*의 치료 입문

<개 요>

1. 조음음운장애의 원인
    - 요약
2. 치료모형
    - 대상 아동 변인
    - 언어치료사 변인
    - 보호자 변인들
3. 치료의 요인들
    - 도구적 학습
    - 운동기술 학습
    - 요약
4. 공통된 치료 요인들
    - 치료의 평가
    - 치료활동
    - 최종 목표
5. 요약

❀ 참고 문헌

---

* (역자 주) 이 책의 원서에서는 'sound system disorder'라는 용어를 사용하여 기존의 'articulatory and phonological disorder'와 차별화하고 있으나 내용에서 큰 차이가 없고 현재 국내에서 조음음운장애가 널리 사용되고 있는 용어이므로 **말소리체계장애**라고 번역하지 않고 **조음음운장애**로 번역하였음을 밝힌다.

<핵심용어>

결과지식
구조손상
구조적 놀이
내적 음운지식
대치오류
도구적 학습
라포
말운동장애
무선배열
반복연습
반복연습/놀이
반응 일반화
블록배열
비단어 항목
선행사건
역량–초점 구조
운동기술 학습
음성학적
음소적
음운지식
2차 강화물
인지–언어적 변인
1차 강화물
자극 일반화
자연스러운 놀이
잔여오류
전국 성과 평가 체계
조음음운장애
조음지식
통제행동
피드백
후행사건
훈련시도

<학습목표>

- ❑ 조음음운장애를 설명할 수 있는 원인요인들을 확인할 수 있다.
- ❑ 치료계획을 발전시킬 수 있도록 영향을 미칠 수 있는 언어치료사, 대상자, 양육자 변인들에 대해 논의할 수 있다.
- ❑ 조음음운장애에 적용할 수 있는 도구적 학습과 운동기술 학습 틀의 구성요소들을 요약할 수 있다.
- ❑ 치료요소들, 특히 위의 두 가지 학습 틀에 공통적으로 적용되는 측정치에 대해 토론할 수 있다.

이 장은 교재의 기본적인 구성요소들을 제시하고 독자에게 지침이 되도록 꾸며졌다. 조음음운장애의 특성이 매우 이질적이라는 것을 제시하고, 조음음운장애 아동의 치료모형들을 살펴보고, 치료 과정에서 고려해야 할 일반적인 프로그램상의 주제들을 논의하고자 한다. 일부 조음음운장애 아동들은 구조적인, 감각적인, 신경학적인 장애가 원인이 되어 조음음운장애가 생긴다. 그러나 조음음운장애의 대부분은 그 원인이 알려져 있지 않다. 치료방법을 선택할 때 이러한 원인별 하위 집단의 차이를 고려해야 한다. 따라서 이 장에서는 치료와 관련하여 고려해야 할 모든 변인을 통합하려고 시도하는 치료모형을 소개하고자 한다. 이 모형은 아동(child), 언어치료사(clinician), 보호자(caregiver) 변인을 통합하고 있다. 마지막으로 치료프로그램의 계획, 수행, 평가과정에 중요한 치료요소들과 학습 이론에 대하여 논의할 것이다.

조음음운장애(sound system disorder)는 임상적으로 말소리 산출에서 의미 있는 오류를 보이는 것으로 음성학적 혹은 음운적인 것이 있다(Shelton, 1993). 이 책에서 조음음운장애라 함은 **음성학적인**(phonetic) 산출 오류나 **음소적인**(phonemic) 산출 오류, 혹은 두 가지 모두를 보이는 장애를 말한다. 어떤 경우에는 음성학적인 것인지, 음소적인 것인지 구별하기 힘든 경우들도 있을 것이다(Khami, 2005). 그러나 이는 말소리 체계의 오류를 다루는 데 있어 다른 이론적 관점과 이해를 갖고 있음을 보여 주는 것이다(Schwartz, 1992). 더욱이 이러한 이분법은 문헌에서 여러 가지 치료법의 비교와 대조에 이용되고 있다(Gierut, 1998). 조음음운장애(articulation disorder), 말소리발달지체(delayed speech), 발달적 음운장애(developmental phonologic disorder), 음운장애(phonological disorder), 말소리발달장애(developmental speech sound disorder)와 같은 수많은 용어들이 문헌에 나오지만 (Bernthal and Bankson, 2004; Shriberg and Kwiatkowski, 1994; Williams, 2003), 이 책에서는 이렇게 많은 용어들을 모두 포함하는 용어로 조음음운장애라고 하겠다. 학령전기와 학령기 아동들을 지도하는 언어치료사들은 매우 다양한 원인의 조음음운장애 아동들과 일하게 된다. 그러므로 다양한 치료전략에 대한 지식을 갖추는 일은 매우 중요한 일이다. 연구자들은 말소리에 문제가 있는 아동들 중 약 80%는 치료가 필요한 수준이라고 보고하고 있다. 또한 학교 언어치료사의 92%는 조음음운장애 아동에게 서비스를 제공하고 있다고 하였다(Castrogiovanni, 2006).

연구 노트 학교 언어치료사의 92%는 조음음운장애 아동에게 서비스를 제공하고 있다.

Castrogiovanni, 2006.

Shriberg와 Kwiatkowski(1994)는 3~11세의 아동 중 약 7.5%가 임상적으로 볼 때 확실한 조음음운장애를 경험한다고 평가하였으며, 이들 중 대부분이 치료를 받는다고 하였다. 일부 아동들은 학령전기에 치료를 시작해서 초등학교 학령기까지 받기도 한다. 이 중 2.5% 정도의 아동들은 자기 연령에서 발달해야 할 소리를 대치하거나 탈락시키는 주요 오류가 4년 이상 지속되기도 한다. 비록 이 가운데 일부는 결국 정상적인 말발달을 보이기도 하지만 다른 일부는 대치와 탈락 오류가 지속적으로 나타난다. 게다가 이 아동들 중 많은 수가 학습지체로 진단되거나 읽기, 쓰기, 철자의 습득 및 발달에서 문제를 보인다(Bird et al., 1995; Felsenfeld et al., 1994; Gierut, 1998). 뿐만 아니라 아동들은 이런 제한적인 의사소통기술 때문에 사회적 차별을 당할 수도 있다(Rice et al., 1993). 이 집단의 나머지 5%는 주로 발달시기 이후에도 오류가 지속적으로 나타나서 **잔여오류**(residual error)로 분류되는 /s/, /l/, /r, ɝ, ɚ/ 소리에 오류가 나타난다(Ruscello, 2003). 잔여오류는 치료되기도 하지만 성인기까지 지속되기도 한다.

1. 조음음운장애의 원인

역사적으로 많은 연구자들이 조음음운장애의 원인을 밝혀보려는 시도를 해 왔다(Bernthal and Bankson, 2004; Winitz, 1969). 원인요인은 존재하며, 이를 찾아냈을까? 어떤 단일 요인, 혹은 복수의 요인들이 조음음운장애의 원인인가? Bernthal과 Bankson(2004)은 구조적, 감각적, 인지적, 언어적, 사회심리학적 변인들의 영향력에 대해 광범위하게 진행된 연구 결과들을 정리했다. 그러나 이 연구의 방법론을 보면, 조음음운장애가 있는 아동 대다수의 특정 원인요인을 개별적으로 혹은 그룹으로 분리하여 보여 주고 있지 못하다. Bernthal과 Bankson의 지적대로 이들 중 일부 하위 집단 아동들만이 구조적, 감각적, 신경학적 원인(혹은 이들의 조합)으로 인해 조음음운장애를 보인다. 예를 들어 구개파열과 같은 **구조적 결함**(structural defects)을 갖고 있는 조음음운장애 아동은 그 원인이 일반적으로 구조적 문제와 관련되어 있다. 다시 말해서 후두폐쇄음을 사용하는 것과 같은 보상적 유형의 **대치오류**(substitution errors)를 자주 보인다. 청각장애는 음운 발달을 거스르는 다른 변인이 된다. 운동의 계획이나 중추와 말초의 신경학적인 문제와 관련된 **말운동장애**(motor speech disorders)도 소수가 있다. 조음음운장애의 대다수 아동은 그 원인이 밝혀지지 않았으므로 연구자들은 원인이 될 만한 상관변인 혹은 동시에 존재하는 변인들을 찾기 위해 노력해 왔다. 그러나 이런 경우 현재까지의 자료에서는 결정적인 원인을 찾아내지는 못했다. Bernthal과 Bankson은 현장에서 언어치료사들이 조음음운장애 아동과 보호자들을 평가하고 치료하고 상담하기 위해서는 관련 변인들을 이해하고 있어야 한다고 결론짓고 있다.

표 1-1은 조음음운장애 아동을 분류하여 표로 요약한 것이다. 조음음운치료를 받고 있는 아동의 대부분은 원인이 밝혀져 있지 않다. 다시 말해서 이 아동들에게서는 하나의 원인이나 복수의 원인이 나타나지 않았다는 것이다. 원인은 흔히 잘못된 학습에 귀인된다. 구조적 손상으로 인한 아동들은 손상과 관련된 소리오류를 보인다(Golding-Kushner, 2001; Peterson-Falzone, 1988). 구조적 기형에는 구개순, 구개열, 부정교합, 혀의 기형, 치아결손과 같은 경우들이 있다. 조음음운장애의 다른 하위 집단으로 청각장애와 같은 감각적 손실의 경우가 있다. 청각은

표 1-1 조음음운장애 아동의 분류

조음음운장애	원인
원인 확인 불가	알려지지 않음
구강 구조 손상	중요하거나 중요하지 않은 비정상적 구강 문제
감각 손상	청각 손실의 유형과 정도
말운동장애 실행증 마비말장애	운동계획장애, 운동실행장애, 혹은 두 가지 복합장애

감각에서 매우 중요한 측면으로 청각장애는 말소리와 언어발달 모두에 지대한 영향을 미칠 수 있다. 마지막으로 신경학적인 문제로 인한 말운동장애가 있다(Yorkston et al., 1999). 이 문제는 정상적으로 말소리를 산출하는 데 필요한 운동계획과 근육움직임의 조정, 운동의 타이밍, 연쇄운동(패턴)의 실행에 문제가 생길 수 있으며, 이 문제들이 함께 나타날 수도 있다. 말운동조절의 문제는 조음체계뿐 아니라 의사소통에 필요한 호흡, 발성, 공명, 운율과 같은 다른 체계의 문제를 야기할 수도 있다.

❁ 요약

많은 언어치료사가 현장에서 조음음운장애 아동에게 치료서비스를 제공하고 있음을 여러 가지 통계치로 확인할 수 있었다. 더욱이 아동의 조음음운장애는 대부분 그 원인이 무엇인지 밝혀지지 않았다. 일부 하위 집단의 원인은 명백하게 알려져 있다. 이 자료들은 대부분의 경우 조음음운장애 아동을 만나게 되는 언어치료사가 원인을 모르는 사례를 접하게 될 수 있음을 보여 준다. 그러나 언어치료사는 사례의 수가 적기는 하지만 원인을 알 수 있는 위의 아동들을 치료할 수 있는 기술과 지식도 갖추어야 하며, 원인과 음운행동 기능이 다양하게 나타나므로 다양한 치료전략이 요구된다. Gierut(1998)는 치료 연구들을 고찰한 결과, 이론적 관점에 따라 다양한 조음음운장애 치료법이 있으며, 이들은 각기 이론적 관점이 다른 것의 결과이고 긍정적인 치료효과들을 보여 주고 있다고 정리하였다. 치료법들은 효과적이었지만 매우 많은 요인들이 치료 과정 중에 작용하였다. 즉, 치료 과정 중에 잠재적 영향력을 행사할 수 있는 요인으로 대상 아동, 언어치료사, 보호자 변인을 고려할 필요가 있다. 다음 절에서는 조음음운장애의 치료에 사용되는 치료모형과 틀에 대해서 논의할 것이다.

2. 치료모형

미국의 언어청각임상학회(American Speech-Language-Hearing Association;

ASHA)에서 수행된 **전국 성과 평가 체계**(National Outcome Measurement System; NOMS)는 말언어장애의 치료 자료를 수집할 목적으로 수행된 과제이다(ASHA 회원들은 www.asha.org에서 직접 이 과제에 접속하여 더 많은 정보를 볼 수 있다). 예비연구 결과는 10시간 이상 치료를 받았고 보호자들이 집에서 치료를 보조수행하는 아동 중 개별 혹은 집단으로 치료받은 모든 경우에 긍정적인 결과를 얻었다. 치료법이 달라도(이론적 배경과 접근이 다름에도 불구하고) 긍정적인 결과가 나왔다. 그러나 공통적으로 효과적인 요소들이 확인되었는데, 언어치료사들은 모두 개별적으로 하는 것과 치료에 충분한 시간을 할애하는 것, 그리고 보호자의 지원을 꼽았다. 치료법을 선정하는 과정에서 언어치료사들은 조음음운장애의 치료 기저에 있는 이론적 배경 외에도 치료에 필요한 수많은 다른 변인들을 고려해야 한다(Schwartz, 1992).

연구 노트

10시간 이상 치료를 받고, 보호자들이 집에서 치료 보조역할을 잘 수행하고, 개별적으로 치료받은 어린 아동이 가장 긍정적인 치료효과를 얻었다.

ASHA, 2006.

글상자 1-1에 대상 아동, 언어치료사, 보호자 변인을 반영하는 치료모형을 제시하였다(Bowen and Cupples, 2004; Gierut, 1998; Kwiatkowski and Shriberg, 1998; Munson et al., 2005a; Rvachew, 2005; Weiss, 2004). 이 모형은 Kwiatkowski와 Shriberg(1998), Rvachew(2005)가 세미나에서 **인지-언어적 변인**(cognitive-linguistic variables), **말운동 학습기술**(motor skill learning), 음운지식, 사회적 기술 등 다양한 잠재적 위험요소들을 고려해야 적절한 치료모형이라는 주장을 해석한 가설적 모형이다. 이 원형은 기저의 이론적 배경과 상관없이 대상자를 위한 치료라는 점이다.

글상자 1-1 조음음운장애 치료모형에 함께하는 변인들

언어치료사, 보호자, 대상자의 변인들은 모두 치료 과정을 선택하는 데 영향을 미친다. 요약해 보면 다음과 같다.

대상자 변인

〈대상자 상태〉

자극반응도
자기모니터링 기술
대상자의 노력
대상자의 주의력
변화에 대한 대상자의 동기
치료 역사
언어치료사와의 상호작용 및 보호자와의 상호작용

〈음운지식〉

음향학적·음성적 지식
조음적·음운적 지식
내적 음운지식

〈잠재적 위험요인〉

인지적·언어학적 상태
말기제
청각적 정확성
신경생리학적 상태
언어치료사 변인
지식과 기술
이론적 편향성(기호)
치료에 대한 확신
대상자와의 상호작용 및 보호자와의 상호작용
보호자 변인
언어치료사에 대한 신뢰
치료에 대한 확신
치료를 지원하고자 하는 의지
대상자와의 상호작용 및 언어치료사와의 상호작용

연구 노트 적합한 치료모형은 인지-언어적 변인, 말운동 학습기술, 음운지식, 사회적 기술 등 다양한 잠재적 위험요소들을 고려해야 한다.

Kwiatkowski와 Shriberg, 1998; Rvachew, 2005.

대상 아동 변인

위에서 제안한 모형에서 주요 대상자 변인은 대상자의 상태(status), 음운지식, 그리고 위험변인들을 포함하고 있다. 이 변인들은 Kwiatkowski와 Shriberg(1998)가 제안한 **역량-초점 구조**(capability-focus construct)에서 나온 것이다. '역량'이라 함은 아동이 갖고 있는 위험요소들을 고려하고 아동의 음운체계에 대한 진단을 통해서 결정되는 말소리 변화의 잠재력과 능력이다. '초점'은 학습 과정에 함께 요구되는 주의력, 동기, 노력 등의 가설적 구조이다. 자극반응도와 자기감지기술은 역량과 초점 모두를 반영하는 대상자의 상태 변인이다. 또 다른 대상자 상태 변인으로는 치료 경험(역사), 보호자와의 상호작용, 그리고 언어치료사와의 상호작용 등이 있다. 대상자의 상태는 치료계획을 세우고, 평가결과를 분석하고, 치료 시 아동의 행동을 관찰할 때 고려해야 할 중요한 내용이다. 대상자 상태 중 어떤 것은 아동의 강점이 될 수도 있고 약점이 될 수도 있다(**그림 1-1**). 예를 들면 자기감지기술이 부족하다고 평가되면 이를 치료목표로 해야 하고, 혹은 치료의 시도단계에 학습이 잘 되지 않으면 아동의 반응이 개선되는 대안적 치료방법이 필요함을 의미한다.

음운지식(phonological knowledge)은 한 언어의 음소 체계에 관한 개인의 지

그림 1-1 ✻ 자신의 말소리를 바꾸는 것에 흥미를 보이고 동기가 높은 아동은 치료에서 좋은 효과를 기대하게 해준다.

식을 말한다. 아동은 의사소통이 발달하는 기간 동안 점차적으로 이 지식을 획득한다. 음운지식은 음향-지각적인 지식, 조음-음성적 지식, 그리고 내적 음운지식의 복합체이다(Munson et al., 2005a). 조음음운장애 아동은 음운지식의 습득이 느리므로 명료한 말소리를 발달시키기 위해서 어떤 형태의 치료가 필요하다. 아동은 주위환경의 다양한 화자로부터 청각적 입력을 받고, 이를 통해 언어적 자질에 대한 음향적-지각적 지식을 습득하면서 발달하게 된다. 아동의 목표는 다른 단어에서 다르게 산출되는 소리들 사이에서도 범주적 지각(categorical perception) 덕분에 같은 음으로 허용할 수 있게 되는 범위의 소리들이 같은 말소리임을 익힐 수 있는 음향적-지각적 특성에 대한 지식을 발달시키는 것이다.* **조음지식**(articulatory knowledge)은 말소리 자질들에 대한 지식이다. 능력 있는 화자는 말할 때 요구되는 다양한 과제 중에서 음들을 정확하게 조합하여 올바른 산출을 할 수 있도록 하는 운동계획 전략을 갖고 있어야 한다. **내적 음운지식**(internal phonological knowledge)은 단어구성에 사용되는 소리의 분류를 가능하게 하고 그 소리가 다른 의미를 알려주는 소리의 분류방법을 아는 것이다. Munson 등(2005b)은 예비연구를 통해 조음음운장애는 내적 음운지식의 문제보다는 음향-지각적 문제와 조음-음소적 문제가 우선적이라는 의견을 지지했다. 실험내용을 살펴보면, 음운장애 아동은 그들의 어휘목록에서 그 목록의 추상적인 표상을 도식화(mapping)하는 것보다, 감각 및 운동영역에서 더 어려움을 나타냈다. 하지만 이를 확실히 하려면 경험적이고 타당한 연구 결과가 더 필요하다.

연구 노트 조음음운장애는 내적 음운지식의 문제보다는 음향-지각적 문제와 조음-음소적 문제가 우선적이라는 의견을 지지했다.

Munson 등, 2005b.

---

* (역자 주) 예를 들어 가방의 /ㄱ/와 아가의 /ㄱ/이 음향학적으로는 다른 소리일지라도 범주적 지각을 통해 지각적으로는 같은 소리로 인식할 수 있는 능력을 갖게 되는 것을 의미한다.

위험요인은 아동 치료 전반에 문제가 되고 말소리에 부정적 영향을 줄 수 있는 잠재적 방해요소이다. 대상자 상태 변인들과는 다르게, 긍정적 혹은 부정적이기도 한 위험요인들은 치료계획을 수립하면서 고려해야 한다. 예를 들면 인지-언어적 상태는 어떤 아동에게 문제가 될 수 있다. 그들은 말-언어장애를 동시에 가질 수 있기 때문이다(Tyler and Sandoval, 1994). 다른 말-언어장애가 조음음운장애와 중복되는 경우는 특히 중도 조음음운장애 아동에게서 흔하게 나타난다(Shriberg, 1994; St. Louis et al., 1992). 치아결손이나 부정교합, 구개열 등 다른 문제들과 같은 말기제 변인들은 보상, 혹은 필연적 조음장애를 지속·심화시키는 원인이 될 수 있다(Golding-Kushner, 2001; Peterson-Falzone, 1998). 마찬가지로 청각과 신경생리학적 상태도 고려해야 할 추가적 위험 변인들인데 이 변인들은 음향학적, 조음음성학적 지식의 획득을 어렵게 할 수 있기 때문이다.

언어치료사 변인

일반적으로 다양한 치료법들을 연구하거나 주장하는데 고려되지 않지만, 언어치료사 변인은 본 치료모형에서 아주 중요한 부분이다(Weiss, 2004). 언어치료사는 대부분의 지식을 조음음운장애 아동을 다루면서, 대학 교육과정, 평생교육, 독학, 혹은 동료들과의 상호관계 안에서 얻는다. 대학원 과정이나 전문가로 일을 하면서 그 지식을 적용하고 자신의 기술을 향상시킨다. 특정한 치료법을 적용하는 것, 아동의 자극반응도를 향상시키는 것, 대상 아동의 반응을 평가하는 것, 개선되는 것을 관찰하기, 대안적 치료방법으로 변경하기 등의 기술은 일상적 임상치료에서 늘 사용하는 기술의 일부 예에 불과하다. 이런 지식과 기술들은 언어치료사의 임상실제에 대한 이론이 반영된다.

Schwartz(1992)는 의식적으로든 혹은 무의식적으로든 언어치료사들의 치료방법과 치료내용은 자신의 기저에 있는 이론적 입장에 근거하여 수행한다고 지적했다. 그러나 언어치료사는 기초가 되는 이론을 의식화해야 한다. 왜냐하면 그래야만 체계적인 방식으로 치료에 이를 응용할 수 있기 때문이다. 실제 임상에서 포괄적인 이론이 구체화될수록 임상의 실제는 변화하게 될 것이고, 언어치료사는 이런 변화에 대하여 더 민감하게 되어야 한다(Kamhi, 1999). 치료에 대한 확신은 이론적 가정과 개인의 치료경험의 결합체이다.

보호자 변인들

본 모형의 모든 구성원에게 공통된 최종 변인은 바로 사회적 상호작용이다. 일반적으로 치료의 묵시적 목표는 아동과 보호자 사이에 긍정적이고 임상적인 상호작용을 안정화시키는 것이다. Weiss(2004)는 긍정적 관계의 발달은 라포형성을 통해서 가능하며, 간혹 치료상황에서 간과되고 있다고 보았다. **라포**(rapport: 신뢰관계)는 사람 사이에 서로를 지지하는 관계로, 언어치료사와 아동의 관계에서와 마찬가지로 언어치료사와 보호자 사이에도 역시 형성되어야 한다. Weiss는 이 관계가 긍정적 치료결과와 직결되는 요인이기 때문에 치료기간 내내 지속적으로 유지되어야 한다고 믿었다.

부모는 치료 과정 참여의 적극성과 치료에 대한 태도라는 두 가지 측면에서 아동 치료에 매우 중요한 역할을 한다. Kahmi(1999)는 보호자들이 언어치료사와 적용하는 치료기법 모두를 신뢰할 수 있게 해야 하는데, 그 이유는 보호자들이 자녀의 복지에 관심을 갖기 때문이라고 지적했다. 부모는 아동의 조음음운장애로 인해 언어치료사의 지원을 찾고, 덕분에 언어치료사는 그들을 만나게 됐다. 보호자는 언어치료사가 아동의 최고의 이익을 위해서 행동하고 있다는 것을 믿을 수 있어야 한다. 이런 태도 변인에 더하여 부모에게 가정에서의 교육을 도모하기 위해서 치료 회기에 참석하도록 해야 한다; 치료 과정에 대한 적극적인 참여의지는 긍정적 요인이다(Bowen and Cupples, 1999, 2004). 보호자의 관심과 지원 및 참여는 일반적으로 긍정적인 요인들이다. 그러나 보호자와의 상호작용이 긍정적이지 못할 때는 의도한 치료결과에 부정적인 영향을 초래할 수 있다. 예를 들어 만일 보호자가 가정에서 교육하는 동안 지나치게 엄할 때는 가정활동을 줄일 필요가 있다.

이 모형은 아동의 필요에 맞춰 구성된 치료를 적용하고 선택하는 것을 돕도록 고안되었다. 언어치료사는 다수의 치료방법 중에서 앞에서 논의한 대상자 변인에 기초하여 하나의 치료를 선택해야만 한다. 언어치료사는 근본적으로 자신에게 편한 치료가 아닌 아동에게 필요한 치료를 해야 한다. 다음 절에서는 치료의 실행에 기초가 되는 치료요인들을 다루고자 한다. 그 내용은 치료 기제－조음음운장애 아동을 위한 치료 수행방법－로 구성되어 있다.

3. 치료의 요인들

치료에서 가장 먼저 고려해야 할 내용은 대상자의 학습을 위한 이론적 학습의 틀 안에서 교수목표를 조직화하는 것이다. 조음음운장애의 현재 치료에서는 일반적으로 도구적 학습이나 운동기술 학습의 개념을 사용하고 있다(Berntahl & Bankson, 2004). 이 두 가지 학습의 이론적 배경에서 나온 치료접근법들은 광범위하게 경험적인 치료효과를 검증받았다. 검증결과, 조음음운장애에서 매우 타당한 것으로 인정받았다(Costello, 1977; Gierut, 1998; Hedge, 1993; Ruscello, 1993). 이 이론들에 입각하여 치료방법을 적용하기 위해서 언어치료사들은 각 학습 개념의 주요소들을 정확히 알아야 한다. 임상적 문헌에서 운동기술 학습 접근법은 주로 음성학적인 장애에 사용되는 데에 반해, 도구적 학습 개념은 음성학적인 장애와 음소적인 장애의 치료 모두에 사용되고 있다(Berntahl & Bankson, 2004).

연구 노트

운동기술 학습 접근법은 주로 음성학적인 장애에 사용되는 것에 반해, 도구적 개념은 음성학적인 장애와 음소적인 장애 치료 모두에 사용되고 있다.

Berntahl과 Bankson, 2004.

도구적 학습

교수에 있어 자극-반응-강화주기는 **도구적 학습**(operant learning)의 대표적인 개념이다(Berntahl & Bankson, 2004). 자극, 혹은 **선행사건**(antecedent events)은 치료대상으로부터 특정 반응을 유도하는데 이용된다. **후행사건**(consequent events)

은 원하는 행동에 대한 강화 때문이건 원하지 않은 행동에 대한 처벌 때문이건 선행사건에 즉각적으로 반응에 따라온다. 조음음운장애의 치료에서는 대부분 아동의 바람직한 반응들을 증가시키기 위한 긍정적 강화를 사용한다(Costello, 1977). 일반적으로 언어치료사는 오반응을 무시하거나 말로 "아니야"라고 말한 뒤 새로운 자극을 제시한다. 강화는 일차강화와 이차강화로 나눌 수 있다. 바람직한 행동을 강화하기 위해 음식물을 사용하는 것과 같이 **일차강화물**(primary reinforcer)은 생물학적 욕구나 생리적 욕구(혹은 둘 모두)와 관련된 것이다. **이차강화물**(secondary reinforcer)은 학습자의 일차적인 욕구가 아닌 내적 가치를 반영하는 것으로 선정된다. 어린 치료대상 아동은 치료 과정에서 자신의 음운론적으로 치료목표를 달성하기 위해서 빈번한 동기화가 필요하다. 언어치료사들은 말로 하는 칭찬, 토큰경제, 학습을 자극하는 피드백의 제공 같은 이차적 강화를 자주 사용한다(Hegde, 1993). 강화의 또 다른 중요한 국면은 학습자에게 제공하는 강화의 스케줄 혹은 빈도이다. 일반적으로 강화는 학습 초기에는 지속적으로 계속 제공하다가 대상이 학습되었음을 보여 주기 시작하면 간헐적으로 제공하기 시작한다(Costello, 1977). 간헐적 강화는 자연환경과 더 유사하고, 언어치료사들은 치료의 일반화를 위해서 간헐적 강화를 더 선호하게 된다.

연구 노트 학습된 행동은 지속적인 강화와 비교해서 간헐적 강화 상황에서 잘 소거되지 않는다.

Costello, 1977.

독자들은 새로운 행동의 학습과 학습의 빈도는 원하는 반응에 후행사건(강화물)과 본유적으로 연결되어 있음에 주목해야 한다(Berntahl & Bankson, 2004). 개인마다 각기 특정 강화물에 대하여 다르게 반응하므로 언어치료사는 각각의 대상에게 제공할 강화물의 선택에 신중해야 할 필요가 있다. 치료에서 유도할 반응들이 안정되고 나면 언어치료사는 지속적으로 제공하던 강화를 간헐적으로 제공한다; 다시 말해서 궁극적인 목표는 일반 환경에서 음성학적 그리고/또는 음소적 행

글상자 1-2 도구적 학습에서 자극단서 기법

모방(imitation)

초기에 사용하다가 보통은 제거된다.

형성절차(shaping)

행동의 요소들을 분리하고, 각각 가르친 뒤 원하는 반응을 할 수 있도록 행동들을 조합한다.

촉진(prompts)

보통은 특정 자극 세트와 짝지어 제시된다: (대상자의 집중력을 위한) 주의집중을 시킬 수 있는 것이나 (정반응을 유도하기 위한) 지시적인 것이 될 수 있다.

전환(fading 또는 shifting)

사용하던 훈련단계가 완전히 습득되면 특정 단서를 다른 단서로 대치한다.

동의 일반화이기 때문이다.

전형적인 치료패러다임에서 언어치료사는 특정 의사소통적 반응을 학습하도록 장려하기 위해서 자극단서 절차를 적용한다. 학습절차의 각 단계마다 다른 자극단서들을 사용한다. 예를 들어 Costello(1977)는 학습 초기에는 다양한 단서와 다른 모델들을 사용하여 특화시켜야 한다고 지적했다. 이런 자극단서들은 점차 치료의 궁극적 목표에 도달해가면서 제거한다. **글상자 1-2**에 요약된 다음의 예는 치료에서 소개되는 다양한 자극단서 기법을 보여 준다. 첫 번째 예는 치료 초기에는 많이 쓰이다가 점진적으로 사라지는 **모방**(imitation)이다. 두 번째 예는 **형성절차**(shaping)로 행동의 요소들을 분리시켜야 하고, 각 요소들을 개별적으로 가르쳐야 하며, 원하는 반응을 완성하는 데 필요한 각 행동들을 협력적으로 수행하게 해야 한다. 예를 들어서 아동은 /s/를 산출하기 위해서는 턱, 입술, 혀의 자세 잡기부터 배워야 한다. 각각을 완성하고 나면 실제목표반응을 산출하기 위해 이 자세들을 합쳐야 한다. 세 번째 예는 **촉진**(prompt)이다: 이것의 목적은 대상 아동에게 부가적으로 지원을 제공하는 것이다. 단서는 주로 자극에 짝지어서 제공하는 데 주목을 하도록 하거나 지시를 위한 것이다. 주목을 위한 촉진은 제시되는 자극을 들을 때, 언어치료사가 하는 것을 혹은 언어치료사와 아동이 하는 것을 잘 관찰하도록 초점을 키우는 것이다. 지시적인 촉진은 오류 말소리를 산출하게 만드는 자질에 대하여 주의를 주거나 조음자의 위치들을 지시하거나 하여 정반응을 촉진시키는 것이다. 마지막 예는 자극단서 전환(fading 또는 shifting)으로 훈련단계가 끝나갈 때 적용한다. 언어치료사는 연속적으로 묘사할 수 있는 어떤 자극단서로 대치한다. 처음에는 그림단서를 주고 모방하도록 하다가, 다음으로는 모방만 하다가 마침내 마지막에는 그림단서만 제공하여 자발적으로 반응하도록 하는 것이다.

표 1-2에 제시한 예들은 낱말에서 핵심인 목표소리가 안정되도록 하는 치료 초기에 어떻게 하는지 보여 준다. 그러나 다른 자극 조건, 가령 구, 문장, 연속적인 대화상황에서 목표음소를 산출하도록 연습하는 자극 조건으로의 전환이 필요하다. 이와 같은 점진적 접근은 덜 복잡한 언어학적 단위에서 습득되어야만 다음에 더 복잡한 단위에서 습득할 수 있음을 제안하는 것이다. 어찌 되었건 언어치료사들은 자극-반응-강화로 이어지는 교수주기를 적용하여 학습의 최대 성과를 얻고 자연스러운 환경에서 습득된 행동을 일반화해야 하는 것을 명심해야 한다.

운동기술 학습

연구자들은 운동기술 학습의 이론적 모형을 조음음운장애 아동의 치료에 적용해 왔다(Kent and Lybolt, 1982; Ruscello, 1984; Ruscello, 1993; Shelton and McReynolds, 1979). 도구적 조건화가 지금까지 아주 다양한 언어행동과 비언어행동의 수정절차에 적용되어 왔지만, 운동기술 학습 이론과 수행원칙들은 단순하거나 복잡한 운동기술을 가르치기 위해 발전되어 왔다(Schmidt and Wrisberg, 2000). 연구자들은 학습자가 공식적인 연습과정을 거쳐서 다양한 운동기술 발달 단계를 거치는 과정을 이론화하였다(Ruscello, 1984). 처음에 학습자들은 의식적인 통제 하에서 연습을 통해 운동기술을 습득하고자 한다. 다시 말해서 학습자들은 연습하는 내용을 "생각"하면서 해야 한다. Higgins(1991)는 학습자들이 어떤 과제 연습 초기

표 1-2 도구적 학습 접근법의 훈련시도 예

자극	반응	강화
직접모방(direct imitation) "선생님 따라서 말해봐." "슾(Soup)이라고 해봐."	"슾(Soup)."	"잘했어!"
"선생님이 그림 보여 주고 단어를 말할게, 말해 봐, 준비, 슾이라고 말해봐."	"슾(Soup)."	"좋았어!"
촉진(prompting) "선생님이 그림을 보여 주면 그걸 보고 이야기를 만들어봐, 그리고 말할 때 선생님을 쳐다 봐."	아동은 언어치료사를 보고 이야기를 한다.	"말 잘하네!"
"선생님이 보여 주는 단어를 보고 새로운 소리를 내 봐, 혀를 붙이는 거 잊지 말고."	아동은 정조음한다.	"진짜 잘한다!"
전환(fading) 언어치료사는 직접모방모델을 제시하고 아동이 대답하도록 요구한다.	아동이 대답함	"잘했어."
언어치료사는 모방할 모델을 바로 제시하고 실제 물건과 짝짓게 한다.	아동이 대답함	"좋았어."
언어치료사는 그림을 보여 주고 아동에게 산출할 것을 요구한다.	아동이 대답함	"잘했어."
형성(Shaping) "/s/소리 만드는 걸 배워 보자. 우선, 웃어 봐, 그리고 거울을 봐. 지금 같이 해 볼까."	아동은 입은 벌린 채 앞니는 다물었음	"잘했어."
"그럼 똑 같이 한 번 더 하자 근데 혀 밖으로 공기를 내보내보자, 혀를 앞니 뒤에 두는 거 잊지 마."	아동은 입술을 벌리고 웃고 앞니를 살짝 벌리고 /s/를 만든다.	"잘했어."

상태에는 정신적인 집중을 해야 하는 문제해결상황에 놓인다고 하였다. 언어치료사가 주는 **결과에 대한 지식**(knowledge of results; KR)과 **피드백**(feedback)의 자기-유도 형태(self-guided mode)에 의지하여 운동기술은 제한적으로만 수행된다. 피드백은 학습자가 연습 중에 다양한 형태의 감각적 피드백과 의식적인 자기성찰

과정을 통해 학습자가 내적으로 주는 정보라면, 결과에 대한 지식(KR)은 언어치료사와 같이 외부에서 제공하는 수행에 대한 정보이다. 결과에 대한 반응은 질적인 것도 있고("잘했어!"), 양적인 것도 있고("네 혀가 너무 나왔잖아!"), 두 가지 모두를 줄 때도 있다.

연구 노트 도구적 조건화가 지금까지 아주 다양한 언어행동과 비언어행동의 수정절차에 적용되어 왔지만, 운동기술 학습 이론과 수행원칙들도 단순하거나 복잡한 운동기술을 가르치기 위해 발전되어 왔다.

Schmidt와 Wrisberg, 2000

표 1-3에서 보여 주는 예들은 독자들에게 치료활동의 구조에 대한 영감을 줄 것이다. 첫 번째 예에서 언어치료사는 아동에게 음소의 위치에 대한 지시를 주면서, 모방할 수 있도록 보여 주고, 반응을 평가하고, 질적인 '결과에 대한 반응(KR)' 정보를 준다. 학습자는 연습하면서 그 과정에 내적인 피드백 정보를 얻을 수도 있다. 두 번째 예는 모델을 보여 주고 모방하도록 하는 것은 첫 번째 것과 같지만, 조음장소에 대한 지시를 주지 않는 점이 다르다. 반응이 끝나면 다시 결과에 대한 반응 정보를 준다. 세 번째 예에서는 언어치료사가 아동에게 그림자극을 사용하여 자발적인 반응을 유도한다. 정반응을 하면 결과에 대한 반응을 양적으로 질적으로 모두 제공한다. 마지막 예는 비단어 항목을 이용하는 것을 보여 준다. **비단어 항목**(nonce item)은 의미가 있는 형태소가 아닌 말소리의 조합인데, 음운적으로 허용적인 배열일 수도 있고 아닐 수도 있다. 일반적으로 비단어 항목은 임의적으로 만든 의미의 선 그림이나 사진과 짝지어 제시된다. 이 항목을 이용하는 기저의 원인은 아동이 오반응을 하는 기존의 단어들의 간섭효과를 배제할 수 있다는 것이다. 항목은 어떤 형태의 선이나 그림으로 제시한다.

연습은 운동기술 학습에서 중요한 부분으로 치료의 각 단계에서 다양한 종류의 연습을 사용한다(Schmidt and Wrisberg, 2000). 학습자가 주의를 기울여서 수행하는 연습을 통해 해당 기술을 습득하면, 다음 단계의 연습활동을 제시하여 기

표 1-3 운동기술 학습 틀 안에서의 훈련 예

언어치료사의 제시	학습자 반응	피드백/결과지식(KR)
조음지시법/모방 “네가 말하면서 그 속에 넣어야 할 새로 배운 소리를 생각해봐. /s/ 소리를 내려면 혀를 이 뒤에 놓고 말해야 하는 걸 기억해요. 자, 그럼 혀를 어디에 두면서 말할지 생각하면서 이게 무엇인지 발음해 봐요.”	“솝(Soap).”	“잘했어요!” (KR)
모방적 반응 유도 “지금 보여 주는 그림들의 이름을 내가 말한 뒤 따라서 말해 보세요.” “따라해 봐요, 솝(soap).”	“솝(Soap).”	“잘했어.” (KR)
질적/양적 피드백 “지금 그림들을 보여 줄 게요. 하나씩 말해 보세요.”	“솝(Soap).”	“잘했어요.” (KR) “혀를 정확한 자리에 잘 두었어요. 이 뒤에 계속 잘 두면서 발음해야 해요.” (KR)
비단어 항목 이용 “이거는 /sri/(스리)예요.” “말해 보세요. /sri/(스리).”	“/sri/(스리)”	“잘했어요.” (KR)

KR: 결과지식.

술패턴이 자동화되도록 한다(Ruscello, 1993). 자동화가 되면 학습자가 습득한 기술을 정신적 층위에서 더 이상 집중할 필요가 없어지지만, 더 다양한 조건과 맥락에서 연습하도록 해야 한다. 이 기술은 이제 학습자의 운동기술 레퍼토리가 되어 가는 것이다. 연구 결과들을 살펴보면 운동기술 연습의 결과는 치료를 집중적으로 배치하는 것보다 산발적으로 배치하는 것이 약간 더 유리한 것으로 나왔다. 예를 들어 1주일에 3회 각 20분씩 하는 것이 주 1회를 한 번에 60분간 하는 것보다 더 효과적일 것이라고 예측할 수 있는 것이다.

도구적 조건화*와 유사하게 운동기술 학습 치료도 일반적으로 계단식 전략

* (역자 주) 이 책에서는 조작적 조건화와 도구적 조건화를 엄밀하게 구분하지 않고 있으며,

으로 이루어져 있다. 독립음 맥락부터 대화 수준까지 점진적으로 연습하는 것이다. 독립음, 비단어, 단어, 구, 절 수준에서 언어치료사가 판단하는 것이다. 운동학습을 적용하면 연습재료를 제공하는 방법이 두 가지 있다. 한 가지는 블록배열 방식이고 다른 한 가지는 무선배열 방식이다. **블록배열**(block sequencing)은 가장 전형적인 방식으로 말재료를 계단식으로 제시하는 것이다. 예를 들어서 아동이 낱말 수준에서 정반응을 보이면 구 수준에서 제시하는 것이다. **무선배열**(random sequencing)은 한 치료 회기에 무선적으로 모든 조건에서 연습하도록 제시하는 점에서 차이가 있다(Skelton, 2004). 예를 들어 무선 제시는 연습재료를 한 회기에 음절 수준부터 대화 수준까지의 범위에서 무선적으로 제시한다. 아동은 맨 처음에는 문장에서 연습하고, 다음으로 단어 수준에서 하고, 그 다음에는 대화 수준에서 연습하는 것이다. 연구 결과에 의하면 연습회기에서의 정확도는 무선배열이 블록배열보다 약간 낮은 것으로 나타났다; 그러나 훈련하지 않은 목록에서의 일반화 효과에서는 무선배열이 훨씬 높은 것으로 나타났다(Schmidt & Wriseberg, 2000; Skelton, 2004).

연구 노트 연구 결과에 의하면 연습회기에서의 정확도는 무선배열이 블록배열보다 약간 낮은 것으로 나타났다; 그러나 훈련하지 않은 목록에서의 일반화 효과에서는 무선배열이 훨씬 높은 것으로 나타났다.

Schmidt와 Wriseberg, 2000; Skelton, 2004.

✿ 요약

언어치료사는 앞에서 기술한 두 가지 틀 중 한 가지 틀을 적용하게 될 것이다. 선택은 물론 대상자에게 나타나는 말소리의 오류패턴에 따라 달라져야 할 것이다. 각 틀은 절차상 용어에 있어 어느 정도 차이가 있지만 과정은 다르지 않다. 왜냐하

광범위하게 도구적 조건화의 의미로 사용하고 있다.

표 1-4 두 가지 이론적 접근법의 대비

도구적 학습	운동기술 학습
음소적, 음성적 치료 둘 모두 적용	음성적 치료에만 적용
반응발달 단계를 포함하지 않음	통제기술 단계와 연관된 반응발달 단계 포함; 습득은 자동화 단계로 이어짐
자극-반응-강화 주기 내에서 치료가 주도됨	자극-반응-피드백 주기 내에서 치료가 주도됨/결과지식
말소리 산출자질에 인지적 측면을 강조하지 않음	말소리 산출 자질에 인지적 측면에 역점을 둠. 특히 초기개발 단계에서 사용
반응을 유도하기 위해 다양한 단서와 촉진을 사용	반응을 유도하기 위해 다양한 단서와 촉진을 사용
다양한 언어적 연습재료를 소개하기 위해 계단식 전략(블록)을 사용	다양한 언어적 연습재료를 다른 수준으로 소개하기 위해서 무선제시 방법이나 계단식 전략(블록) 사용
정신적 반추(mental rehearsal)를 사용하지 않음	습득된 후에 정신적 반추를 사용함
음운적인 구조를 재구성하기 위한 학습 틀로 이용	말소리 산출에 필수적인 운동기술을 가르치기 위한 학습 틀로 이용

면 두 가지 모두 학습을 증진시켜 최종 목적을 이루기 위한 것이기 때문이다. **표 1-4**는 여덟 가지 자질 측면에서 두 가지 이론모형을 대조시켜 비교한 것이다. 비교내용을 살펴보면 정반응을 유도하기 위하여 다양한 단서와 촉진책을 사용한다는 점에서는 유사하다. 두 가지 학습방법에서 가장 주요한 차이는 인지적 측면을 연습에 이용하는가이다. 운동기술 학습은 말 산출 기술에 있어서 인지적 측면을 더 강조한다. 대상 아동에게 원하는 운동패턴을 습득하기 위해서는 아동이 운동패턴에 대해서 내적인 성찰을 하도록 해야 하며, 기술발달의 초기 단계에는 운동과제를 수행하면서 인지적인 측면에 더 집중하도록 요구한다. 조작적 조건화는 음소치료에 있어 더 "목적을 이루는 수단"에 가깝다. 왜냐하면 이 유형의 학습은 음소

대조를 체계적이고 효과적인 방법으로 제시하는 데 이용하기 때문이다. 음소대조는 대상자의 내적 음소체계를 바꿀 수 있도록 고안해야 한다.

4. 공통된 치료 요인들

어떤 학습 접근법을 사용하든 언어치료사는 어떻게, 무엇을 가르칠 것인가와 언제 치료목표에 도달할 수 있는가를 알 필요가 있다. 언어치료사는 여러 차례에 걸쳐 임상적 결정을 해야 하며, 적절한 시기에 보호자와 대상 아동과 협력해야 한다. 본 절은 사용하는 이론적 틀과는 관계없이 공통적인 치료문제에 관한 주제들이다. 공통적 문제는 치료 상황의 활동과 아동의 수행측정에 관한 것이다.

치료의 평가

Olswang과 Bain(1994)은 치료효과를 확인하기 위해 사용한 네 가지 주요한 임상적 평가 변인을 다음과 같이 정리하였다:

1. 치료시 아동의 반응
2. 치료에 따른 변화의 정도
3. 치료효과의 확립
4. 치료기간 결정

변화를 측정하기 위해서는 양적, 질적인 자료를 치료 전, 중간, 후에 수집해야 한다. 자료의 종류로는 치료 자료, 일반화 평가 자료(generalization probe data), 통제 자료가 있다. 각 자료는 유형에 따라 조작적으로 정의해야 언어치료사가 관심 있는 변인을 실질적으로 측정할 수 있다.

훈련시도

치료 자료는 개인 치료 회기 동안 수행한 아동의 반응으로 구성된다(Olswang and Bain, 1994). 각 **훈련시도**(training trial)마다 정확성을 평가한다; 아동의 반응정확도 기록은 각 회기 동안 아동의 전반적인 수행에 관한 정보와 마찬가지로 매 치료 활동 기간 동안 유지되어야 한다. 예를 들면 치료 회기 동안 아동은 목표음소를 특정 조건에서 모방, 그림단서와 모방, 그림만 제시하는 것과 같은 지속적인 조건하에 목표음이 들어간 낱말을 훈련한다. 언어치료사는 다음의 사항들을 결정해야 한다. (1) 아동이 개별적인 치료 조건에서 완벽하게 습득하였는지 또한 다음 치료 조건을 소개할 것인지, 혹은 (2) 치료 조건이 아동에게 너무 어려우면 다시 소개하거나 수정할 것인지. 이런 결정은 통과 기준(아동의 치료 조건을 바꾸기 전에 습득해야만 하는 기준)을 만들어서 이용할 수 있다. 전통적으로 언어치료사는 80~90%에 달하는 높은 정확도를 정해놓고 이 백분율을 정해진 시간 혹은 특정 훈련시도 횟수를 정해서 구한다. 예를 들면 20회의 연속적 훈련시도 중 90%의 정확도를 완수하거나 두 개의 연속적인 블록의 10번 중 8번을 정조음해야 한다. 시간을 기준으로 하는 경우는 예를 들어 15분의 개별치료 상황에서 80%의 정확도라고 정할 수도 있다. 통과 기준에 도달하는 것은 치료목표에 도달했다는 의미이고 새로운 목표의 시작을 알리는 것이다. 만일 기준이 정해지지 않는다면 치료전략에 있어서 향상도를 가늠하기 어렵다.

치료수행 자료는 개별 치료 회기 동안의 반응으로 구성한다. **연구 노트**

Olswang and Bain, 1994.

언어치료사들도 회기 동안 아동이 수행한 것을 양적으로 만들기 위해 전체적인 반응정확도를 설정할 필요가 있다. 치료목표를 향해 향상되고 있는지 확신을 갖기 위해 그 근거로 아동의 매 치료 회기마다의 성취도를 검사하는 것이다. 위의 개별치료 상황 같은 경우 전체 회기를 통한 정확도는 80~90% 정도를 기대한다. 만일 결과 자료가 기준에 미치지 못하면 언어치료사는 치료를 평가하고 적절한 변화를 주어서 학습효과가 일어나도록 해야 한다. 언어치료사는 반응 자료가 수량화되기 위해서 정확해야 한다는 점을 명심해야 한다. 따라서 이분법 척도를 이용해야 하며 '근사치' 라는 표현은 피해야 한다. Olswang과 Bain(1994)은 추가적으로 아동의 동기와 노력에 대한 주관적인 판단과 같은 질적인 자료도 얻을 수 있다고 지적했다. Kwistkowski와 Shriberg(1998)가 **초점**(focus) 요소라고 한 그것이다. 치료 자료의 수집은 진행 중인 치료여건과 관련하여 아동의 학습을 모니터할 수 있는 하나의 방법이지만 치료시간 외에 치료목표를 사용하는 것에 관한 정보는 제공하지 않는다(Baker and McLeod, 2004).

일반화 평가

일반화 평가에서 나타난 아동의 수행은 치료 상황 외에 학습효과가 연장되는지를 알려주며 단일 피험자 실험설계를 통해 관찰될 수 있다(Williams, 1993). 언어치료사들은 치료실 외의 자연스러운 상황에서 아동이 치료목표들을 사용하는가의 여부를 증명하고 싶어 한다(Baker and McLeod, 2004). 일반적으로 언어치료사는 자극 일반화와 반응 일반화를 평가한다. **자극 일반화**(stimulus generalization)는 보호자와 같이 치료에 관여하고 있지 않은 사람이나 혹은 치료 상황이 아닌 환경에서 현재 진행하고 있는 치료의 예를 사용 하는 것을 평가한다. 예를 들면 아동이 교실 환경에서 현재 훈련 중인 활동의 한 부분을 시도할 수도 있는데 이것은 치료 상황의 한계를 넘어 학습을 확대했다는 것을 말한다. **반응 일반화**(response generalization)는 훈련하지 않은 항목에 대한 확대 여부와 반응(일반적으로 단일 피험자 실험설계 내에서 중간평가를 통해 측정)을 말한다. 이것의 목적은 치료받지 않은 상황적 맥락에서 목표에 대한 아동의 반응 등의 자료를 수집하는 것이다(Bain and Dollaham, 1991). /s/음 산출에 문제가 있어서 그 음을 목표로 치료를 받고 있는 경우를 예로 들어보자. 치료 전과 치료 기간 동안 언어치료사는 목표음소가 포함된 절과 문장, 그림이 있는 20개 목록의 중간평가를 실시한다. 이 목록들은 치료시간에 다룬 것들이 아니다. 대상 아동은 각 그림을 보고 즉각적으로 대답을 하고, 그 대답에 대한 피드백은 주지 않는다. 언어치료사는 각 반응을 평가하고 자료를 표로 만들어 일반화 여부를 판단한다. 만일 치료와 함께 정확도가 상승하면 아동이 훈련받지 않은 예에서 목표음소를 사용하기 시작했기 때문에 치료에 긍정적인 효과를 봤다고 결론짓는다. 치료효과를 추가적으로 확인하는 방법으로는 치료의 구성 내용을 중지하고 확인해 볼 수 있다. 치료가 중지되면 반응 일반화는 안정된 수행양상 혹은 수행의 감소로 나타난다. 주관적 자료는 아동이 새로운 단어에서나, 다른 사람에게 말할 때 목표음의 사용 여부를 보호자에게 질문하여 얻을 수 있다.

Bain과 Dollaghan(1991)은 단일 피험자 실험설계를 사용할 때 치료에 대한 확신을 추가하고 싶다면 **통제행동**(control behavior)을 설계에 포함하라고 조언했다. 통제행동은 치료시 목표로 하는 행동과 구별되는 행동이다. 앞에서 /s/가 치료목표로 선정됐었다. 만일 아동이 /r/음도 잘 못했다면 이것을 통제 음소로 사용할 수도 있었다. 왜냐하면 발성할 때 산출자질이 둘은 매우 다르기 때문이다. 치료를 받은 /s/가 개선되는데, 치료를 받지 않은 /r/가 변화되지 않을 것이라고 예상할 수 있다.

연구 노트

단일 피험자 실험설계에서 통제행동을 함께 보면 언어치료사는 치료효과에 대하여 더 확신할 수 있다.

Bain과 Dollaghan, 1991.

그림 1-2는 /s/와 /r/ 모두 문제를 보이는 아동의 가상적 예이다. 치료목표는 /s/이고 첫 번째 그래프에 나타나 있다. 기초선, 혹은 치료 전에는 안정된 세 개의 점이 있고 이것은 정반응이 없다는 것을 보여 준다. 기초선 유형은 /s/가 확실한 치료목표라는 것을 나타낸다. 치료가 시작되고 긍정적인 변화가 반응 일반화에서 보인다. 치료가 종료되고 종료 후 일반화 평가에서 수행이 떨어지는 것을 볼 수 있다. 이러한 반응 일반화의 양상은 /s/의 산출 변화가 치료 때문이라는 것을 말해준다. 치료효과에 대한 확신을 더 강하게 해주는 것은 두 번째 그래프에 있는데, 이것은 가상적인 /r/에 대한 자료를 요약한 것이다. 기초선 수준이 계속 유지된다. /s/소리에 긍정적 변화가 보이지만 치료가 시작되기 전까지 /r/소리에는 변화가 없다. /r/소리의 훈련이 진행됨에 따라 치료의 긍정적 변화가 있음을 보여 준다. 말소리 /r/는 /s/의 통제 소리로 활용되고 나아가 /s/의 치료를 도와준다. 단일 피험자 실험설계는 아동 소리체계의 긍정적인 변화를 보여 주기 위해 언어치료사가

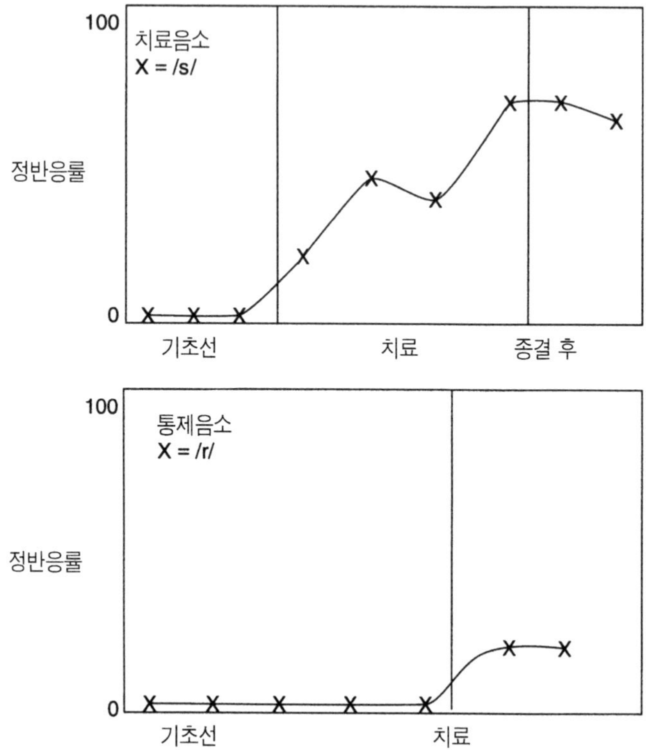

그림 1-2 ❋ 자료 비교를 위한 여러 유형의 계산 공식

사용하는 단순하지만 효과적인 임상적 평가 도구이다.

조음음운장애에 대한 자료를 수집하는 대부분의 경우 목표행동 정반응률로 수행을 표현한다; 그러나 Williams(1993)는 출현기간, 출현율, 출현빈도와 같이 다른 형태의 자료도 사용한다고 하였다. 예를 들면 언어치료사는 미리 정한 간격 동안 수행할 목표행동을 나열할 수 있는데, 이것은 이 시간 간격 동안 수행한 목표행동의 출현빈도 정보를 제공해 준다. 출현율은 미리 정해 놓은 일정 시간 동안 아동이 행한 목표행동의 반응 빈도수 비율을 나타낸다. 마지막으로 출현기간은 전체 관찰시간 대비 목표행동이 발생한 시간을 비교하여 측정한다. **표 1-5**는 이러한 측정변인들을 계산하는 공식을 요약하여 보여 준다.

표 1-5 자료 비교를 위한 여러 유형의 계산 공식

목표행동 정반응률	$\frac{\text{목표행동 횟수} \times 100}{\text{목표행동 기회 횟수}}$
출현빈도	$\frac{\text{목표행동이 일어난 간격의 수} \times 100}{\text{전체 간격의 수}}$
출현비율	$\frac{\text{(아동이 수행한) 목표행동의 횟수}}{\text{시간단위}}$
출현기간	$\frac{\text{목표행동의 시간} \times 100}{\text{전체 관찰시간}}$

치료활동

모든 치료 프로그램에서 치료목표의 산출을 촉진하기 위하여 대상 아동에 따라 활동들을 다르게 사용한다. Shriberg와 Kwiatkowski(1982)는 포괄적으로 문헌들을 검토하였는데, 아동의 치료활동은 주로 반복연습, 반복/놀이연습, 구조화된 놀이, 그리고 놀이로 구성되어 있다고 하였다. **반복연습**(drill)은 자극 제시 전에 아동의 동기를 자극하는 활동이나 행동의 도움 없이 자극을 바로 제시한다. 기저의 이론적 요소를 살펴보면 고도로 반복하는 방법을 통해 반응을 많이 유도하는 촉진책으로 치료의 효과를 극대화하는 것이다. **반복/놀이연습**(drill/play)은 어떤 동기적 행동이나 활동이 선행된다는 점에서 반복연습과 차이가 있다. 동기적 활동이란 아동의 주의력을 높이는 것이며, 학습기회를 많이 줌으로써 학습을 촉진하도록 고안되었다. 예를 들면 훈련한 항목들 중에서 하나를 선택하여 고르거나 원판 돌리기 게임(spinner game)을 순서대로 해서 목표음을 산출하도록 지시한다. Shriberg와 Kwiatkowski는 **구조화된 놀이**(structured play)는 반복/놀이연습과 비슷하지만 치료활동은 아동이 좋아하고 흥미 있어 하는 놀이 환경에서 실행한다. 상호작용 놀이는 아동의 목표반응을 유도하도록 짜여 있는데, 특히 반복연습에서 문제가 있었다면 그것을 구조화된 놀이로 변형시킬 필요가 있다. 마지막으로 아동이 그저 놀이처럼 인식하는 것, 혹은 **자연스러운 상황에서의 놀이**(naturalistic play)이다. 각 놀

이 활동은 원하는 목표반응을 유도하기 위해서 고안된 것들이다. 언어치료사는 보다 자연스러운 상황에서 목표반응의 산출을 위해서 스스로 말하기(self-talk)나 모델링과 같은 여러 가지 유도기술을 사용할 수 있다.

연구 노트 아동의 치료활동은 (1) 반복연습, (2) 반복/놀이연습, (3) 구조화된 놀이, (4) 놀이로 구성되어 있다. 네 가지 중 반복연습과 반복/놀이연습은 효과와 효율이라는 측면에서 우월하다.

Shriberg와 Kwisatkowski, 1982.

Shriberg와 Kwiatkowski(1982)는 네 가지 치료활동을 시험하기 위한 세 개의 연구를 수행했다. 반복연습과 반복/놀이연습은 효과나 효율적인 측면에서 놀이나 혹은 구조화된 놀이보다 우월하다. 그리고 반복연습과 반복/놀이연습은 효과나 효율적인 면에서 차이가 없었다. 이 연구에 참가한 언어치료사들은 아동에게 있어서는 반복/놀이연습을 가장 효율적이고 효과적인 치료활동이라고 선호도를 표현했다.

최종 목표

논의할 마지막 공통요소는 대상자를 위한 치료의 최종 목표이다. 최종 목표는 치료시작 전에 언어치료사가 계획하는 산출반응 수준을 말한다(Costello, 1977). 아동에게 치료 종결시 수행 수준은 어떤 수준이 적절한가? 그 목표는 진단평가 결과와 언어치료사의 치료 철학을 근거로 설정되지만, 어찌되었건 조작적으로 정의되어 목표에 도달했는지 평가할 수 있어야 한다. Pipe(1966)는 언어치료사가 쉽게 측정할 수 있는 현실적인 목표설정을 강조했다. 예를 들어 /s/음의 치료로 최종 목표를 설정한다고 가정할 수 있다. 이 경우 아동은 10분간의 자발화 상황 중 /s/ 발음에 90% 정확도를 보였다면 아동은 목표를 수행한 것이다. 모든 상황에서 최종 목표를 달성할 수는 없더라도 이것은 아동의 진전을 측정하고 적절한 치료활동 개발을 위한 지침을 제공해 준다.

5. 요약

조음음운장애 아동들은 서로 다른 이질적인 집단으로 이루어져 있으며, 언어치료사는 이를 치료하기 위한 적절한 지식과 기술을 갖추어야 한다. 대부분은 병인을 알 수 없는 조음음운장애이지만 하위 집단들은 구조적, 감각적, 신경적인 요인(혹은 이런 요인들의 복합)을 가지고 있는 경우도 있다. 이런 집단 간의 차이는 특정한 치료를 적용하거나 선택할 때 고려해야 한다. 위에서 열거한 모든 변인들을 고려하여 언어치료사를 위한 치료모형 지침을 제공하려고 했다(이 책에서 망라하고 있는 다양한 치료들의 논의를 위한 조직적인 틀). 이 모형은 대상 아동, 언어치료사, 보호자 변인을 고려했다. 거기에 더해서 조음음운장애에 적용된 학습의 이론적 설명이 그 주요 자질과 관련지어 논의되었다. 이론적 구성 역시 독자를 위해 비교하고 대조시켰다. 도구적 학습 이론은 아동에게 음소대조를 체계적이고 효과적인 방법으로 제공하는 교수 틀로 이용된다. 운동기술 학습 이론은 체계적이고 효과적인 말소리 산출기술을 가르치는 교수 틀로 사용된다. 마지막으로 두 가지 학습 이론 모두에게 적용되는 공통적 치료요인을 논의하였다. 공통적 치료요인으로는 치료시 아동의 반응을 객관적으로 측정하는 문제가 있다. 이 장은 일반적 치료전략과 특정 하위 집단의 조음음운장애 아동들을 위해 개발된 치료전략을 다루는 다음 장의 기초가 될 것이다.

❀ 참고 문헌

American Speech-Language-Hearing Association: *Pre-Kindergarten NOMS Fact Sheet: Preschoolers with articulation disorders—what affects progress?* Rockville, Md, 2006, American Speech-Language-Hearing Association.

Bain BA, Dollaghan CA: The notion of clinically significant change, *Lang Speech Hear Serv Sch* 22:264-270, 1991.

Baker E, McLeod S: Evidence-based management of phonological impairment in children, *Child Lang Teach Ther* 20:261-285, 2004.

Bernthal JE, Bankson NW: *Articulation and phonological disorders*, ed 5, Boston, 2004, Allyn & Bacon.

Bird J, Bishop DVM, Freeman NH: Phonological awareness and literacy development in children with expressive phonological impairment, *J Speech Hear Res* 38:446-462, 1995.

Bowen C, Cupples L: Parents and children together (PACT): a collaborative approach to phonological therapy, *Intl Lang Commun Disord* 34:35-83, 1999.

Bowen C, Cupples L: The role of families in optimizing phonological therapy outcomes, *Child Lang Teach Ther* 20:245-260, 2004.

Castrogiovanni A: *Communication facts: incidence and prevalence of communication disorders and hearing loss in children*, Rockville, Md, 2006, American Speech-Language-Hearing Association. Available at: www.asha.org/members/research/reports/children. Accessed September 2, 2006.

Costello JM: Programmed instruction, *J Speech Hear Disord* 42:3-28, 1977.

Felsenfeld S, Broen PA, McGue M: A 28-year follow-up of adults with a history of moderate phonological disorder: educational and occupational results, *J Speech Hear Res* 37:1341-1353, 1994.

Gierut JA: Treatment efficacy: functional phonological disorders in children, *J Speech Lang Hear Res* 41(1):S85-S100, 1998.

Golding-Kushner KJ: *Therapy techniques for cleft palate speech and related disorders*, San Diego, 2001, Singular.

Hedge MN: *Treatment procedures in communicative disorders*, ed 2, Austin, Tex, 1993, Pro-Ed.

Higgins S: Motor skill acquisition, *Phys Ther* 71:123-139, 1991.

Kamhi AG: Dual perspectives on choosing treatment approaches to use or not to use: factors that influence the selection of new treatment approaches, *Lang Speech Hear Serv Sch* 30:92-97, 1999.

Kamhi AG: Summary, reflections, and future directions. In Kamhi AG, Pollock KB, editors: *Phonological disorders in children*, Baltimore, 2005, Paul H Brookes.

Kent RD, Lybolt JT: Techniques of therapy based in motor learning theory. In Perkins WH, editor: *Current therapy of communication disorders: general principles of therapy*, New York, 1982, Thieme-Stratton.

Kwiatkowski J, Shriberg LD: The capability-focus treatment framework for child speech disorders, *Am J Speech Lang Pathol* 7:27-38, 1998.

Ling D: *Speech and the hearing impaired child: theory and practice*, ed 2, Washington, DC, 2002, The Alexander Graham Bell Association for the Deaf and Hard of Hearing.

Munson B, Edwards J, Beckman ME: Phonological knowledge in typical and atypical speech-sound development, *Top Lang Disord* 25:190-206, 2005a.

Munson B, Edwards J, Beckman ME: Relationships between nonword repetition accuracy and other measures of linguistic development in children with phonological disorders, *J Speech Hear Res* 48:61-78, 2005b.

Olswang LB, Bain B: Data collection: monitoring children's treatment progress, *Am J Speech Lang Pathol* 3:55-66, 1994.

Paterson MM: Articulation and phonological disorders in hearing-impaired school-aged children with severe and profound sensorineural losses. In Bernthal J, Bankson N, editors: *Child phonology: characteristics, assessment, and intervention with special populations*, New York, 1994, Thieme Medical Publishers.

Peterson-Falzone SJ: Speech disorders related to craniofacial structural defects: I. In Lass NJ, McReynolds LV, Northern JL et al, editors: *Handbook of speech-language pathology and audiology*, Philadelphia, 1988, BC Decker.

Pipe P: *Practical programming*, New York, 1966, Holt, Rinehart, & Winston.

Rice ML, Hadley PA, Alexander AL: Social biases toward children with speech and language impairments: a correlative causal model of language limitations, *Appl Psycholinguist* 14:445-471, 1993.

Ruscello DM: Motor learning as a model for articulation instruction. In Costello JM, editor: *Speech disorders in children*, San Diego, 1984, College-Hill Press.

Ruscello DM: A motor skill learning treatment program for sound system disorders, *Semin Speech Lang* 14:106-118, 1993.

Ruscello DM: Residual phonological errors. In Kent R, editor: *The MIT Encyclopedia of communication disorders*, New York, 2003, Delmar Learning.

Rvachew S: The importance of phonetic factors in phonological intervention. In Kamhi AG, Pollock KB, editors: *Phonological disorders in children*, Baltimore, 2005, Paul H Brookes.

Schmidt RA, Wrisberg CA: *Motor learning and performance*, ed 2, Champaign, Ill, 2000, Human Kinetics.

Schwartz RG: Clinical applications of recent advances in phonological theory, *Lang Speech Hear Serv Sch* 23:269-276, 1992.

Shelton RL: Grand rounds for sound system disorder. Conclusion: what was learned, *Semin Speech Lang* 14:166-178, 1993.

Shelton RL, McReynolds LV: Functional articulation disorders: preliminaries to treatment. In Lass NJ, editor: *Speech and language: advances in basic research and practice*, New York, 1979, Academic Press.

Shriberg LD: Five subtypes of developmental phonological disorders, *Clin Commun Disord* 4:38-53, 1994.

Shriberg LD, Kwiatkowski J: Phonological disorders II: a conceptual framework for management, *J Speech Hear Disord* 47:242-256, 1982.

Shriberg LD, Kwiatkowski J: Developmental phonological disorders I: a clinical profile, *J Speech Hear Res* 37:1100–1126, 1994.

Skelton SL: Concurrent task sequencing in single-phoneme phonologic treatment and generalization, *J Commun Disord* 37:131–156, 2004.

St. Louis KO, Ruscello DM, Lundeen C: *Coexistence of communication disorders in schoolchildren*, ASHA Monograph 27, Rockville, Md, 1992, ASHA.

Tyler AA, Sandoval KT: Preschoolers with phonological and language disorders, *Lang Speech Hear Serv Sch* 25:215–234, 1994.

Weiss AL: The child as agent for change in therapy for phonological disorders, *Child Lang Teach Ther* 20:221–244, 2004.

Williams AL: The use of single-subject designs in clinical practice, *Clin Commun Disord* 3:47–58, 1993.

Williams AL: *Speech disorders resource guide for preschool children*, Clifton Park, NY, 2003, Singular.

Winitz H: *Articulatory acquisition and behavior*, New York, 1969, Appleton-Century-Crofts.

Yorkston KM. Beukelman DR. Strand EA et al: *Management of motor speech disorders in children and adults*, Austin, Tex, 1999, Pro-Ed.

2

기능적 조음장애의 조음음운치료

<개 요>

<핵심용어>

공명 자질
구강운동 치료
근접밀도(이웃밀도, 이웃크기)
낱말 빈도
다중대립
다중음소 붕괴
동음이의어
동족음
동화(조화)
마찰음
모음
문맥적 촉진(촉진 문맥)
비주요 부류 자질
상위음운 접근
속도 훈련
유표성
음소배열 제약
음운대조
음절 구조
자질 대조
재구성
전달구
조음지시법
주요 부류 차이
최대대립
최소대립쌍
파열음
파찰음

<학습목표>

- ❑ 말소리 체계의 재구조화에 포함되는 기본 요소의 개요를 설명할 수 있다.
- ❑ 최소대립쌍, 다중대립, 최대대립, 형태통사 및 일상 대화 음운치료를 요약하여 설명할 수 있다.
- ❑ 상위음운 및 주기적 접근법의 음운변동 치료접근법을 요약할 수 있다.
- ❑ 독립음부터 대화 수준에 이르기까지 음성적 치료활동에 대해 요약할 수 있다.
- ❑ 표상기반 접근법 및 공동치료접근법의 혼합법의 여러 단계와 구성요소를 논할 수 있다.
- ❑ 조음음운장애의 치료와 관련하여 지속되는 쟁점을 확인할 수 있다.

조음음운장애의 치료는 여러 이론적 관점에 근거를 두고 있다. 제1장에서는 언어치료사가 치료대상에게 적용할 수 있는 치료방법과 치료에 대한 대상자의 반응 측정방법에 관한 이론을 살펴보았다. 이 장에서는 현재 조음음운장애의 중재에 이용되는 치료법에 대해 설명하고자 한다. 문헌에서는 이분법적 용어로 치료를 논하는 경우가 많다. 한편에서는 운동학습 접근법(음성적 접근법, 전통적 접근법)이라는 용어를 사용하고, 다른 한편에서는 언어적 접근법(음운적 접근법, 인지-언어적 접근법)이라는 용어를 사용한다. 그러나 두 치료법의 특성을 모두 갖는 치료법도 있다. 이 장에서도 편의상 이분법을 적용하겠지만, 두 접근법의 특성을 함께 가지고 있는 치료법에 대해서도 논의할 것이다.

여러 치료법을 논하기 전에 운동기반 치료접근법과 언어기반 치료접근법을 구분하는 것이 도움이 될 것이다. 운동기반 치료접근법에서는 언어치료사가 말소리의 음성적 혹은 물리적 특성에 역점을 두며, 대개는 말소리 별로 치료한다(Bauman-Waengler, 2004; Bernthal & Bankson, 2004; Lowe, 1994). 언어치료사는 치료대상의 음성 목록에 포함시키기 원하는 말소리 산출 능력을 아동이 습득할 수 있도록 운동기술 학습 과정을 통해 훈련할 기회를 제공한다(Ruscello, 1993). 운동기반 치료접근법에서는 아동이 목표음소에 대한 지식이나 기저 표상은 갖고 있다고 가정한다. 즉, 이러한 지식이 아동의 음운 구조의 일부로 존재하기는 하지만, 그 말소리를 산출하는 데 필요한 신체 운동을 학습하지 못하였거나 그 말소리를 산출하는 데 필요한 운동 패턴을 다른 패턴으로 대치한다고 본다. 이 가정은 부분적이거나 불완전한 음운체계 지식을 가지고 있다고 가정하는 언어적 접근법과 상반된다(Bernthal & Bankson, 2004). 언어적 접근법에서는 치료의 일차적인 목적은 연습이 아니라 대상 아동에게 음운체계를 재구성할 기회를 제공해 주는 것이다.

요약하면, 운동기반 치료접근법은 음성적 수행력의 발달에 역점을 두는 반면, 언어적 치료접근법은 음운 지식의 발달에 역점을 둔다(Williams, 2003). 치료 자료에 따르면, 두 접근법 모두 효과가 있으나(Gierut, 1998) 특정 대상의 치료에 어떤 치료법을 적용할 것인지 결정하는 데에는 대상자, 언어치료사, 보호자 요인이 작용한다(제1장 참조). 언어치료사는 치료법 결정, 치료 실시, 선정된 치료법에 대한 대상자의 반응 평가에 근본적인 책임이 있는 사람이다. 이 논의에 앞서 고려해야 할 두 가지 문제가 있다. 첫째, 음성적 기반의 조음장애와 음운적 기반의 음운장애를 항상 명확하게 구분할 수 있는 것은 아니다(Davis, 2005; Kahmi, 2005). 둘째, 음성적 특성과 음운적 특성이 혼재하는 치료접근법도 있다(Bowen & Cupples, 1999; Rvachew, 2005).

연구 노트 운동기반 치료접근법은 음성적 수행력의 발달에 역점을 두는 반면, 언어기반 치료접근법은 음운 지식의 발달에 역점을 둔다.

Williams, 2003.

먼저 아동의 말소리 체계를 주의 깊게 평가하여 문제의 유무를 알아내야 한다(Tyler, 2005a). Davis(2005)는 조음음운장애의 평가를 설득력 있게 논의하였는데, 언어치료사가 이 과정에 관여할 때 알아야 할 중요한 진단적 쟁점을 발견하였다. 의사소통을 방해하는 주요 문제가 조음음운장애인 것으로 진단되면 치료가 필요함을 의미한다. 언어치료사는 조음음운장애로 진단된 아동에게 적절한 치료접근법을 적용하여 대상 아동을 치료할 것이다(**그림 2-1**).

글상자 2-1에 주로 사용하는 절차를 요약하였다. 먼저 아동의 말소리 체계를 포괄적으로 분석하여 장애를 확인한다. 이 과정에서는 아동의 조음음운장애에 대한 독립분석과 관계분석을 실시한다. 이 정보와 대상 아동, 언어치료사 및 보호자 등 기타 관련 요인을 고려하여 적절한 치료접근법을 선정한다. 어떤 치료접근법을 시행할 것인지 결정한 뒤에는 장기목표와 단기목표를 수립해야 한다. 치료 기간 동안의 치료목표는 무엇인가? 이상적인 목표와 성취 가능한 목표는 무엇인가? 치료를 시작하기 전에 치료목표의 기초선 수행 자료와 (필요할 경우) 치료목표에 포

그림 2-1 ❋ 한 아동이 조음음운치료를 받고 있다.

글상자 2-1 **조음음운장애의 치료법 선정과 실행**

1. 대상 아동의 조음음운장애를 포괄적으로 평가한다.
   a. 독립분석
   b. 관계분석
2. 대상 아동, 언어치료사 및 보호자 요인 등 기타 관련 요인을 고려한다.
3. 대상 아동에 적절한 치료접근법을 선정한다.
4. 치료기간 동안 달성할 수 있는 최종 목표를 전개한다.
5. 치료 전 수행 수준의 판정을 위해 기초선 목표를 도출한다.
6. 교수 접근법을 실행한다.
   a. 대상 아동에 맞는 지각 및 산출 활동을 도입한다.
   b. 개별 훈련활동의 습득 여부를 판단할 수 있는 반응 정확도 기준을 수립한다.
7. 치료에 대한 대상 아동의 수행력을 모니터링한다.
   a. 매일 수행 자료를 수집한다.
   b. 정기적으로 일반화를 평가한다.

함되어 있지 않은 통제 목표의 자료도 수집한다. 이후 도구적 학습 또는 운동기술 학습 원리 하에 치료를 실시한다. 치료를 실시하는 동안 일반화를 위한 훈련시도(training trial)와 심층 조사에 대한 반응을 모니터링하여 대상 아동의 수행력을 조사한다. 수집한 수행 자료는 대상 아동의 진전을 도와주고, 치료활동을 변경하거나 치료가 일반화 달성에 효과적인지 알아보는 데 도움이 된다.

1. 말소리 체계의 재구조화

음운대조

언어적 치료접근법의 형태는 다양하나, 주된 목적은 사용하고 있는 언어의 음운 구분 능력을 개발하는 것이다(Barlow & Gierut, 2002). **최소대립쌍**(minimal pairs) 치료(Weiner, 1981)는 초기 치료법 중 하나로, 처음에는 음운변동 분석의 관점을 취하였다. 이 치료법은 자질 분석과 생산적 음운지식의 관점에 근거한 치료의 일부이기도 하였다. 최소대립쌍은 한 개 음소에서의 차이가 의미 차이를 유발하는 낱말쌍이다. 최소대립쌍 /so-to/는 두 개의 낱말로, 두 낱말은 같은 **모음**(vowel)을 가지고 있지만 모음 앞에 오는 자음의 차이로 인해 의미가 달라진다. 자음을 전통적인 변별자질로 분석해 보면, /s/는 마찰음이고 /t/는 파열음으로 조음방법에서 차이가 난다. 이 두 음소는 치경 부위에서 조음되며, 둘 모두 무성음이라는 측면에서 자질을 공유하기도 한다. 최소대립쌍 /so-go/는 유성성, 조음위치, 조음방법의 세 개 자질 차원에서 차이가 난다. 대상 아동은 말소리를 대치하거나 생략하기도 하고, **동음이의어**(homonymy)를 만들어내기도 한다(Bernthal & Bankson, 2004). 즉, 음운대조가 붕괴되고, 이 붕괴는 아동의 말 명료도에 영향을 미친다. 예를 들어, 다른 어휘 문맥에서는 /t/를 오조음하면서 /s/ 대신 /t/로 대치하는 아동은 동음이의어를 산출하기도 한다. 낱말 *so-toe*가 *to-toe*로 산출될 것이다. 언어치료사는 아동의 말소리 체계를 재구성해 주려는 시도로 낱말쌍을 이용하여 의미 차이를 부각시킨다.

연구 노트 모든 형태의 언어적 치료법은 주변 언어의 음운 구분 능력을 개발하는 것을 주된 목적으로 한다.

Barlow와 Gierut, 2002.

아동의 말소리 체계를 재구성하는 데에는 최소대립쌍을 변형한 치료법도 이용할 수 있다(Gierut, 2005; Williams, 2003). **음운대조**(phoneme contrast)를 통해 이루어지는 정교화는 아동의 음운체계에 광범위한 변화를 이끌어 중재의 효율성을 향상시키기 위해 고안되었다. Williams(2003)는 다중대립 치료접근법을 개발하였는데, 이 치료법은 다중음소 붕괴의 치료를 목표로 한다. Gierut(2005)와 동료들은 최대대립 치료접근법을 개발하였다. **최대대립**(maximal opposition) 치료접근법은 대상 아동을 주요 부류 자질에서 차이를 보이는 음운대조에 노출시키기 위해 적용할 수 있다.

치료목표 선정

언어적 접근법에서는 언어적 복잡성에 근거한 명확한 치료목표 선정 기준을 적용한다(Gierut, 2001; Williams, 2003). 보다 복잡한 언어적 특성을 목표로 하는 치료는 대상 아동의 말소리 체계를 더 많이 변화시키는 것으로 알려져 있다. 언어적 복잡성을 이용한다는 점에서 상대적으로 덜 복잡한 목표 선정 기준을 적용하는 전통적-음성적 접근법과 구별된다(Bernthal & Bankson, 2004). 전통적 접근법은 일반적으로 아동의 말소리 체계에는 들어 있지 않으나 자극반응도가 있고 발달상 일찍 습득되는 말소리를 목표로 하는 반면, 언어적 접근법은 어휘, 음성, 음운 복잡성 외에 유표성이라고 하는 언어적 변인을 고려하여 치료목표를 선정한다.

연구 노트

일부 연구자는 보다 복잡한 언어적 특성을 목표로 한 치료가 대상 아동의 음운체계를 더 많이 변화시킨다고 여긴다.

Gierut, 2001; Williams, 2003.

유표성

음운접근법을 지지하는 사람들은 무표적 자질보다 유표적 자질을 먼저 가르칠 것을 권한다(Gierut, 2001; Williams, 2003). **유표성**(markedness)은 언어가 갖는 특성 중 하나로, 한 언어의 유표적 자질에는 무표적 자질이 내포되어 있다. 예를 들어, 유성성은 유표적 자질로 무성성이라는 무표적 자질을 내포한다. 즉, 모든 언어에는 유성음이 있고, 대부분의 언어에 유성음과 무성음이 있지만, 무성음으로만 이루어진 언어는 없다. 결론적으로 유성성이 유표적 자질인 것이다. 다음 목록은 치료목표를 선정할 때 고려해야 할 유표적 특성의 일부이다.

- 유성 방해음의 치료는 무성 방해음의 습득을 촉진한다.

- **마찰음**(fricatives)의 치료는 파열음의 습득을 촉진한다.
- **파찰음**(affricates)의 치료는 마찰음의 습득을 촉진한다.
- 유음의 치료는 비음의 습득을 촉진한다.
- 자음군의 치료는 단일 자음의 습득을 촉진한다.
- 나중에 발달하는 자음군의 치료는 먼저 발달하는 자음군의 습득을 촉진한다.

어휘복잡성

하나의 어휘에는 그 어휘를 이루는 여러 가지 속성이 있음이 연구를 통해 알려졌다(Gierut, 2001). 특히 낱말 빈도와 근접밀도를 주제로 한 연구가 주를 이룬다(Morrisette & Gierut, 2002). **낱말 빈도**(word frequency)는 한 언어에서 특정 낱말이 출현하는 규칙성을 의미하는데(Kucera & Francis, 1967), 연구에 따르면 사람들은 저빈도 낱말보다 고빈도 낱말을 더 쉽게 찾아낸다. **근접밀도**(neighborhood density)는 특정 낱말을 구성하고 있는 음성적 요소 중 한 개 음소만 대치, 생략 또는 첨가시킴으로써 그 낱말과 최소한의 차이만 나는 낱말의 수를 나타낸 것이다. 예를 들어, 낱말 *tea*, *stow*, *doe*는 *toe*와 한 개 음소만 다르므로 *toe*의 근접어이다. 연구 결과에 따르면 저밀도 낱말은 다른 낱말과의 음성적 관련성이 적은 낱말로, 일반적으로 고밀도 낱말보다 확인이 더 쉽다. 심한 조음음운장애를 보이는 학령전기 아동을 대상으로 한 Morrisette와 Gierut의 예비 연구 결과에 따르면, 치료에 고빈도 낱말을 사용하는 것이 저빈도 낱말을 사용하는 것보다 일반화를 더 많이 촉진하였다. 그러나 고밀도 낱말이나 저밀도 낱말을 사용하였을 때 나타난 일반화의 경향은 뚜렷하지 않았다. 이러한 결과는 치료 패러다임에 고빈도 낱말의 사용을 고려할 것을 지지하는 것이다.

연구 노트 예비 연구 결과에 따르면 연구 대상자들은 저빈도 낱말보다 고빈도 낱말을 더 잘 찾아냈다. 또한 고빈도 낱말을 사용할 때 보다 광범위한 일반화 효과가 나타났다.

Morrissette와 Gierut, 2002.

음성·음운 복잡성

Gierut(2001)는 치료의 서로 다른 음성적·음운적 요인을 조사한 여러 연구를 요약하였다.* 전반적인 결과는 언어치료사가 목표음을 치료할 때 다음과 같은 사항을 고려해야 함을 시사하는 것이었다.

- 자극반응도가 없는 말소리를 치료한다.
- 음향적으로 분화되지 않은 말소리를 치료한다.
- 아동의 말소리 목록에 없는 말소리를 치료한다.
- 발달상 일찍 습득되는 말소리보다 나중에 습득되는 말소리를 먼저 치료한다.

2. 음운치료

최소대립쌍 낱말

최소대립쌍을 이용한 치료는 지각 및 산출 활동을 통해 음운대조를 수립하도록 몇 개의 단계로 구성한다. 이러한 치료 단계의 개요를 **글상자 2-2**에 제시하였다.

1단계: 지각

그림으로 나타낼 수 있는 4~8개의 최소대립쌍 낱말 세트를 선정한다. 그림으로 나타낼 수 있는 낱말이 충분하지 않으면 특정 상황에서만 쓸 수 있는 비단어 항목(nonce item)을 사용해도 되는데, 그림과 비단어 항목을 연결시켜 의미를 부여해 주면 된다(제1장 참조). /s/ 대신 /t/로 대치하는 아동이라면 *two-sue*, *toe-sew*, *tea-sea*, *tap-sap*, *tip-sip*으로 최소대립쌍 낱말을 선정한다. 언어치료사는 지각 과제 제시 전에 각 낱말의 그림을 보여 주면서 이름을 말해 주어 아동이 치료 낱말에 친숙해지게 한다. 그 다음에 대상 아동에게 지각 과제를 수행하게 한다. 언어치료사는 그림과 함께 자극단서(예: "내가 말한 그림을 나한테 보여 주면 돼. sea 어

* (역자 주) 기존의 최종 목표 선정과는 반대로 어려운 과제를 먼저 치료하면 쉬운 목표행동에 긍정적 영향도 미칠 수 있다는 입장을 갖고 있다.

글상자 2-2 최소대립쌍 낱말 치료법의 단계

1단계: 지각(선택사항)

언어치료사가 치료에 이용할 낱말의 단서를 제시해 주면서 미리 선정한 그림을 보여 준다.

2단계: 음성 산출(선택사항)

언어치료사는 대상 아동의 음성 산출 능력을 조사하여 필요할 경우 목표음의 조음위치를 가르친다.

3단계: 최소대립쌍 낱말

언어치료사는 최소대립쌍 낱말 각각을 제시해 주면서 대상 아동에게 각 낱말을 산출해 보라고 요구한다.

4단계: 문맥 내에서의 최소대립쌍

언어치료사는 전달구를 이용하여 최소대립쌍 낱말을 문맥 내 연습 자료에 포함시켜 제시해 준다.

디 있어?")를 제시한다. 아동이 보여야 할 반응은 정확한 그림을 찾는 것이다. 이 단계는 선택사항으로, 치료 과정에 포함시켜도 되고 포함시키지 않아도 된다. 일부 최소대립쌍 낱말 응용치료법은 지각 단계를 생략하기도 한다(Weiner, 1981).

일부 연구자는 최소대립쌍 낱말을 더 명확하게 대조시키기 위해 형상화(이미지)를 이용하기도 한다. Klein(1996)은 형상화를 의미 기준(anchors) 또는 설명을 통해 음운대조를 개발하는 데 이용할 수 있는 인지 과정으로 설명하였다. 치료목표 자질 대조를 위해 목표 자질을 형용사로 설명해 준다. 앞의 예처럼 마찰음을 파열음으로 대치하는 아동에게 긴 말소리와 짧은 말소리를 대조시켜 제시해 준다. 마찰음이 긴 말소리이므로, 목표 낱말 내에서 처음 들려 줄 때에는 약간 길게 소리 내 준다. **파열음**(stop sound), 즉 짧은 소리는 매우 빨리 조음하여 들려준다. 형상화는 다른 음운접근법에서도 이용할 수 있다(이 장의 후반부에서 다룰 것이다).

2단계: 음성 산출

2단계도 선택적이다. 일부 언어치료사는 음성적 능력이 없어 목표음을 산출하지 못하는 아동에게 이 단계를 적용하기도 한다. Bernthal과 Bankson(2004)은 언어치료사가 대상 아동의 음성 산출 능력을 심층 조사하여 필요할 경우 목표음의 조음위치를 알려주어 대상 아동이 낱말 내에서 목표음을 모방하여 조절할 수 있도록 가르치라고 추천했다. Tyler와 동료들(1987)도 목표음이 포함된 낱말의 모방 단계를 거칠 것을 제안하였다. 아동은 실제로 최소대립쌍 낱말 대조로 이동하기 전에 낱말 내에서 목표음을 모방하여 조절할 수 있어야 한다. 그러나 또 다른 연구자는 최소대립쌍 낱말 도입의 선행 단계로 음성적 훈련을 실시하지 않기도 한다(Weiner, 1981). 예를 들어, Klein(1996)은 최소대립쌍 낱말 치료법은 대상 아동에게 음운대조를 제시하기 위한 것이므로 조음위치나 모방 단서의 제시 등 음성적 훈련 절차는 "순수한" 언어적 치료접근법에 해당되지 않는다고 하였다.

3단계: 최소대립쌍 낱말

최소대립쌍 낱말을 개별적으로 제시해 준 뒤 각 낱말의 산출을 가르친다. 예를 들어, 언어치료사가 최소대립쌍 낱말 /tea-sea/의 그림(**그림 2-2**)을 제시해 주고 대상 아동에게 각 그림의 이름을 자발적으로 대보라고 한다(예: "내가 가리키는 그림의 이름을 말해 보세요. 준비~ 이 그림의 이름을 말해 봐요."). Tyler(2005b)는 "Go Fish" 게임을 변형시켜 이용할 수 있다고 설명하였다. 언어치료사가 최소대립쌍 낱말의 그림을 가지고, 대상 아동에게는 목표 낱말 중 1개의 그림만 준다. 아동이 가지고 있던 그림 카드와 같은 그림을 받으면 목표 낱말을 산출하라고 지시한다. 만약 아동이 산출 오류를 보이면 의사소통의 부조화를 야기한 목표 낱말 그림 대신 최소대립쌍 낱말 중 대조 낱말의 그림을 준다. 이렇게 하면 대상 아동이 성공하지 못하는 의사소통 상황에 참여하게 되면서 적절한 음운대조의 발달이 촉진된다. 최소대립쌍 낱말을 보여 주고 자발적인 반응을 유도하는 방법은 매우 다양하다.

이 치료 단계에서 언어치료사는 정확한 반응을 조작적으로 정의해야 한다. 일부 연구자는 대상 아동의 오류를 제거하기 위해 특정 목표음 대신 정적인 피드백을

Tea

Sea

그림 2-2 ✽ 최소대립쌍 낱말 치료에 이용할 수 있는 그림의 예

출처: Copyright 2007, JupiterImages Corporation.)

주기도 한다(Saben & Ingham, 1991). 또 다른 연구자는 특정 음소로 반응하라고 규정하였다(Tyler et al., 1987). 예를 들어, 모음 뒤에서 마찰음을 생략하는 아동에게 최소대립쌍 낱말 /my-mice/를 이용한다고 가정해 보자. 아동이 /mice/에 대해 모음 뒤에서 /s/가 아닌 다른 마찰음으로 산출한 경우라도 그 규칙은 학습한 것이므로 정적으로 강화해 준다. 그러나 최소대립쌍 낱말 치료의 이러한 측면은 논쟁의 여지가 있다. Tyler(2005b)는 최소대립쌍 낱말을 이용하기 전에 일부 낱말에서 목표음을 모방하여 조절할 수 있어야 한다고 하였다. 그렇지 않으면 최소대립쌍 활동에서 성공하지 못하기 때문에 아동이 좌절할 수 있다고 하였다. 언어치료사는 최소대립쌍 낱말을 실제 산출하도록 유도할 때 이러한 쟁점을 인식하여 대상 아동에게 가장 이득이 되는 것을 선택해야 한다. 낱말쌍을 자발적으로 산출시키기 전에 음성적으로 모방하는 단계가 필요할 수도 있다.

4단계: 문맥 내에서의 최소대립쌍 낱말

마지막 단계는 최소대립쌍 낱말을 문맥 연습자료에 포함시켜 훈련하는 것이다. 이 단계에서는 최소대립쌍 낱말을 **전달구**(carrier sentences)(예: "여기 _____(와) _____(가) 있어요.")에 포함시켜 산출하게 하는 것이 일반적이다. 미리 정한 반응 정확도 기준을 대상 아동이 달성하면 각 목표 낱말을 다른 전달구에 넣어 연습하는 단계로 이동한다(예: "나는 _____을 가리켜요."). 아동에게 다른 활동을 제시할 수도 있으나(예: 대화연습), 대상 아동의 일반화 정도에 따라 활동의 폭이 크게 달라진다. 제1장에서 논의한 바와 같이 일반화의 평가는 치료의 성공 정도 평가와 필요한 치료활동 결정에 중요하다.

사례 연구 2-1

최소대립쌍 낱말: 음운치료접근법

D.B.는 가족 주치의에 의해 평가에 의뢰된 4세 6개월의 남아이다. 주치의와 가족은 아동의 말 발달이 늦어져 다른 사람이 알아듣기 힘들어 한다는 것을 염려해 왔다. 아동은 지난 2년간 학령전기 프로그램에 다녔는데, 또래가 아동의 말을 잘 알아듣지 못하였다고 어머니가 보고하였다. 특히 아동은 일부 말소리를 낱말의 끝에서 생략하고,

다른 말소리로 대치한다고 하였다. 어머니에게는 두 명의 자녀가 더 있지만 말과 언어 발달 문제는 없었다고 보고하였다. 아동의 말소리 체계를 분석한 결과, 자음 목록 /p, b, t, d/, /θ, ð, h/, /w, j, l/, /m, n, ŋ/, 모든 모음과 이중모음을 산출할 수 있는 것으로 나타났다. 가장 뚜렷한 오류는 종성방해음을 생략하고, 초성이나 모음 사이에 오는 치경 마찰음과 경구개마찰음을 생략하고, 파찰음 대신 파열음 /t, d/로 대치하는 것이었다. /k, g/는 자극반응도가 있었다. 아동은 V, CV, VC, CVC 음절 형태를 산출하였다. 목록 제약과 위치 제약이 방해음에 영향을 미치고 있고, 중등도~중도의 조음음운장애로 말 명료도가 떨어지는 것으로 판단되었다. 청력검사 결과, 양쪽 귀는 정상이었다. 구강검사 결과, 뚜렷한 문제는 없었다. 언어검사 결과, 경도의 수용언어 지연과 중등도의 표현언어 지연이 있는 것으로 나타났다.

아동은 1시간 길이의 치료 회기를 총 24회 받았다. 나타난 말소리 체계 오류 패턴 때문에 음운치료접근법을 적용하였다. 최소대립쌍 낱말을 이용하여 혀가 조음에 관여하는 마찰음과 파찰음 대신 치경파열음으로 대치하고 종성에서 방해음을 생략하는 데 해당되는 주요 말소리 체계를 목표로 하였다. 음소 /z/는 자극반응도가 없고 나중에 발달하는 말소리이므로 치경파열음 대치를 위한 목표로 선정하였다. 유성 방해음이 무성 방해음의 발달을 촉진하기도 하므로 유성 방해음도 목표로 선정하였다(책의 논의 부분 참고). 음소 /v/는 동일한 선정 기준을 적용하여 종성 목표음으로 선택하였다. 치경파열음 대치를 대조시키기 위해 *zoo-due*, *zip-dip*, *zee-dee*, *zoom-doom*과 같은 낱말쌍을, 종성 위치 제약을 대조시키기 위해서는 *moo-move*, *way-wave*, *lee-leave*, *dry-drive*와 같은 낱말쌍을 이용하였다.

치료의 첫 단계로 최소대립쌍 낱말을 제시해 주었다. 최소대립쌍 낱말의 그림을 제시해 주면서 이름을 들려주었다. 이후 각 그림의 이름을 개별적으로 제시해 주고 아동에게 찾아보게 하였다. 그 다음에는 대상 아동에게 낱말쌍을 산출해 보라고 지시하였다. 각 낱말쌍의 그림을 제시해 주면 아동이 그 낱말쌍의 이름을 자발적으로 산출하도록 하였다. D.B.는 목표음 /z, v/의 음성적 산출 능력이 없기 때문에 중간에 음성적 훈련 단계를 포함시켰다. 독립음 수준에서 /z, v/의 조음위치를 지도하고 자발적 산출 전에 최소대립쌍 낱말을 모방하여 산출하게 하였다. 마지막 단계로 최소대립쌍 낱말을 문맥 연습 자료에 포함시켰다. 낱말쌍을 전달구(예: "나는 ____과 ____를 보고 있어요.")에 포함시켜 산출하게 한 것이다. 치료 중간과 치료 후에 정기적으로 실시한 심층조사 결과 기초선 반응 수준에 비해 향상된 것으로 나타났다. 낱말 수준에서 /z/와 /v/의 반응 일반화가 나타났으며, 자발적 대화 수준에서 목표 말소리가 산출되기 시작하였다. 자발적 낱말 산출 수준에서 훈련하지 않은 말소리 /f/, /s/, /ʃ/의 일반화도 나타났다.

해설

D.B.는 중등도~중도의 문제를 갖고 있었지만 치료로 개선되었다. 목표음과 관련 말소리의 일반화는 치료가 말소리 체계의 변화에 효과적인 동인이었음을 보여 주었다. 그의 프로파일을 보면 언어와 음운 문제가 공존하는 아동임을 알 수 있다. 최소대립쌍 낱말 치료를 통해 대상 아동은 자신의 말소리 체계를 재구성할 수 있게 되었다. 언어치료와 함께 최소대립쌍 대조 훈련을 지속하면 음운과 언어 측면에서 더 진전될 것이다.

다중대립

Williams(2003, 2005, 2006)는 중중의 음운장애 아동을 대상으로 실제적인 치료 연구를 실시하였다. 연구 대상 아동 중 일부는 **다중음소 붕괴**(multiple phoneme collapse: 여러 음소를 한 개의 음소로 대치함)를 보였다. Williams는 최소대립쌍 낱말에서처럼 단일 대조를 목표로 하는 것보다 **다중대립**(multiple opposition) 치료를 통해 다중음소 붕괴를 목표로 하면 이득이 더 클 것이라 추론하였다. 즉, 일반적인 규칙이 적용되기 때문에 규칙을 목표로 한 치료가 되어야지 그 규칙의 일부분을 목표로 해서는 안 된다는 것이다. 예를 들어, 한 아동이 /t/, /s/, /k/, /ʃ/를 /t/로 대치한다면 각각의 최소대립쌍을 따로 공략하는 대신 통합하여 음소 붕괴를 치료하는 것이 좋다. 한 개의 특정 규칙에 지배되는 다중 오류의 공략에 *two-sue*, *two-coo*, *two-shoe*와 같은 다중대립쌍을 이용한다. 아동이 그러한 형태에 노출되면 구조적이고 체계적이며 효율적인 방법으로 음운체계를 재구성할 수 있다. 이러한 치료접근법의 단계에 대한 개요는 다음에 제시하였다(**글상자 2-3**).

1단계: 도입

치료의 도입부에는 3개 요소가 포함된다. 첫 번째 요소는 가르칠 규칙 제시, 두 번째 요소는 사용할 어휘 소개, 세 번째 요소는 말소리 대조의 산출을 위한 것이다.

1. 이 치료법의 첫 단계에서 목표음소를 대조시킴으로써 아동에게 음운규칙을

글상자 2-3 다중대립 치료 단계

1단계

- 언어치료사는 목표음소를 대조시켜 음운규칙을 제시한다.
- 언어치료사가 어휘를 소개한다.
- 언어치료사가 그림 자료를 보여 주며 대립쌍의 시범을 보여 주면 아동이 그 낱말쌍을 산출하도록 한다.

2단계

- 언어치료사가 그림의 낱말쌍을 산출해 주면 대상 아동은 그 낱말쌍을 모방 및 자발화 상황에서 연습한다. 대상 아동이 30분 회기 동안 60~100개 반응을 산출하게 한다.

3단계

- 대상 아동이 자발화에서 목표 대조를 산출할 수 있게 되면 다양한 게임과 기법을 통해 자발적 사용을 촉진하는 활동으로 전환하여 연습한다.

제시한다. 아동에게는 대조가 추상적일 수도 있으므로 언어치료사는 이 활동을 아동의 수준에 맞게 구성할 필요가 있다. 그러한 방법 중 하나가 형상화(최소 낱말쌍에서 설명하였음)이다. 예를 들어, 파열음 자질 대신 지속음 자질을 습득해야 하는 아동이라면 "흐르는 물소리"와 "뚝뚝 떨어지는 물소리"에 노출시킨다. 언어치료사는 마찰음을 소개할 때 물이 흐르는 수도꼭지와 파열음 자질을 나타내는 물이 뚝뚝 떨어지는 수도꼭지를 대조시켜 준다. 위치자질 오류는 구강의 앞쪽에서 만들어지는 소리와 구강의 뒤쪽에서 만들어지는 소리를 서로 구분할 수 있게 해줌으로써 안정화시킬 수 있다. 종성 자음 생략과 같은 말소리 생략은 "전체 낱말" 대 "부분 낱말"로 나타낼 수 있다. 작은 블록을 이용하여 개별 말소리를 나타내 주는 시각적 기준(참조물)을 제시해 주는 것도 생략된 소리를 나타내는 빠진 블록과 대조시킬 수 있다. 이 단계는 미리 정해 놓은 성취 기준이 없다. Williams(2003)는 아동이 음운규칙의 개념을 이해하고 있는지 확신하기 위해서는 이 단계를 적극 활용해야 함을 지적하였다. Williams는 이 활동에 약 15~20분이 소요된다고 가늠하였다.

2. 다음 단계는 어휘를 소개하는 단계로, 아동이 산출하기를 원하는 치료쌍의 그림과 친숙해지게 한다. 이 단계는 대상 아동으로 하여금 연습 자극에 완전히 친숙해지게 만드는 확인 단계의 일종이다. Williams(2003)는 개별 그림을 제시해 주면서 그 이름을 산출해 주라고 하였다. 각 그림에 대해 짧은 이야기를 들려주는 것도 아동이 그림과 목표 어휘를 연관시킬 수 있게 해주는 데 도움이 된다고 보았다.
3. 도입의 마지막 단계에서는 자극어를 실제로 모방하여 산출하게 한다. *tea-sea* 대립쌍을 모방할 수 있도록 그림 참조물을 제시해 주면서 언어치료사가 시범을 보여 준다. 그 다음에는 아동에게 그 낱말쌍을 산출하게 한다. 아동에게 산출의 정확성에 관한 언어적 피드백을 제공해 준다. 예를 들어, *tea-sea* 낱말쌍을 *tea-tea*로 산출하였다면 언어치료사는 "우리는 tea를 마시고 (tea 그림을 가리키면서) 배는 sea에 떠다녀(sea 그림을 가리키면서)"라 말해 줄 수 있다. Williams(2003)는 아동에 따라서는 낱말쌍을 분리하여 각 낱말을 따로 연습한 뒤에 대조 낱말쌍을 다시 소개하는 경우도 있다고 하였다.

연구 노트

도입의 두 번째 단계에서 그림에 대한 이야기를 들려주는 것은 대상 아동으로 하여금 그림을 목표로 한 어휘를 연관시킬 수 있게 해준다.

Williams, 2003.

위 세 단계 모두 대상 아동이 달성해야 할 정확도 기준이 없다. 이 도입 단계의 목적은 (1) 배워야 할 규칙을 인식하도록 하고, (2) 대조를 포함하고 있는 치료쌍을 제시하며, (3) 치료쌍의 모방 산출을 유도하는 것이다. 이 단계의 주된 목적은 다음 단계의 기초를 수립하는 것이다.

2단계: 산출

2단계는 대조의 모방을 유도하여 자발적 산출로 이동하기 위해 고안된 단계이다. 목표 대조에 초점을 맞춘 상호작용 놀이 상황도 이 단계에 포함된다. WIilliams (2003)는 아동이 낱말 대조에 집중해야 함을 강조하면서, 보드 게임을 하느라 치료에 집중하지 못하면 안 된다고 당부하였다. 연구자는 대상 아동이 30분 회기 동안 60~100회 정도의 반응을 산출하게 할 것을 권장하였다. 아동이 대조를 습득해가고 있기 때문에 대부분의 시간을 이 치료 단계가 차지하는 경우가 많다.

연구 노트 대상 아동은 2단계의 치료 회기에서 목표 낱말을 자주 연습해야 한다.

Williams, 2003.

연습회기에서 언어치료사가 낱말쌍의 그림을 소개해 주고 그 낱말쌍의 산출을 연습하게 한다. 아동이 대립쌍을 산출하기 시작하면 언어치료사는 낱말의 순서를 변화시켜 대조의 특징을 부각시키고 단순히 조음을 반복하는 것은 최소화한다. 예를 들어, 낱말쌍 *tip-sip*은 *sip-tip*으로 제시할 수도 있다. 이 낱말쌍을 모방 및 자발화 상황에서 연습한다. 먼저, 아동은 2회 연속적인 훈련에서 70%의 정확도를 달성할 때까지 낱말쌍을 모방 연습한다. 1회의 훈련 시기는 치료에 대한 대상 아동의 반응을 측정에 이용되는 반응 단위를 의미한다. 만약 대상 아동이 4개의 다중대립 *tip-kip*, *tip-sip*, *tip-ship*, *tip-chip*을 연습하고 있었다면, 각 낱말쌍을 5회씩 제시하여 총 20회의 제시 횟수가 1회의 훈련 시기가 된다. 대상 아동은 연속 2회기에서 70%의 정확도(적어도 14개의 대조가 정확해야 함)를 달성해야 모방 연습에서 자발적 연습으로 이동해 갈 수 있다. 자발적 연습은 아동이 2회 연속적인 훈련 시기에서 90%의 정확도를 달성하면 끝난다. 1회의 훈련시기는 20~50개 반응으로 이루어져 있으며, 반응 횟수는 훈련할 대조 수에 따라 달라질 수 있다.

대조 연습 후에는 대조 낱말 훈련에 더하여 목표 낱말을 이용한 상호작용 놀이도 실시한다. 상호작용 놀이는 보다 자연스러운 문맥을 이용하여 목표 낱말을 훈련한다. 즉, 대상 아동이 목표 대조를 적절히 사용해야 하는 실제 상황을 연출한다. Williams(2003)는 아동이 새로운 음운규칙을 습득하고 목표 대조를 자연스러운 문맥에서 사용할 수 있도록 도와주는 기회가 필요함을 설명하였다. 언어치료사는 치료목표의 시범이 될 수 있는 활동을 실시해야 하며 대상 아동에게 낱말 내에서 연습 목표를 산출할 기회를 제공해야 한다. 예를 들어, 언어치료사는 아동에게 책을 읽어 줄 때 목표 낱말이 나오면 강조하여 산출해 준다. 아동에게 치료 과정에서 소개한 목표낱말 중 일부를 산출하도록 단서를 제공할 수도 있다. 또 다른 의사소통 상황을 만드는 데 언어치료사 중심의 상호작용 놀이(예: 미술 활동, 가장 놀이) 등의 활동도 이용할 수 있다.

연구 노트

상호작용 놀이는 대상 아동이 새로운 음운규칙을 습득하여 목표 대조를 보다 자연스러운 문맥에서 사용할 기회를 제공해 준다.

Williams, 2003.

3단계: 자발적 사용

3단계에서는 대조 쌍을 아동이 자발적으로 산출할 수 있어야 한다. 결론적으로 자발적 사용을 촉진할 수 있는 활동으로 전환하여 연습한다. 새로운 치료활동이 새로 습득한 음운 목표의 사용 문맥이 되므로 대조 쌍은 더 이상 사용하지 않아도 된다. 어린 아동의 관심을 끌 수 있는 보다 자연스러운 문맥에서 산출할 기회를 다양하게 제공해 주는 것이 목적이다. 예를 들어, 아동과 언어치료사는 번갈아가며 대조 쌍 맞추기 등의 게임(Go Fish, 집중)을 하거나, 아동이 언어치료사에게 자신이 찾아낸 서로 다른 그림을 가리키면서 "가르치게" 해도 된다. 대상 아동이 정확한 산출과 부정확한 산출을 구분할 수 있게 해주려면 지속적으로 피드백을 제공하는 것이 중요하다.

3단계의 연습활동에 대한 반응 달성 기준도 없다. 대신 치료 과정에서 수집한 반응 일반화 자료를 근거로 하여 종료하면 된다(더 많은 정보는 제1장을 참조하라). Williams(2003)는 개별 목표음을 훈련한 위치에서 10개 낱말을 일반화 심층조사 자료로 구성하여 세 번째 회기마다 반응 일반화를 평가할 것을 권하였다. 아동이 일반화 검사에서 90%의 정확도를 달성하면 3단계를 종료한다. 자발화에서의 대조 사용 평가를 위한 대화 검사도 일반화 달성 기준을 따른다. Fey(1986)가 지지한 기준을 적용하자면 대상 아동이 학습한 음운대조를 자발화에서 50% 이상의 정확도를 달성하면 대조 치료를 종료한다.

연구 노트 개별 목표음을 훈련한 위치에서 10개 낱말의 일반화 검사를 구성하여 세 번째 회기마다 반응 일반화를 평가한다.

Williams, 2003.

4단계: 대화

4단계는 목표음을 자발적 대화수준으로 일반화시키지 못한 아동에게 적용한다. 아동을 대화에 참여하게 만들어 Camarata(1993)의 글을 개작하여 아동의 산출 오류 재구성에 이용한다. 일상적인 대화 주고받기에서 나타난 산출 오류에 따라 즉시 재구성하되, 그 자발성을 저해하면 안 된다. 아동이 틀리게 산출하면 정확한 시범을 제공해 주고, 정확하게 산출하면 정적인 구어적 지지를 제공해 주는 방식으로 언어적 피드백을 제공한다. 예를 들어, 대상 아동이 "I want a potato *tip*."이라고 말하면 언어치료사는 즉시 "Yes, a potato *chip*."이라 말해 준다. 이 예에서처럼 오류가 나타난 뒤 즉시 반응해 주어야 하나 일상적인 대화 주고받기를 방해해서는 안 된다. 이와 비슷하게, "I put <u>ch</u>eck mark on it."과 같은 반응 뒤에는 "그래, 잘했어."라고 바로 말해 준다. 대화 회기 동안에는 직접적인 모방 요구는 전혀 하지 않는다. 언어치료사는 아동이 반응할 기회가 많은 활동과 자료를 사용해야 한다. 이 단계를 실시하는 동안에는 90% 기준 달성 목표와 함께 낱말의 반응 일반화 검사도 계속한다. 자발적 대화 수준에서 50%의 기준을 달성하면 대조 치료를 종료한다.

사례 연구 2-2

다중대립: 음운치료접근법

T.S.는 말 발달이 느리고 다른 사람이 아동의 말을 이해하지 못한다는 것이 걱정되어 어머니가 평가에 의뢰한 4세 여아이다. 다른 기관에서 먼저 평가를 받았는데, 아동기 말실행증(childhood apraxia of speech; CAS)으로 잠정 진단된 바 있다. 어머니에 의하면, T.S.는 말을 거의 하지 않으며 몇 개 안 되는 낱말마저도 알아들을 수 없다고 한다. 아동의 주된 의사소통 방식은 특이한 수화와 몸짓이고, 다른 사람이 자기 말을 알아듣지 못하면 좌절하고 속상해하였다. 인지, 운동, 사회적 기술 등의 발달적 이정표는 정상 범위에 해당하는 것으로 보고되었다. T.S.는 어머니, 아버지, 오빠, 여동생과 함께 살고 있다. 약 3개월간 다른 기관에서 음성적 접근법의 치료를 받았는데, 한 낱말 발화의 모방 및 자발적 산출이 목표였다. T.S.는 60분짜리 치료 회기를 12회기 받았는데, 임상 요약 보고서에 진전이 거의 없고 여전히 불명료한 말을 산출한다고 적혀 있었다.

말소리 체계의 패턴 분석 결과, 자음 목록에는 /b/, /m/, /h/가, 모음 목록에는 /i, I, e, u, a, æ/가 포함되어 있었다. 생략 오류가 가장 지배적인 문제임을 확인하였다. /b/를 제외한 모든 방해음이 자음 목록에서 빠져 있었으며, 유음과 활음도 마찬가지였다. /m/가 유일하게 산출되는 비음이었다. 모음을 산출하는 동안 과다비성이 특징으로 타나났다. 음절은 V와 CV의 단순한 음절 구조로 이루어져 있었다. 아동은 다음절 낱말 대신 모음을 연결한 형태인 V-V를 산출하였다. T.S.는 /f/, /v/, /j/, /w/에서 자극반응도를 보였다. 구강기제에는 특이 사항이 없었으며, 순음청력검사 역치도 정상 범위에 해당하였다. 언어검사 결과, 정상적인 수용언어 능력과 약 1년 정도 지체된 표현언어 능력을 보이는 것으로 나타났다.

진전이 더디고 언어치료사가 CAS의 진단 준거에 맞지 않다고 느꼈기 때문에 저자가 일하는 시설에서 T.S.에게 조음음운치료를 실시하기로 하였다. 아동이 광범위한 음소의 붕괴를 보이고 있었기 때문에 음운치료접근법 중 다중대립 접근법(Williams, 2003)을 적용하여 T.S.의 음운장애를 치료하기로 결정하였다. 최소대립쌍 낱말에서처럼 한 개의 대조 대신 다중음소 붕괴를 목표로 하는 것이 유리하다고 판단하였기 때문이다. 유표성 선정 기준, 음운치료를 위한 음성적·음운적 복잡성을 이용하여(책의 논의 부분 참조) 경구개 무성 마찰음 /ʃ/, 치경 유음 /l/, 치경 유성 마찰음 /z/를 목표음으로 선정하였다. 유성 방해음(/z/)이 무성 방해음의 습득을, 마찰음(/z, ʃ/)이 파열음의 습득을 촉진할 수 있기 때문에 이 목표음을 선정하였으며, 자극반응도가 없는 말소리를 자극반응도가 있는 말소리 (/z, ʃ, l/)보다 먼저 훈련하였다. 단일의 기저 음운규칙에 기인하는 것일 수도 있는 다중 오류를 공략하기 위해 *e-zee*, *e-she*, *e-lee*와 같은 다중대립쌍을 이용하였다. 아동의 음소 목록 확장과 CV 형태의 음절 산출 증가를 그 근거로 삼았다. 50분 길이의 다중대립 치료를 24회기 실시한 뒤에 자발적 낱말 및 대화 검사와 치료 후의 일반화 평가를 실시한 결과, 자음 목록이 증가하였고 말 명료도가 향상되었다. /p/, /v/, /t/, /tʃ/의 반응 일반화가 치료했던 음소 수준뿐만 아니라 낱말 수준에서도 나타났다. 자발적 대화 수준에서도 목표음을 산출하기 시작하였다. 아동은 VC와 CVCV 조합의 출현과 함께 CV 형태를 일관되게 사용하기 시작하였다. 모음을 산출할 때는 더 이상 과다비성이 지각되지 않았다.

해설

진전이 극히 미미하였기 때문에 음성적 치료는 지속하지 않았다. 대상 아동의 조음음운장애를 확인하고 치료를 위한 권고를 위해서는 정밀 평가가 필요하였다. T.S.는 음운규칙 습득에 도움이 되는 치료가 필요했던 것이지, 정확한 음성 산출에 필요한 운동 훈련이 필요했던 것은 아니었다. 아동의 음운체계에서 일어난 빠른 변화는 다중대립 치료의 적용을 지지하는 것으로 나타났다. T.S.의 말소리 목록을 더 증가시키고 음소배열 규칙에 CVC 형태가 포함될 수 있도록 치료를 지속하였다. 표현언어도 계속 치료해야 한다.

최대대립

Gierut(2005)는 아동의 음운체계의 기저에 있는 지식을 확장시켜 주는 것이 음운치료의 목적이라 하였다. 이 목적을 달성하기 위해서는 어떻게 가르치는가보다 무엇을 가르치는가가 더 중요하다고 주장하였다. 그는 언어적 복잡성의 관점에서 무엇을 가르칠 것인지 초점을 맞춰 연구하였다. 즉, 아동에게 보다 복잡한 언어를 입력해 주면 말소리 체계에서 보다 광범위한 변화가 일어날 것이라 보았다(Gierut, 1989, 1990). 그와 동료들은 여러 단일 대상 중다기초선 연구를 통해 최소대립쌍을 변형시켜 적용한 효과로 서로 다른 일반화 패턴이 일어났음을 발견하였다.

어떻게 가르치는가 하는 것보다 무엇을 가르치는가가 더 중요하다. 즉, 보다 복잡한 언어 자극을 제공해 주면 말소리 체계에서 보다 광범위한 변화가 일어날 것이다.

연구 노트

Gierut, 1989, 1990, 2005.

Barlow와 Gierut(2002)가 제안한 최소대립쌍 변형법은 기존의 최소대립쌍 치료법처럼 자질 차이가 최소로 나는 음소끼리 짝을 짓지 않고(앞서 논의한 것처럼), 자질 차이를 최대로 보이는 음소끼리 짝을 짓는다. 이에 대한 이해를 돕기 위해 자질에 대해 간단히 소개하고자 한다. 유성성, 조음위치, 조음방법 자질은 **비주요 부류 자질**(nonmajor class features)로, 말소리의 특징을 기술하는 데 이용된다. 말소리 쌍 /s, t/는 조음방법 측면에서 다르며, 최소의 차이를 보인다. 주요 부류 자질(major class features)은 한 언어의 말소리 범주를 크게 구분할 수 있게 해준다. 이 자질은 언어의 가장 두드러지는 자질로, 대개 먼저 습득되는 자질 중 일부에 해당된다. **주요 부류 차이**(major class differences)에는 성절성, 자음성, 공명성이 있어, 이 **자질 대조**(feature contrast)에 따라 모음 대 자음, 자음 대 활음, 공명음 대 방해음으로 나뉜다(Sloat et al., 1978). 성절음은 한 음절 내에서 가장 큰 에너지를 동반하거나 두드러지게 산출되는 말소리다. 자음성 자질은 성도의 일부가 협착되거나 완전히 폐쇄되는 소리가 갖는 자질을 말한다. 자음성 자질을 공유하는 말소리 부류에는 파열음, 마찰음, 파찰음, 유음, 비음이 있다. **공명성 자질**(sonorant feature)을 갖는 말소리는 구강과 비강을 통과하는 말소리 에너지를 방해하지 않는 성도 형태로 산출되는 말소리가 해당된다. 유음, 비음, 모음, 활음이 공명성 자질을 갖고 있다. **표 2-1**은 주요 부류 자질을 구분한 것이다.

언어치료사는 최대대립을 이용하여 주요 부류 자질과 비주요 부류 자질을 조작하여 대상 아동의 음운 목록을 확장하는 데 도움이 되는 치료쌍을 개발할 수 있다(Barlow & Gierut, 2002). 따라서 언어치료사는 아동의 목록에서 기능하고 있는 말소리와 빠져 있는 말소리로 짝을 만들 수 있다(아니면 아동의 목록에서 빠져 있는 말소리로 짝을 만들 수도 있다). 대상 아동의 말소리 목록에 없고 주요 부류 자

표 2-1 주요 부류 자질의 요약

말소리 부류	성절성	자음성	공명성
유음 및 비음 /r, l, m, n, ŋ/	−	+	+
모음	+	−	+
활음 /W, j/	−	−	+
방해음 /p, d, t, d, k, g, tʃ, dʒ/ 및 /f, v, θ, ð, s, z, ʃ, ʒ/	−	+	−

+: 해당 말소리 부류 자질임, −: 해당 말소리 부류 자질이 아님.

질 측면에서 서로 다른 두 말소리를 대립시키는 최대대립을 주로 선호한다. 예를 들어, /s/와 /w/ 둘 모두 아동의 음소 목록에 없으면 이 둘을 짝지어 주요 부류 자질에서 구분되게 최대대립시킨다(*see-we*). 주요 부류 자질에서의 차이는 자음 /s/ 대 공명음 /w/로, 하나의 말소리를 치료함으로써 매우 광범위한 일반화를 이끌 수 있을 것이다. 언어치료사는 아동의 음성 및 음운 목록에 따라 서로 다른 최대대립쌍을 개발하게 된다. **그림 2-3**에 최대대립의 위계를 제시하였다. 아동의 말소리 체계를 최소로 변화시킬 것으로 예상되는 것에서부터 최대로 변화시킬 것

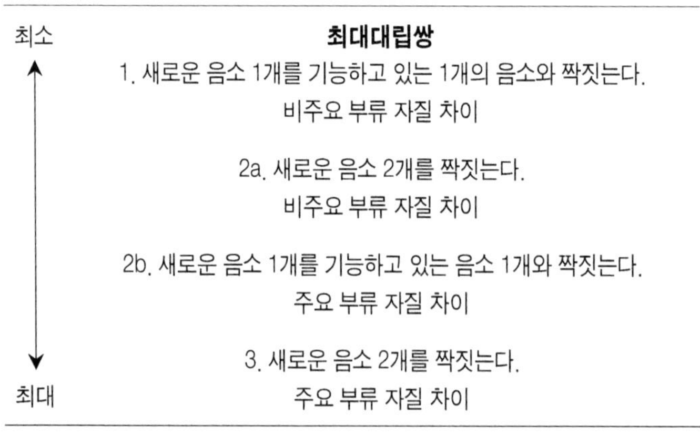

그림 2-3 ❋ 변화 예측 수준에 따른 최대대립 위계(최소~최대)

출처: Barlow JA, Gierut, JA: Minimal pair approach to phonological remediation. *Semin Speech Lang* 23: 57-67, 2002에서 수정 인용함)

글상자 2-4 최대대립 치료 단계의 요약

1단계: 치료목표 선정
언어치료사는 포괄적인 음운 분석 실시 후 복잡성을 적용하여 치료목표를 선정한다.

2단계: 음성적 산출
언어치료사는 대상 아동에게 각 항목의 그림 참조물을 함께 제시해 주면서 목표음을 모방하도록 지시한다.

3단계: 자발적 산출
대상 아동이 목표음을 모방하여 조절할 수 있게 되면 그림 표상을 제시해 준 뒤 대상 아동이 그 이름을 산출하도록 격려한다.

으로 예상되는 순서로 제시한 것이다.

최대대립 접근법은 무엇을 가르칠 것인가에 입각하고 있음을 명심해야 한다(Gierut, 2005). 언어치료사는 복잡성과 서로 다른 최대대립쌍에 근거하여 목표를 주의 깊게 선정하여야 한다(목표 선정 기준에 대해서는 앞의 논의를 참고하라). 요약하여 제시한 실제 치료 단계(**글상자 2-4**)는 〈학습 가능성 프로젝트(Learnability project)〉(www.indiana.edu/~sndlrng)라는 한 치료 연구 프로젝트에서 실험 목적으로 이용하였다. 언어치료사는 이를 알고 그에 맞춰 치료를 실행해야 한다.

1단계: 치료목표의 선정

언어치료사는 포괄적인 음운 평가 후(Elber & Gierut, 1986) 복잡성(앞에서 논의함)에 따라 치료목표를 선정한다. 처음에는 아동의 목록에 빠져 있는 소리를 목표음 후보로 고려한다. 이용 가능한 목표음 후보를 확보한 후 다른 말소리의 치료로 일반화가 예상되는 소리는 제외한다. 예를 들어, 파찰음을 가르치면 마찰음의 발달을 예상할 수 있다. 그 외의 고려사항으로는 말소리의 자극반응도, 초기에 습득되는 말소리와 나중에 습득되는 말소리가 있다. 요약하면, 이상적인 최대대립쌍은 아동의 말소리 목록에 없고, 다른 말소리나 말소리 부류에 비해 유표적이며, 자극 반응도가 없고, 나중에 습득되는 말소리이다. 치료목표로 선정되지 않은 말소리도 기초선 자료 수집시 치료한 말소리와 치료하지 않은 말소리에서의 변화를 추적 관찰하기 위해 표집한다.

2단계: 음성적 산출

산출의 첫 번째 단계는 모방 산출 단계이다. 대상 아동에게 낱말이나 비단어 항목의 초성에 오는 목표음을 모방하도록 지시한다. 그 항목과 함께 그림 참조물을 제시해 준다. 이 치료법은 실험적 치료 패러다임을 따르므로 실제 치료 단계는 연구 질문에 따라 달라진다. 일부 사례의 경우 한 낱말 모방을 시도하게 하지만, 또 다른 사례의 경우에는 낱말쌍을 이용하기도 한다. 이런저런 연구를 통해 모방 자극은 낱말을 이용하거나 무의미 낱말을 이용할 수도 있다. 훈련 자극은 6~16개 항목으로 한정한다. 독립음 수준에서의 말소리 치료는 실시하지 않지만 필요할 경우 문맥에서 목표음에 대한 연속적인 점근법과 조음위치 단서를 이용할 수 있다.

모방 단계는 반복연습/놀이 형식(제1장 참조)으로 실시할 수 있으며, 대상 아동에게 훈련시도 뒤에 매번 반응의 정확성에 대한 정보를 제공해 준다. 반응을 정확하게 할 때마다 즉시 정적 구어 단서를 제시해 준다. 아동이 부정확한 반응을 보이면, 목표음의 정확한 조음위치에 대한 피드백을 제공해 준다. 그 다음에는 오류와 대상 아동이 시도한 또 다른 산출을 모방하는 재단서(recue)를 준다. 재단서를 주었을 때 정확한 반응을 보이면 정적 구어 피드백을 제시해 준다. 재단서를 주어도 다시 오류 반응을 보이면 무시하고, 대상 아동에게 다음 훈련 항목을 제시해 준다. 모방 수준의 치료는 7회기를 실시하거나 아동이 연속 2회기 동안 언제 처음 달성하든 상관없이 75%의 반응 정확도를 달성할 수 있을 때까지 실시한다.

3단계: 자발적 산출

대상 아동이 목표음을 모방하여 조절할 수 있게 되면 자발적인 산출로 치료를 전환해야 한다. 대상 아동에게 그림을 제시해 준 뒤 그 항목을 자발적으로 산출하게 한다. 반복연습/놀이 형식을 유지하고, 정확한 반응과 부정확한 반응에 대한 피드백도 계속 제공한다. 이 단계의 달성 기준은 12회기의 연습을 마치거나 3회의 연속된 연습회기 중 언제 처음으로 달성하든 90%의 반응정확도를 달성하는 것이다.

치료는 자발적 낱말 수준에서 끝난다. 다시 한 번 말하지만 이 치료법은 실험적 목적으로 사용해야 한다. 언어치료사가 치료 패러다임을 적용하면 대상 아동의 음운 목록을 더 확장시켜 주기 위해 다른 활동도 개발할 필요가 있다. 음운체계의 변화 정도와 치료에 도입할 필요가 있는 조정 정도에 대한 정보를 제공해 주기 때문에 일반화 검사도 중요하다.

기타 언어적 접근법

많은 대상 아동이 조음음운장애를 보이며 형태음운과 화용 등 기타 언어 측면에서도 문제를 보인다(Tyler, 2002). 언어의 구조, 의미, 화용 요소 간의 관계는 아직 정확하게 밝혀지지는 않았으나, 이 영역과 음운과의 상호작용을 무시할 수는 없다. 음운은 언어의 다른 요소와 독립된 것이 아니므로, 음운뿐만 아니라 발달 기대치에 미치지 못하는 다른 요인의 치료도 목표로 해야 한다. 앞으로 논의할 접근법은 말소리 체계의 오류만 특정적으로 다루는 것이 아니라 언어 문제 전반에 초점을 맞춘다. 이 접근법은 Camarata(1993)가 개발하고 앞에서 논의하였던 치료법 중 하나인 대화 재구성(conversational recasting)과 같이 조음음운오류에 역점을 두는 자연주의적 유도 기법과 혼동해서는 안 된다. Tyler(2002)는 언어기반 치료에 대한 설득력 있는 논의에서 다양한 원인으로 인해 조음음운오류를 동반하는 언어장애 아동에게 이 접근법이 적절하다고 하였다. 즉, 목표음을 비일관되게 산출하는 아동은 언어기반 접근법이 적절할 수 있다. 그러한 치료접근법에는 언어 영역 내에서 상호작용이 일어날 것이며, 형태론 등 언어 영역의 치료가 대상 아동의 조음음운오류에 긍정적인 영향을 미칠 것〔즉, 하향식 효과(top-down effect)가 일어날 수 있음〕이라는 것도 내포되어 있다.

연구 노트

언어장애와 함께 말소리 오류를 비일관되게 산출하는 아동은 언어기반 치료접근법이 적절한 경우도 있다.

Tyler 등, 2002.

언어기반 치료법: 형태구문

언어기반 치료의 예로 Tyler와 동료들(2002)이 체계화한 치료법을 들 수 있다. 치료 과정에는 다음과 같은 세 요소가 포함된다.

1. 언어 목표의 청각적 인식
2. 집중자극
3. 언어 목표의 산출 유도

청각적 인식은 대상 아동에게 소개할 언어 목표에 대한 인식력을 높여 주기 위해 이용하며, 집중자극 기법은 자연스러운 의사소통 문맥에서 다양한 언어 목표의 예를 제공하기 위한 것이다. 언어 구조의 연습 촉진을 위해 유도 과제를 이용한다. 각 요소를 위해 사용하는 활동은 동물, 지역사회 도우미(helpers), 다양한 행사 등 여러 주제와 대상 아동이 흥미를 가질 만한 기타 주제에 따라 달라진다. 한 번의 치료 회기에 세 요소를 모두 포함시키며, 수행의 판단 기준은 정해져 있지 않으나 매 회기마다 새로운 언어 구조를 도입한다. 치료는 회기별로 특정 목표에 몰입(immersion)하여 실시한다. 치료에 도움이 되는 스크립트를 준비한다. **글상자 2-5**는 형태구문 치료 요소를 요약한 것이다.

연구 노트 형태구문 치료 요소는 다음과 같다.

1. 언어 목표의 청각적 인식
2. 집중자극
3. 언어목표의 산출 유도

Tyler 등, 2002.

요소 1: 청각적 인식. 언어 목표를 인식시키기 위해 책과 노래를 이용한다. 예를 들어, 언어치료사가 비교급 형용사 규칙 형태소(즉, *-er*)를 도입하려면 책 한 권이나 노래 한 곡 또는 둘 모두 선택한 뒤 "The dog is *bigger* than the cat."처럼 유도할 언어 목표가 포함되어 있는 예를 선택하여 형용사 형태를 강조한다. 다른 예도

글상자 2-5 **형태구문 치료 요소**

요소 1: 청각적 인식
언어치료사는 언어 목표를 인식시켜 줄 수 있는 책과 노래를 이용한다.

요소 2: 집중자극
언어치료사는 아동에게 적절하고 기능적인 문맥 내에서 다양한 언어 목표의 예를 제시해 주되, 아동에게 반응을 요구하지는 않는다.

요소 3: 언어 목표의 산출 유도
언어치료사는 높은 수준에서 낮은 수준까지 구조화된 유도 모형을 이용하여, 아동이 목표 언어를 산출할 수 있도록 격려해 준다.

출처: Tyler AA, Lewis KE, Haskill A et al.: Efficacy and cross domain effects of morphosyntax and phonology intervention, *Lang Speech Hear Serv Sch* 33: 52-66, 2002.

제시하여 다양한 언어 목표의 예에 아동을 노출시킨다.

요소 2: 집중자극. 언어치료사는 적절하고 기능적인 문맥에서 아동에게 다양한 언어 목표의 예를 제시해 준다(Fey, 1986). 아동에게 반응을 요구하지는 않으나, 언어치료사는 언어 목표의 산출에 대한 단서를 제공해 주는 방식으로 자극의 구조화를 시도한다. 집중자극을 하는 짧은 문장 문맥에서는 확장(expansion), 부연 재언급(expatiations recasting), 거짓 주장(false assertions) 등 여러 유도 기법을 사용한다.

언어치료사: "The dog is bigger than yours(내 개가 네 개보다 더 커)." (아동과 함께 그림을 쳐다보면서 개의 크기에 대해 거짓 주장함)
대상 아동: "My doggie bigger(내 강아지 커)."
언어치료사: "Yes, your doggie is bigger(맞아, 네 강아지가 더 커.)" (언어 정보 추가를 위해 확장함)
대상 아동: "Yeah(맞아)."

글상자 2-6 구조화된 유도 모형

- 양자택일형: 대상 아동이 산출하기 원하는 목표 언어를 반드시 산출하게 만든다(높은 수준의 지원).
- 완성형: 대상 아동에게 정보를 주고 언어 구조 중 빠진 부분을 반드시 완성시키게 한다(중간 수준의 지원).
- 준비 장치: 언어치료사는 목표 언어를 간접적으로 보여 줌으로써 대상 아동이 목표 언어를 보다 자연스러운 상호작용 내에서 사용하게 만든다(낮은 수준의 지원).

언어치료사: "Are you sure your doggie is bigger?(정말 네 강아지가 더 커?)"
(대상 아동에게 질문 형태로 문장 재구성을 요구함)
대상 아동: "Yes, my doggie is bigger(응, 내 강아지가 더 커)."

요소 3: 언어 목표의 산출 유도. 이 단계에서는 구조화된 유도 모형 내에서 높은 수준에서 낮은 수준에 이르기까지 단서를 제공해 주며 목표를 산출하게 유도한다(**글상자 2-6**). 아동이 언어 구조를 습득해감에 따라 언어치료사는 높은 수준에서 낮은 수준의 지원으로 변경하여 제공해 준다. 높은 수준의 지원의 예로는 대상 아동에게 목표를 반드시 사용해야 하는 양자택일형 질문을 제공하는 것이다〔예: "Is this man in the picture taller or shorter than the other one?"("그림 속의 이 남자는 다른 남자보다 더 커, 작아?")〕. 양자택일형은 특정 언어 목표를 반드시 사용하도록 유도하는 데 이용할 수 있음을 유념해야 할 것이다. 완성형은 대상 아동에게 정보를 주고 그 언어 구조에서 빠진 부분을 반드시 완성하게 하는 중간 수준의 지원 기법이다〔예: "This cow is big, but this cow is ___"("이 소는 크지만, 이 소는 ___")〕. 이 예에서 대상 아동은 선택해야 하지만, 특정 언어 반응을 보여야 한다.

마지막 유도 기법은 준비 장치(preparatory set)이다(Paul, 2007). 이 유형의 중재 활동은 치료목표에 대한 인식을 증가시키고 대상 아동으로 하여금 목표 언어를 다양한 문맥에서 사용할 수 있게 준비시키는 것이다. 특정 언어 목표가 보다 자연스러운 상황으로 전이될 수 있게 하기 위해 대상 아동을 세 치료 요소에 노출시킨다. 언어치료사는 목표 언어를 간접적으로 보여 줌으로써 대상 아동이 목표 언어를 보다 자연스러운 상호작용 내에서 사용할 수 있게 해준다. 예를 들어, 언어치료사는 목표 언어의 여러 가지 예를 제공해 주고 아동으로 하여금 문장 수준에서 목표 언어를 산출하도록 요구할 수 있다.

언어치료사: "Billy, look at the book. This dog is bigger than that dog. Look over here. The boy is taller than his brother. Look at this. These girls are all bigger than their sister. Now, you take your book and tell me a little story. What is happening?"("빌리, 이 책 좀 봐. 이 개가 저 개보다 더 커. 여기 봐. 이 남자애는 자기 형보다 키가 더 커. 자, 이제 네 책을 보고 말해봐. 어떤 일이 일어나고 있어?")

대상 아동: "That cow is bigger than the calf, and the baby pig is smaller than its mommy."("이 소가 송아지보다 더 크고, 아기 돼지는 엄마 돼지보다 더 작아.")

언어치료사: "Yes, you are right. What's happening in this picture?"("그래, 맞았어. 이 그림에서는 어떤 일이 일어나고 있지?")

이 치료법을 적용하는 언어치료사는 말소리 체계와 언어의 다른 요소가 서로 상호작용하고 있는 특정 대상 아동을 위해 다양한 측면을 조정하기도 한다. 치료 목표의 달성 여부와 관련하여 미리 정한 반응 정확도 준거는 없다. 따라서 일반화 평가는 치료 상황 외에서의 목표 언어 사용에 대한 자료가 되므로 치료효과의 측정에 중요한 요소 중 하나이다.

언어기반 치료: 일상 대화

Hoffman과 Norris는 자연스러운 언어 상황에 적용할 수 있는 음운치료 절차를 개발하였다(Hoffman, 1992; Hoffman et al., 1990; Norris & Hoffman, 1990). 그들은 음운이 언어의 한 측면이므로 언어 환경 내에서 치료가 이루어져야 함을 강조하였다(Hoffman & Norris, 2005; Norris & Hoffman, 2005). 치료목표는 대상 아동의 음성 목록 확장과 정확하게 산출하는 자음의 비율 향상으로 명시하였다는 점에서 일반적이다. 그들은 치료를 통해 대상 아동의 신경망이 재구성되는 변화가 일어난다고 보았기 때문에 특정 말소리나 말소리 부류를 상술하지는 않았다. 즉, 아동은 저자들이 제안한 이론적 언어처리 모형을 통해 다루는 언어적 입력만 받게 되는 것이다. Hoffman과 Norris는 언어처리 변인이 상호작용하기 때문에 대상 아동이 언어(그 중에서 음운이 가장 중요한 요소임)를 변화시킬 수 있는 것이라 보았다.

연구 노트 일부 전문가들은 언어 환경 내에서 음운치료가 이루어져야 한다고 본다. 대상 아동은 여러 언어 요소의 정교화에 이용되는 언어적 입력을 받는 것이다.

Hoffman과 Norris, 2005; Norris와 Hoffman, 2005.

치료는 가상의 언어 상황에서 일어나는 언어치료사와 대상 아동 간의 상호작용 문맥 내에서 이루어진다(Hoffman, 1992). 행동화 놀이 도식, 여러 사건과 활동에 대한 담화 구성, 이야기책 읽기 등은 대상 아동에게 이루어지는 언어적 입력의 기초가 된다. 이러한 활동을 제시하는 동안 언어치료사는 다양한 지원 기법(scaffolding techniques: 비계/발판 기법)을 통해 구어 및 비구어적 투입 자극을 처리할 수 있게 이끌어 준다. 이러한 지원 기법은 대상 아동으로 하여금 음운 발달을 포함한 보다 복잡한 언어를 발달시킬 수 있게 도와준다. 그리고 언어치료사는 대상 아동의 의사소통 차례가 끝날 때마다 적절한 행동과 언어를 보여 주고 산출해 줌으로써 대상 아동의 다양한 말 행위에의 참여에 대해 보상해 주고, 대상 아동이 현재 수준보다 더 복잡한 언어를 산출할 수 있도록 유도해야 한다. Hoffman과 동료들(1990)이 제안한 치료의 예를 **글상자 2-7**에 요약하여 제시하였다.

언어활동. 아동에게 재미있는 활동을 제시해 준다. 예를 들어, 그림이 있는 이야기책을 읽어 줄 수 있다. 언어치료사는 그림을 이용하여 이야기에 대해 대화하면서 써 있는 낱말을 가리킬 수도 있다. 다양한 언어 형태로 등장인물을 소개하고,

글상자 2-7 일상 대화 주고받기 치료법의 요약

언어치료사는 대상 아동이 흥미를 보이는 언어활동을 제시해 준다(예: 이야기 그림책). 언어치료사가 이야기를 들려준 뒤 들은 이야기를 아동이 스스로 해보게 한다.

- 선택사항 A: 대상 아동이 정확하지 않거나 부적절하게 반응하면 언어치료사는 명료화를 요구하고 대상 아동이 처음에 어떤 이야기를 들었는지 고쳐 말하게 한다.
- 선택사항 B: 대상 아동이 사건을 부적절하게 묘사할 경우 언어치료사는 그에 더하여 그 이야기와 관련되어 있는 또 다른 사건에 대한 설명을 요구한다.
- 선택사항 C: 대상 아동이 이야기의 각 사건을 대화로 설명할 수 있으면 언어치료사는 대상 아동이 자신의 이야기에 여러 개의 사건을 포함시킬 수 있도록 단서를 제시해 준다.

출처: Hoffman PR, Norris JA, Monjure J: Comparison of process targeting and whole language treatment for phonologically delayed preschool children, *Lang Speech Hear Serv Sch* 21: 102-109, 1990.

사건에 대해 설명하고, 이야기의 결과나 결론을 제시해 줄 수도 있다. 이후 아동에게 그 이야기를 다시 말해 보라고 요구한다. Hoffman과 동료들(1990)은 손 인형에게 이야기를 다시 하게 하는 것이 도움이 된다고 제안하였다. 이야기 다시 말하기 과정에서 언어치료사는 다음에서 설명하는 것처럼 각 대화 차례에 후속하는 여러 형태의 피드백을 제공해 주게 된다.

선택사항 A. 대상 아동이 부정확하거나, 불분명하거나, 부적절한 반응을 보이면 명료화를 요구한다. 그 다음으로는 여러 언어 형태를 사용하고 아동의 원래 반응을 전반적으로 확장시켜 고쳐 말해 줌으로써 적절한 정보를 제공해 준다. 이후 대상 아동에게 처음 들었던 것을 다시 말해 보라고 요구한다.

언어치료사: 이야기의 한 부분이 되는 그림으로, 남자 아이가 세차 중인 아버

지를 돕고 있는 그림을 제시해 준다.

대상 아동: "남자애가 운전해."

언어치료사: "아니야. 이 그림에서 일어나고 있는 일이 아니지. 남자 아이가 가족이 탈 수 있게 차를 닦는 것을 도와주고 있네. 어른이 되면 운전할 수 있지만, 지금은 안 돼. 자, 그림을 한 번 더 보자. 어떤 일이 일어나고 있지?"

대상 아동이 이야기를 따라 가는 데 계속 어려워하면 언어치료사는 추가로 다시 말해 준다. 그러나 "아니. '얘가 차를 닦고 있어'라고 말해봐."와 같이 직접적인 단서는 주지 않는다.

선택사항 B. 대상 아동이 사건을 제대로 설명하면 언어치료사는 그 이야기와 관련된 다른 사건의 설명을 요청한다.

언어치료사: "맞아. 남자 아이가 아버지를 도와서 차를 닦고 있어. 차를 다 닦으면 타고 어디론가 갈 거야. 차타고 어디 갈 것 같아?"

대상 아동: 여러 언어 구조를 사용하여 이야기에 대해 계속 의논한다.

선택사항 C. 대상 아동이 이야기의 각 사건을 대화로 설명할 수 있으면 언어치료사는 대상 아동이 자신의 이야기에 여러 개의 사건을 포함시키도록 반응 촉진 단서를 제시해 준다. 예를 들어, 언어치료사는 여러 사건 또는 인물 간의 잠재적 관련성을 확인하거나, 원인과 결과에 대해 의논하거나, 이야기에서 어떤 일이 일어날 것인지 추측하거나, 인물의 내적 감정에 대해 이야기할 수 있다.

대상 아동: "아빠는 차 닦고 있고 남자애는 도와주고 있어."

언어치료사: "그래, 맞았어. 둘 모두 차를 닦고 있어. 다 하고 나면 차타고 갈 거야. 이 이야기를 더 만들어 볼래?"

이 치료법은 아동이 새로운 발화를 발달시키도록 촉진하는 언어적 투입을 제공하는 데 근거하고 있다. 언어치료사는 매번 대화를 주고받을 때마다 아동이 처리하여 새로운 발화를 산출해낼 수 있게 언어적으로 투입해 준다. 저자는 이 과정이 보다 복잡한 통사, 형태·구문 및 음운 단위의 발달에 도움이 되어 언어를 향상시킬 수 있을 것이라 본다. 이야기와 기타 풍부한 언어활동을 다시 이용할 수 있다. 치료활동에 대한 성패 준거가 정해져 있지 않으므로 아동의 조음음운장애 치료의 효과를 측정하는 데 일반화 평가가 중요하다.

3. 음운변동 접근법

앞에서 논의한 언어적 접근법 외 일부 치료 프로그램은 음운변동을 목표로 한다(Dean et al., 1995; Hodson, 1989). 이 치료 과정을 음운접근법으로 분류하기도 하지만, 대상 아동의 오류를 다른 용어로 명명한 것뿐이라 볼 수도 있다(Bernthal & Bankson, 2004). 즉, 음운변동 분석은 음운변동이 음성적 기반의 것인지 아니면 음운적 기반의 것인지 판단하지 않는 기술적 접근법 중 하나이다. Kamhi(2005)는 음운변동의 이론을 토대로 조음음운장애의 원인을 설명하는 것은 불가능한 일인데, 이는 음성적 기반의 오류와 음운적 기반의 오류를 구별하여 분석하지 않기 때문이라고 하였다. 음운변동 접근법은 아동이 일관되게 사용하는 변동이나 패턴을 목표로 한다. 하나의 음운변동 치료는 그 변동에 의해 영향을 받는 더 넓은 말소리 부류에 일반화될 수 있도록 실시한다. 음운변동 치료법을 지지하는 사람들은 말 명료도에 가장 심각한 영향을 미치는 변동을 초기 치료목표로 설정해야 함을 제안하고 있다.

연구 노트

일부 연구자는 음운변동 치료접근법을 음운접근법으로 분류하지만, 이렇게 분류하는 것은 대상 아동의 오류를 단순히 명명한 것에 불과하다는 비판적인 견해도 있다.

Bernthal과 Bankson, 2004.

음운변동에 대한 설명은 특수한 체계 때문에 다를 수 있으나, 음운변동 오류는 음절 구조 변동, 자질대조 변동, **동화(조화)**〔harmony(assimilation)〕 변동의 세 가지 주요 범주로 분류할 수 있다(**글상자 2-8**; Bernthal & Bankson, 2004). 음절

글상자 2-8 음운변동 오류의 범주

- 음절 구조 변동: 종성 탈락, 성문음 대치, 비강세 음절 생략, 자음군 감소
- 자질대조 변동: 정지음화, 파찰음화, 마찰음의 활음화, 전방음화, 탈비음화, 유음의 활음화, 유성음화
- 동화(조화) 변동: 모음 앞 유성음화, 종성 무성음화, 연구개음 동화, 순음 동화, 치경음 동화

구조 변동은 낱말이나 음절의 구조가 변하는 변동인 반면, 자질대조 변동은 조음위치나 조음방법 자질(또는 둘 모두)이 대치되는 변동이다. 동화(조화) 변동은 낱말이나 음절 구조 내에서 문맥에 민감한 변화나 동시조음에 의한 변화가 일어나는 경우를 말한다. 하나의 분절음은 다른 분절음의 변화에 영향을 미쳐 음성적 대칭성을 이룬다.

상위음운

상위음운 접근법(metaphon approach)은 주로 상위언어 인식 과제를 통해 음운변동을 목표로 하는데(Howell & Dean, 1994), 음운대조의 산출에 대해서는 최소 수준의 관심만 갖는다. 이 치료법의 근간에는 조음산출 기술이 아닌 음운 처리과정에서의 향상을 촉진하려는 목적이 있다. 즉, 이 접근법은 대상 아동의 말소리와 말소리 체계의 특성에 대한 인식력의 발달을 목표로 한다. Dean과 동료들(1995)은 대상 아동의 음운변동 오류를 판정하는 언어적 평가를 근거로 하여 치료목표를 선정한다고 하였다. 치료 과정을 면밀하게 모니터링하여 대상 아동의 음운체계에서 나타나는 긍적적 변화를 기록할 수 있게 한다. 치료의 일차적인 목적은 대상 아동이 언어의 말소리 특성에 접할 때 다양한 상위언어적 학습 기회를 갖게 해주는 것이다. 상위음운치료는 두 단계로 이루어져 있는데, 이 두 단계는 모두 서로 다른 언어적 자기 성찰력 발달에 역점을 둔다(**글상자 2-9**). 첫 번째 단계는 음운체계를

글상자 2-9 **상위음운 치료접근법 단계의 요약**

1단계

1. 개념 발달. 언어치료사는 아동에게 음소의 대조적 특성을 알려주는 데 형상화 개념을 이용한다.
2. 말소리 수준. 언어치료사는 대상 아동이 형상화 개념을 비구어 활동에 포함시킬 수 있게 요구한다.
3. 음소 수준. 언어치료사와 대상 아동은 대조되는 낱말 세트를 자발적으로 산출하고 대조되는 자질을 확인한다.
4. 낱말 수준. 언어치료사는 대상 아동에게 대조되는 낱말 세트를 제시해 주고 대상 아동에게 각 목표 자질의 확인을 요구한다.

2단계

1. 언어치료사와 대상 아동은 최소대립쌍 중 하나의 대조를 나타내는 그림 카드를 번갈아가며 선택한다. 그 다음 언어치료사는 1단계의 활동을 다시 도입한다.
2. 문장 수준. 언어치료사는 대상 아동에게 대조 쌍을 전달구 내에 포함시켜 산출하게 요구한다.

출처: Howell J, Dean EC: *Treating phonological disorders in children: metaphon-theory to practice*, ed 2, London, 1994, Whurr.

인식할 수 있게 고안된 것으로, 음소의 대립 자질을 소개하고 새롭게 습득한 자질을 대상 아동의 음운체계에 통합시키는 단계이다. 두 번째 단계는 첫 번째 단계에서 습득한 상위언어적 기술을 의사소통 상황에 전이시켜 응용하는 단계이다.

1단계: 형상화 개념

아동에게 형상화 개념을 통해 음소의 대조적 특성을 알려줌으로써 치료를 시작한다(Dean et al., 1995; Klein, 1996). 저자들은 1단계의 첫 번째 하위 단계를 개념발달 단계로 명명하였다. 예를 들어, 한 아동이 마찰음을 파열음으로 대치한다면 정지음화 변동을 보이는 것이다. 마찰음의 산출 자질을 파열음의 산출 자질과 대조하는 데에는 "흐르는 소리" 대 "똑똑 떨어지는 소리"라는 형상화 개념을 이용할 수 있다. 이와 유사하게 언어치료사는 대상 아동에게 유성음에 대해서는 "목구멍 안에 있는 모터를 켜라"라고 지시할 수도 있고, 무성음에 대해서는 "목구멍 안의 모터를 꺼라"라고 지시할 수도 있다. 이 대조는 대상 아동에게 갑상연골 부위에 손가락을 갖다 대어 차이를 느껴보게 함으로써 대조시킬 수 있다. 대상 아동이 목표 음운변동의 형상을 구분할 수 있게 되면 치료는 두 번째 하위 단계로 이동하는데, 이 단계를 **말소리 수준**(sound level)이라 한다. 이 하위 단계에서 대상 아동은 형상화 개념을 비구어 활동에 포함시킨다. 예를 들어, 대상 아동에게 흐르는 말소리를 나타내기 위해 장난감 나팔을 길게 불어 보게 하고, 똑똑 떨어지는 말소리에 대해서는 짧게 불어 보게 지시할 수 있다.

1단계의 세 번째 하위 수준은 **음소 수준**(phonemic level)으로, 이 단계에서는 낱말 문맥에서 목표 대조를 제시한다(Howell & Dean, 1994). 언어치료사와 대상 아동은 자발적으로 대조 낱말을 산출하고 대조 자질을 확인한다. 예를 들어, 마찰음이 포함된 낱말을 산출하거나 확인하는 데 도움이 되는 단서로 흐르는 물의 그림 카드를 대상 아동에게 보여 준다. 아동의 반응 뒤에 언어치료사가 적절한 피드백을 제공해 준다. 예를 들어, 흐르는 소리를 정확하게 산출하였을 때에는 "맞았어! 계속 흐르는 소리야. 다른 소리도 계속 흐르게 할 수 있니?"라는 피드백을 준다. 부정확한 반응에 대한 피드백으로 자질 오류를 확인하고 정확한 반응을 제공해 줄 수 있다. 전형적인 치료 과정에서는 언어치료사가 "나는 계속 흐르는 소리의 그림을 보여 줬는데, 네가 낸 소리는 똑똑 떨어지는 소리처럼 들려. /f/나 /s/처럼 계속 흐르는 소리를 만들어 봐. 자, 해 볼까?"

1단계의 마지막 하위 수준은 **낱말 수준**으로, 순전히 지각적인 단계이다. 대상 아동에게 *see*-*tea*와 같은 대립쌍 세트를 주고 각 목표 자질을 확인하도록 요구한다. 낱말 *see*의 /s/는 계속 흐르는 자질을 갖고 있는 반면, 낱말 *tea*의 /t/는 똑똑 떨어지는 자질을 갖고 있다.

2단계: 자질 확인 및 산출

이 치료 단계는 두 개의 하위 단계로 이루어져 있다(Hoewll & Dean, 1994). 첫 번째 하위 단계는 언어치료사와 대상 아동 둘 모두 참여할 것을 요하는 최소대립쌍 활동이다. 최소대립쌍 중 하나의 대조를 나타내는 그림 카드를 번갈아가며 선택한다. 여러 최소대립쌍 카드를 이용하여 대조 자질을 나누어 갖는다(예: *sea–tea*, *she–key*, *Fay–Kay*). 카드를 다 선택한 뒤 화자가 그림을 확인한다. 이후 청자에게 어떤 자질로 지각하였는지 그 자질을 나타내는 카드를 지적하게 한다. 이와 같은 식으로 청자는 흐르는 소리와 떨어지는 소리를 나타내는 카드를 짚으면 된다.

자질을 확인하고 난 뒤에는 1단계의 활동을 다시 도입한다. 예를 들어, 대상 아동이 정확하게 확인한 자질은 언어치료사가 대상 아동으로 하여금 그 낱말쌍을 이루고 있는 소리가 흐르는 소리인지 아니면 떨어지는 소리인지 구분하고, 필요하다면 흐르는 물과 똑똑 떨어지는 물 그림에 붙이게 하면 된다. 항목을 선정하고,

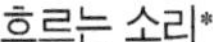
흐르는 소리*

똑똑 떨어지는 소리*

* Copyright 2007, JupiterImages Corporation.

그 낱말을 산출하고, 자질을 확인하고, 1단계를 다시 도입하는 일련의 훈련 주기를 적용한다.

2단계의 마지막 하위 단계는 문장 수준이다. 대조 쌍을 전달구에 포함시키는데, 저자들에 의하면 상위언어적 지식이 보다 실제적인 의사소통 상황으로 전이되는 데 도움이 된다. 예를 들어, 대상 아동은 "나는 *sea/tea*를 칠판에 붙여요."와 같이 전달구를 이용할 수 있다. 1단계와 2단계의 각 활동은 대상 아동이 치료 개념을 습득하였다고 판단될 때까지 실시한다. 미리 정한 반응 정확도 수준은 없다.

주기접근법

이 치료접근법은 Hodson과 동료들이 고안하였는데, 중도 조음음운장애 아동에게 자주 적용한다(Hodson, 1989; Hodson & Paden, 1983). 기저의 원리는 명료한 말 패턴을 발달시키는 데 주기를 이용한다는 것이다. 주기는 음운변동이나 음운패턴의 중재에 시간적 주기를 연쇄적으로 이용하는 것이다. 저자들은 이 점진적인 과정이 치료대상에 맞게 진행되기 때문에 전통적 치료접근법에 비해 치료 주기가 정상적인 음운습득과 보다 근접하다고 제안하였다. 하나의 특정 패턴을 습득할 때까지 목표 패턴 내 음소들을 연습한다. Hodson(1989)은 이 치료법은 대상 아동의 자기 감독 능력을 향상시키므로 새로운 청각 및 운동감각 이미지의 형성을 촉진한다고 하였다. 음성적 운동 패턴의 확립은 이 치료접근법의 목적이 아니다.

연구 노트 주기접근법의 목적은 음성적 운동 패턴을 확립하는 것이 아니라 새로운 청각 및 운동감각 이미지의 형성을 촉진하여 대상 아동의 자기 감독 능력을 향상시키는 것이다.

Hodson, 1989.

하나의 패턴 안에 있는 음소 한 개를 동일한 패턴의 다른 음소를 치료하기 전에 한 주기에서 최소 60분 동안 개별적으로 치료할 것을 권하고 있다. 그 패턴에 해당되는 모든 음소를 치료한 뒤 다른 음운 패턴을 도입한다. 한 번의 회기 동안에는 하나의 음운 패턴만 다루는데, 이렇게 하면 대상 아동으로 하여금 주요 치료 패턴에 집중할 수 있게 해준다. 주기 당 하나의 패턴에 최소 2시간을 할애해야 한다. 주기의 길이는 치료를 필요로 하는 패턴 또는 변동 수에 따라 5~16주로 정한다. 첫 번째 주기는 하나의 패턴에 대한 산출 통제를 확립하기 위한 것이다. 하나의 주기에서 모든 패턴을 목표로 한 뒤에 새로운 주기를 도입한다. 뒤이어 진행되는 주기에서는 목표 패턴을 더 안정화시키고 치료활동을 다른 말 산출 문맥으로 전이시키는 활동을 이용한다. 대개는 한 명의 대상 아동에 대해 3~6개의 주기를 이용한다.

패턴의 순서배치는 아동이 보이는 자극반응도에 달려 있다. 즉, 자극반응도가 가장 높은 목표를 먼저 치료하여 대상 아동이 치료를 통해 먼저 성공을 경험할 수 있게 한다. Hodson(1989)은 대상 아동의 말 명료도를 향상시키기 위해서는 일차 패턴을 먼저 치료하여야 한다고 하였다. 일차 패턴을 습득시킨 뒤에 이차 패턴을 목표로 한 중재를 실시한다. 이러한 목표 패턴의 목록을 **글상자 2-10**에 제시하였다. 일차 목표는 대상 아동의 말 명료도에 크게 영향을 미치기 때문에 초기 치료목표가 된다. 이차 목표는 대상 아동이 주요 목표 변동을 억제하고 난 뒤에 도입한다. 그러나 저자들은 이차 패턴 치료의 경우 학령전기 아동들이 상당한 정도의 음운 일반화를 보이기 때문에 치료가 필요 없는 경우가 많다고 하였다. 이차 패턴의 치료가 필요한 경우에 대해서는 Hodson은 최소대립쌍을 이용할 것을 추천하였다. 그리고 일부 대상 아동들은 초등학교 기간에 진전된 목표 패턴의 문제를 보이기도 한다(예: 다음절 낱말 산출의 문제). 치료는 문제를 보이는 낱말에 주목하고, 대상 아동으로 하여금 문제 낱말을 분리하여 분절 요소들을 결합하게 함으로써 이 패턴을 목표로 삼을 수 있다. 마지막으로 Hodson은 주기접근법에서 일차 목표로 고려해서는 안 되는 일부 패턴도 제시하였다. 이 패턴에는 종성 유성 방해음, 종성 및 성절적 /l/, 비강세 음절 생략, 설치마찰음 /θ, ð/가 해당된다.

주기치료법 회기(글상자 2-11)

1단계: 치료 회기의 첫 번째 단계는 이전 회기에서 훈련한 목표 항목을 전체적으로 복습하는 것이다(Hodson, 1989). 예를 들어, 대상 아동이 마찰음의 파

글상자 2-10 주기접근법에서의 목표 음운패턴

일차 목표

1. 음절: 대상 아동이 음절(예: baseball, chimney)을 차례로 배열하지 못하면 음절 구조 패턴을 치료한다. 정확한 자음 산출보다 음절 조합을 목표로 치료한다.
2. 초성(단일 초성 자음): 초기에 나타나는 비음 /m, n/, 파열음 /p, b, t, d/, 순구개(labiopalatal) 활음 /w/를 생략하면 초성 자음 생략을 치료한다.
3. 종성(단일 종성 자음): 무성파열음 /p, t, k/, 또는 비음 /m, n/를 생략하거나, 둘 모두 생략하면 종성 자음 생략을 치료한다.
4. 추가적 낱말 구조: 대상 아동이 CVC(예: boat)와 VCV(예: abby)의 문제를 보이면 이를 치료한다. 동일한 자음 환경이 CVC 결합(예: babe)을 촉진하기도 한다.
5. 전방음화 및 후방음화: 연구개파열음 /k, g/를 치경파열음 /t, d/로 대치하는 경우 연구개파열음을 치료하거나, 치경파열음을 연구개파열음으로 대치하는 경우 치경파열음을 치료한다.
6. /s/ 자음군: /s/가 생략된 경우 /s/ 자음군을 치료한다. /s/를 /t/로 대치하는 경우에는 단일음 /s/보다 /s/ 자음군을 먼저 치료해야 한다.
7. 유음 /r, l/: 아동이 유음을 사용하지 않으면 매 주기마다 유음을 자극해야 한다.

이차 목표

1. 초성 유성음화: 초성 무성파열음과 관련된 성대진동 시작시간(VOT)의 문제를 보인다(예: *toe*에 대해 *dough*라 함).
2. 중립 모음화: 다른 모음 대신 중립 모음을 이용한다(예: *pat*, *peat*에 대해 *putt*이라 함).
3. 동화: 문맥에 민감한 오류 패턴(예: *pen*을 *men*이라 함)을 고려해야 한다.
4. 특이한 패턴: 개별 아동의 독특한 오류 패턴을 목표로 한다.

출처: Hodson BW: Phonological remediation: a cycles approach. In Creaghead NA, Newman PW, Secord WA, editors: *Assessment and remediation of articulatory and phonological disorders*, Columbus, Ohio, 1989, Merrill.

글상자 2-11 주기치료 접근법의 단계 요약

1. 이전 회기에 훈련한 목표 항목의 복습
2. 청각적 집중자극
3. 창의적 활동
4. 경험적 놀이 활동
5. 자극반응도 검사
6. 청각적 집중자극의 반복
7. 대상 아동과 보호자 또는 학습보조인 간의 매일의 짧은 연습 회기

출처: Hodson BW: Phonological remediation: a cycles approach. In Creaghead NA, Newman PW, Secord WA, editors: *Assessment and remediation of articulatory and phonological disorders*, Columbus, Ohio, 1989, Merrill.

열음화 패턴을 치료받고 있었다면 지난 회기에서 연습한 항목의 그림을 복습하고 현재 회기에서 새로 연습할 항목을 소개해 준다. 각 항목을 그림으로 제시해 주면 대상 아동은 그 항목을 개별적으로 산출한다. 언어치료사는 반응의 정확성에 대한 피드백을 제공해 준다. 새로운 패턴을 도입할 때에는 다른 패턴에 대해 연습하였던 이전 연습 항목을 복습하지 않는다. 대신 보관해 두었다가 나중에 진행하는 주기에서 다른 연습 항목과 함께 사용한다.

2단계: 두 번째 단계는 **청각적 집중자극**(auditory bombardment)으로 알려져 있는 청감각 단계이다. 회기에 사용할 연습 항목을 아동에게 약간 큰 소리로 들려준다. 연습 항목은 10~12개의 연습 낱말로 구성한다. 언어치료사가 연습 낱말을 짧은 시간 동안 들려주면서 아동에게 잘 들어보라고 요구한다. 언어치료사는 집중적인 청각적 자극을 제공하는 동안 오류 패턴을 일부러 만들어 의도한 목표와 대조시켜 준다. 청각적 자극이 끝난 뒤에 대상 아동에게 증폭마이크에 대고 연습할 항목을 한두 개 정도 산출해 보라고 요구

할 수 있다. 목표 항목은 10~12개의 연습 항목에서 사용하지 않고 다른 회기에 도입할 수 있는 다른 항목으로 선정한다.

3단계: 세 번째 단계에서는 대상 아동을 창의적인 활동에 참여하게 한다. 언어치료사가 선정한 색인 카드에 3~5개의 그림을 그리거나 색칠하여 붙이게 한다. 이 항목은 치료를 진행하게 될 패턴의 예로 구성하여야 한다. 대상 아동이 그림을 만들기 전에 각 항목을 산출하면 언어치료사는 그 항목을 평가하여 치료 항목에 포함시키는 것이 적절한지 판단하게 된다. 언어치료사는 각 그림의 이름을 색인 카드에 적어 주고 부모나 다른 사람이 그 항목이 무엇인지 알아볼 수 있게 해준다.

4단계: 그림이 다 준비되면 대상 아동이 경험적인 놀이 활동을 통해 보다 집중적인 산출 연습을 할 수 있게 도입해 준다. 경험적인 놀이 활동은 동기를 제공해 주고 말 산출에 보다 자연스러운 문맥을 제공해 주며 목표가 부정확하게 산출된 경우 언어치료사가 대상 아동에게 단서를 제공해 줄 수 있게 기획된 것이어야 한다. 아동의 수행에 대해 차트를 그리거나 그래프를 그리는 등의 훈련시도에 대한 모니터링은 권장하지 않는데, 저자들은 그러한 활동이 경험적인 놀이 활동의 자연스러움을 방해한다고 보기 때문이다. 이 단계는 전반적으로 치료 회기 내에서 가장 많은 시간을 차지하게 된다.

언어치료사는 아동의 흥미를 끌 수 있는 게임과 활동을 선정하여 이전에 도입한 목표 항목을 산출할 기회를 제공해 줄 필요가 있다. 예를 들어, 목표 항목의 산출을 요하는 보드 게임을 이용할 수도 있다. 경험적인 놀이 활동은 다양한데, 한 번의 회기에서 한 가지 이상의 활동을 이용한다. 대상 아동에게 시범과 그 외 단서를 제공해 줌으로써 목표 패턴을 성공적으로 제거할 수 있도록 촉진하여야 한다. 시범과 단서는 대상 아동이 정확한 산출을 달성하여 목표 패턴을 제거하는 데 도움이 된다. 이 단계는 이 치료법의 성공에 매우 중요하다. 언어치료사는 대상 아동이 대화에 참여할 수 있는 기회를 제공해 줌으로써 자발화 문맥에서의 음운 패턴의 사용에 대해 모니터링 할 수 있어야 할 것이다.

Hodson은 성공을 보장하기 위해서는(특히 초기 단계의 주기에서) 연습 낱말을 주의 깊게 선정하여야 함을 당부하였다. 명사류와 행위 동사는 활동 주제나 게임에 쉽게 포함시킬 수 있다. 초기에는 촉진적인 음성 문맥으로 일음절을 선정하여야 한다(Kent, 1982). 초기 주기의 훈련 과정에서는 대치 패턴과 동일한 조음위치에서 산출되는 음소가 포함된 낱말은 이용하지 않아야 한다. 동화 변동을 유발하는 낱말도 피해야 한다.

연구 노트

언어치료사는 특히 초기 주기 훈련에서 연습 낱말을 주의 깊게 선정하여야 한다. 처음에는 촉진적인 음성 문맥으로 일음절을 이용해야 한다.

Hodson, 1989; Kent, 1982.

5단계: 경험적인 놀이 활동 뒤에는 자극반응도 검사를 실시하여 다음 회기에 목표로 할 패턴을 확인한다. 예를 들어, /s/가 마찰음의 파열음화 변동이 적용되는 말소리 중 하나라면 패턴 억제를 위한 다음 목표음소가 되므로 언어치료사는 검사를 위해 일련의 /s/ 낱말을 선택해야 한다. 아동에게는 각 낱말을 잘 보고 들은 뒤 말해 보라고 요구한다. 자극반응도가 있는 것으로 나타난 /s/ 낱말이 다음 회기를 위한 연습 항목이 될 것이다.

6단계: 두 번째 단계의 집중적인 청각적 자극을 이전에 사용하였던 낱말 항목 그대로 반복한다.

7단계: 이 단계에서는 아동의 보호자나 학습보조원이 대상 아동과 함께 매일 짧은 시간 동안 연습 회기를 가질 수 있게 한다. 보호자가 청각적 자극에 이용하였던 낱말 목록을 읽어주면 아동은 산출 연습을 했던 낱말의 그림을 찾아보게 하면 된다.

주기접근법은 말 명료도가 매우 낮은 아동에게 적용할 수 있기 때문에 인기가 많다. 또 다른 특성은 치료 주기의 순서 배치를 이용하기 때문에 필요하다면 앞선 주기에서는 여러 개의 목표를 습득하고 나서 뒤따르는 주기에서 이를 안정화시킬 수 있다. 치료목표의 달성과 새로운 치료목표의 도입에 대한 결정은 임상적 판단에 따른다.

4. 음성적 치료접근법

음성적 치료접근법은 운동기술 학습 원리를 이용하여 특정 말소리의 산출에 필요한 운동적 선행조건을 훈련하는 것이다. 조음음운 중재에 대한 초기의 연구에서, 음운적 접근에서 음성학적 측면은 대상을 치료하는 데 크게 기여하였으며, 체계적인 치료효과검증 연구는 실험 연구와 기술 연구 모두 학령기 아동들을 대상으로 하여 시작되었다(Diedrich & Bangert, 1980; Elber et al., 1967). 자료에 따르면 운동학습 원리는 경도에서 중등도에 해당하는 조음음운오류를 보이는 아동들에게서 변화를 이끌어내는 데 성공적이었으나, 저자들은 음성적 접근법이 음운 학습에 영향을 미친다는 주장은 하지 않았다. 실제로 음성적 측면과 음운적 측면을 명확하게 구분하는 것은 어려우며, 여전히 논쟁거리로 남아 있다(Kahmi, 2005; Ruscello, 1993).

연구 노트 연구를 통해 운동학습 원리는 경도에서 중등도에 해당하는 조음음운오류를 보이는 아동들에게서 변화를 이끌어내는 데 성공적이었음이 입증되었다.

Diedrich와 Bangert, 1980; Elbert 등, 1967.

독자들은 운동기술 학습 이론이 전통적인 음소별 중재의 해석에 음성적 치료의 기초를 이루고 있으며, 음운이론이 음운대조의 기초를 형성하고 있음을 알아야 할 것이다. 음소 기반의 장애에 대한 기저의 학습 이론은 체계적이고 효율적인 방법으로 음운대조를 도입하는 데 이용할 수 있기 때문에 도구적 학습이다. 언어치료사들은 특정 대상 아동을 위한 치료를 계획할 때 이처럼 이론적 차이를 알 필요가 있다. 한 사례에서 운동기술 학습 이론은 어떤 음성적 기술의 지도방법의 기초가 되는 반면, 다른 사례에서는 도구적 학습이 여러 음운대조를 지도하는 방법의 기초가 된다. 음성적 기반의 조음음운장애의 치료를 위한 운동기술 학습 요소에 대한 논의를 위해서는 제1장을 참조하기 바란다.

음성적 치료접근법

대상 아동이 목표음을 정확하게 산출하지 못할 경우 가능하다면 음성적으로 독립음이나 음절 문맥에서 치료를 시작한다. 독립음 수준에서 목표음을 정확하게 산출할 수 있게 되면 무의미 또는 임시 음절, 낱말, 구, 자발적 대화 등 다양한 문맥에 목표 말소리를 통합시킬 수 있게 도입한다. 기저의 원리는 대상 아동으로 하여금 의식적인 통제 하에서 내적 피드백과 목표음의 안정화에 도움이 되는 결과에 대한 지식과 함께 목표음을 체계적으로 연습할 수 있게 하는 것이다. 치료의 초기 단계에서는 대상 아동에게 목표음과 관련된 동작을 생각하게 하고, 운동계획을 세운 뒤 목표음을 산출하도록 요구한다. 목표음을 습득한 이후에는 의식적으로 통제하지 않는 자동화 연습으로 바꿔간다. 새로 습득한 운동기술을 대상 아동의 통상적인 운동기술 레파토리 내에 포함시키는 것이다.

음성적 치료법에 대해 기술할 때 대부분 점진적인 순서로 연습 수준을 도입하는데, 이를 **구획 순서배치**(block sequencing)라 한다. 즉, 대상 아동은 독립음 수준에서부터 대화에 이르기까지 계단식으로 진전된다. 운동기술 학습에 대해 설명할 때 치료 수준은 무선화하며 각 회기에서도 무선으로 도입할 수 있다. 치료의 모든 수준을 무선화하여 각 회기에 제시하는 것이다. 제1장에서 논의한 것처럼 무선적 순서로 배치할 경우 연습 회기 동안에는 약간 더 낮은 정확도를 보이지만 훈련하지 않은 항목으로의 일반화가 더 잘되었음을 보여 준 연구가 있다(Schmidt & Wrisberg, 2000; Skelton, 2004).

독립음의 치료

목표음을 정확하게 산출하도록 지도하는 치료법은 매우 많은데(Bernthal & Bankson, 2004; Secord, 1981a; Shriberg, 1975) 언어치료사는 목표음을 체계적으로 유도하여야 한다. 흔히 이용되는 방법에는 (1) 청각적·시각적 자극(자극반응도), (2) **문맥적 촉진**(contextual facilitation), (3) 조음지시법, (4) 형성법이 있다.

자극반응도. **자극반응도**(stimulability)는 언어치료사가 대상 아동에게 "여기를 보고, 잘 듣고, /s/ 해봐요"와 같은 단서를 주었을 때 목표음을 독립음이나 음절 수준에서 산출할 수 있는 능력을 의미한다. 독립음 수준에서 목표음을 정확하게 유도한 뒤에는 음절이나 낱말 수준에서 자극반응도 검사를 시도한다. 청각적·시각적 단서를 주었을 때 목표음을 산출할 수 있는 아동은 자극반응도가 있는 것이다. Miccio(2005)는 자극반응도는 긍정적인 예후의 예측 표지로, 아동이 목표음의 감각운동 측면을 통제할 수 있음을 시사하는 것이라 하였다. 자극반응도가 있는 소리는 중재 없이도 향상될 가능성이 높지만, 음성적 접근에서는 대개 자극반응도가 있는 소리를 치료목표로 잡는다.

Miccio(2005)는 자극반응도를 아동의 음성 목록 확장을 위한 치료 중계자로 이용할 수도 있다고 하였다. 자극반응도가 있는 말소리는 음성 목록의 확장과 일반화가 용이하기 때문에 음성 목록이 제한되어 있는 아동들은 자극반응도를 이용한 프로그램이 도움이 된다. 언어치료사는 치료를 시작하기 전에 자극반응도를 단순히 평가하는 대신 치료의 일부로 자극반응도 프로그램을 실행하는 것이 좋다. Miccio는 다음과 같이 자극반응도 촉진을 위한 프로그램을 개발하였다(**글상자 2-12**).

글상자 2-12 **자극반응도 촉진 단계의 요약**

1. 독립음과 음절 수준의 자극반응도 평가
2. 자극반응도가 없는 말소리를 독립음이나 음절 수준에서 각 말소리를 사물 또는 사물 그림과 연결시켜 훈련한다.
3. 각 회기의 시작 부분에서 자극반응도가 없는 말소리를 조사한다.
4. 모든 그림을 하나씩 제시한다.
5. 상호작용 놀이 활동을 실시한다.

출처: Miccio AW: A treatment program for enhancing stimulability. In Kahmi AG, Pollock KE, editors: *Phonological disorders in children*, Baltimore, 2005, Paul H Brookes.

1단계: 언어치료사는 독립음과 음절 수준(CV)에서 자극반응도를 평가하여 자극반응도가 있는 소리와 없는 소리를 확인한다. 자극반응도가 없는 소리를 목표음으로 선정한다.

2단계: 자극반응도가 없는 소리는 독립음 또는 음절 수준에서 지도한다. 예를 들어, "빌리, 나를 잘 보고 f:::::: 소리 내봐" 또는 "빌리, 나를 잘 보고 '퍼' 소리 내봐"라고 한다. 얼굴을 너무 과장시키지 말고 정상적인 강도로 말소리를 산출할 것을 권한다. 각 말소리를 동물이나 사물 캐릭터와 연결시켜 주되 캐릭터나 그림을 색인 카드 위에 그려준다. 특수한 신체 동작이나 손을 이용한 제스처도 목표음과 연결시켜 줄 수 있다. 예를 들어, /f/는 *fussy fish*(야단스럽게 헤엄치는 물고기)이고, 연관된 신체 움직임은 몸에서부터 손이 멀어지게 야단스럽게 미는 행동과 연결시켜 준다.

3단계: 각 회기의 처음에 자극반응도가 없는 말소리를 조사한다. 각 목표음을 독립음과 CV, VCV, VC 음절 문맥에서 모음 /i/와 결합하여 표집한다. 그 다음 회기에서는 모음 /a/를 이용하고, 그 다음 회기에는 /u/를 이용한다. 이 모음들은 치료가 지속됨에 따라 다시 이용한다. 간단한 낱말을 이용한 검사를 회기 끝부분에서도 실시하는데, 목표음을 CVC 문맥에서 산출하도록 유도한다(예: fife, sauce).

4단계: 자극반응도 검사를 끝낸 뒤에 자극반응도가 있는 소리와 없는 소리를 포함한 모든 그림을 하나씩 제시해 주면서 손과 신체 동작과 함께 소리를 들려준다. 언어치료사는 각 말소리를 제시할 때 대상 아동이 과제에 집중하고 있는지 확인해야 한다.

5단계: 대상 아동이 목표음을 모방할 수 있는 다양한 기회를 제공해 주는 상호작용 놀이 활동을 통해 치료를 실시한다. 자극에 대한 반응이 있는 소리와 없는 소리를 이 단계에 포함시켜 대상 아동으로 하여금 치료 회기가 진행되는 동안 성공을 경험할 수 있게 해준다. 예를 들어, 언어치료사와 대상 아동은 캐릭터 카드와 함께 집중하는 짝짓기 게임을 할 수도 있다. 목표음의 산출과 손이나 신체 동작을 짝지을 수 있다. 언어치료사는 대상 아동에게 정확한 반응에 대한 결과지식을 적절한 구어로 제공해 준다. 언어치료사는 또한 관련된 손동작이 부정확한 반응에 이용될 수 있으므로 부정확한 반응을 들었음을 알려주어야 한다. 그 다음으로 언어치료사는 대상 아동으로 하여금 자극반응도가 없는 목표음을 산출해 보도록 다시 단서를 줄 수 있다. 그 예로 대상 아동이 /f/를 정확하게 산출하지 못할 경우 언어치료사는 관련된 손동작이나 신체 동작으로 목표음을 알려준다. 그 다음으로 언어치료사는 "빨리 헤엄치는 물고기가 있어. 어디 보자. 알았다. 빨리 헤엄치는 물고기는 /f:::::::/ 소리를 내지 그렇지? 그렇지. /f:::::::/ 소리내봐."라고 해줄 수 있다. 아동이 자극반응도 치료에 익숙해지고 언어치료사를 모방할 수 있게 되면 단서를 추가로 도입한다. 예를 들어, 대상 아동이 언어치료사를 쳐다보고, 듣고, 목표음을 말하도록 단서를 제공해 주거나 음성적인 조음위치 단서와 함께 주의집중 단서를 제공해 줄 수도 있다.

문맥적 촉진. 일부 대상 아동들은 목표음을 비일관되게 산출하는 경우도 있는데, 평가시 산출 정확도에서의 차이는 문맥의 영향 때문에 나타난다(Kent, 1982). McDonald(1964)도 대부분의 대상 아동들이 목표음을 비일관되게 산출하며 이러한 변산성은 문맥 검사를 통해 확인할 수 있다고 하였다. 문맥 촉진의 개념은 조음심화검사(Deep Test of Articulation)와 McDonald가 소개한 이른바 **감각운동접근**(Sensory-Motor Approach)(McDonald, 1964; Shine, 1989)이라는 음성적 치료프로그램의 개발을 이끌었다. 즉, 대상 아동의 목표음 산출과 관련하여 정확하게 산출된 것으로 지각되는 음성적 환경이 있다는 것이다. McDonald(1964)와 Secord (1981b)는 잠재적인 문맥을 판정할 수 있는 특수 프로토콜을 개발하였다. 서로 다른 음성적 문맥을 근거로 하여 구축된 치료 자극어도 이용 가능하다(Griffiths & Miner, 1979; Secord & Shine, 1997).

연구 노트 일부 대상 아동들은 목표음을 비일관되게 정조음하는데, 이러한 변상성은 문맥 검사를 통해 확인할 수 있다.

McDonald, 1964.

글상자 2-13 **문맥적 촉진 요약**

- 목표음을 강세 음절 내에 포함시킨다.
- 대상 아동에 따라 특정 낱말 내 위치는 산출을 촉진하는 효과를 갖는다.
- 인접한 소리의 영향이 촉진적인 경우도 종종 있다.
- 언어치료사는 목표음의 정확한 산출을 도와주는 문맥을 찾을 때 음절 강세, 낱말 내 위치, 인접음을 고려해야 한다.
- 촉진적인 문맥을 찾을 때 여러 가지 모양의 바이트블록을 이용하여 입술과 혀로부터 턱을 떨어지게 만들 수 있다.

출처: Kent RD: Contextual faciliation of correct sound production, *Lang Speech Hear Serv Sch* 13: 66-76, 1982.

Kent(1982)는 문맥 촉진에 대한 논의를 위해 여러 문헌을 검토하였다. 치료에 고려해야 할 사항으로 제시한 연구 결과는 다음과 같이 요약할 수 있다(**글상자 2-13**).

- 목표음을 강세 음절 내에 포함시킨다. 강세 음절은 분명하고 명확하게 조음할 수 있게 해준다. Kent(1982)에 의하면 강세 음절은 언어치료사로 하여금 연습한 목표를 정확하게 판단할 수 있게 해주는 명확한 음향학적 모델을 제공해 준다.
- 낱말 내 위치는 대상 아동에 따라 산출 촉진의 효과를 갖기도 한다. /tr/, /dr/, /gr/ 같이 음절 초성에서 자음 뒤에 /r/가 오는 자음군에서 /r/의 조음이 촉진되는 경우가 많다(McCauley & Skenes, 1987). 이와 유사하게 낱말의 중성이나 종성도 정확한 산출을 촉진하는 경우가 많다. Kent도 /r/와 /l/ 같은 일부 음소는 낱말 내 위치에 따라 상이한 변이음으로 산출된다고 하였다. 예를 들어, 초성 /r/는 입술을 둥글게 만들고 혀의 위치도 약간 더 앞쪽에서 산출되지만, 종성에서 산출할 때에 비해 설상면의 홈 만들기(grooving) 정도는 덜하다.
- 일부의 경우 이웃한 말소리가 목표음의 산출을 촉진하기도 한다. 초성에

/sp/, /st/, /sn/과 같은 자음군 문맥에서 /s/가 촉진되는 것이 확인되었다.

- Kent는 목표음의 정조음을 촉진해 주는 문맥을 찾으려면 음절 강세, 낱말 내 위치, 인접한 말소리를 고려할 것을 권고하였다. 일부 사례의 경우 문맥을 확인할 수 있을 것이고 치료 초기 단계의 기초가 될 수 있을 것이다. 언어치료사는 촉진적인 문맥에서부터 그렇지 않은 문맥으로 치료해가면 된다. 마지막으로 주의를 당부하고자 하는 사항은 이 연구에서 오류 유형은 전혀 고려하지 않았는데, 독자들은 오류 유형을 고려할 것을 권한다. 예를 들어, /s/의 설측음화 오류를 보이는 아동은 /s/의 치음화 오류를 보이는 아동과 비교할 때 촉진 요소에 대한 반응이 다를 수 있다.
- 촉진적인 문맥을 찾을 때 여러 가지 모양의 바이트블록을 사용하여 입술과 혀를 턱과 떨어지게 할 수 있다. 설압자를 상악과 하악 견치(송곳니) 사이에 넣어줄 수도 있다. Netsell(1985)은 설압자의 너비를 아동에 맞게 약 5~8mm로 잘라 사용할 것을 권하였다. 대상 아동에게 설압자를 살짝 깨물어보게 지시한다. 턱을 고정시킨 상태에서 치조와 연구개 조음점을 서로 다른 자음 및 모음 환경의 문맥에서 검사할 수 있다.

연구 노트 강세 음절은 언어치료사로 하여금 연습한 목표의 정확도를 판단할 수 있게 해주는 명확한 음향학적 모델을 제공해 준다.

Kent, 1982.

조음지시법. 말소리를 유도할 때 가장 많이 사용하는 기법 중 하나는 조음지시법(phonetic placement)이다. Secord(1989)는 언어치료사가 구어적 지시, 삽화, 서로 다른 종류의 피드백을 이용하여 정확한 목표음 산출을 유도할 수 있다고 하였다. 예를 들면, 언어치료사는 대상 아동에게 "내가 네 혀를 앞니 뒤에 가게 해주면 /s/ 소리를 내면서 미소를 지어봐"라고 지시할 수도 있다. /s/의 조음위치를 나타내는 도식과 함께 구어적 지시를 제공해 줄 수도 있다. 대상 아동에게 목표음의 도식과 함께 조음위치에 대한 구어적 지시를 짝지어 제공해 줄 수 있다. 거울을 통해 조음 산출을 관찰하거나, 갑상연골 위에 손가락을 갖다 대어 유성성과 무성성을 느껴보거나, 손가락이나 설압자가 들어가 있는 부분의 조음기를 움직여보는 등 여러 감각적 피드백도 사용할 수 있다. 조음지시법을 이용하려면 언어치료사는 훈련시킬 음소의 산출 특성을 알아야 한다. 정확하지 않은 조음정보나 감각적 피드백은 오히려 대상 아동이 목표음을 정확하게 산출하는 것을 방해한다. 여러 가지 조음지시법이 문헌에 소개되어 있다(Bernthal & Bankson, 2004; Secord, 1981a).

연구 노트

조음지시법을 실시할 때에는 구어적 지시, 삽화, 여러 종류의 피드백을 사용한다.

Secord, 1989.

형성법. 이 말소리 훈련 기법은 한 음소의 구성요소를 분리하여 그 구성요소별로 지도하거나 대상 아동의 목록 내에 포함되어 있는 말소리에서부터 구성요소를 형성해가는 훈련으로 이루어져 있다(Secord, 1989). 그 다음으로 음소의 구성요소를 원하는 목표음을 유도하는 데 포함시켜 가는 것이다. 예를 들어, 언어치료사가 대상 아동에게 특정 말소리의 구성요소를 가르친 다음에 그 구성요소를 목표음 산출에 결합시키고자 한다고 하자. /s/를 치음화하는 아동에게 "이를 다물고, 혀가 이 뒤에 가게 만들어봐. 잘했는지 보자"라고 가르칠 수 있다. 대상 아동은 그 움직임을 연습하고, 이후 언어치료사는 다른 요소를 첨가시켜 준다. "이를 다물고 혀가 이 뒤에 가게 만들어. 이제 미소를 지어봐. 잘했는지 보자." 아동이 두 번째 요소를 습득하면 세 번째 요소를 첨가한다. "이를 다물고, 혀가 이 뒤에 가게 만들어. 미소를 지으면서 나처럼 /s:::::/ 소리를 내봐. 자, 이제 네가 해 보자." 이러한 유형의 독립음 치료법은 목표음의 정확한 산출에 점차 접근해갈 수 있도록 고안된 것이다.

아동의 목록 내에 있는 말소리에서부터 목표음을 형성하는 방법에는 여러 가지가 있다. 예를 들어, 설치음 /θ/에서부터 /s/를 형성시킬 수 있는데, 대상 아동에게 /θ/를 길게 연장하여 산출하게 지도하면 된다. /θ/를 길게 연장하는 동안 대상 아동에게 치아 뒤로 혀를 움직여 /θ/에서 /s/로 소리가 변할 때까지 계속 혀를 유지하라고 지시한다. 또 다른 예로는 **동족음**(cognates)의 유성성과 무성성 차이를 이용하는 것을 들 수 있다. 대상 아동에게 "/z/ 소리를 다른 방법으로 내보자. 이 소리를 낼 때 속삭이면서 내는 거야. 잘 들어봐. 속삭일 때 /s/ 소리가 나."라고 말해 준다.

요약하면, 목표음을 산출할 수 없는 일부 대상 아동들에게는 독립음이나 음절 수준에서 산출하도록 훈련한다. 가장 흔히 이용하는 유도 기법에는 말소리 자극법, 문맥 촉진법, 조음지시법, 형성법이 있다. 이 기법들을 따로 적용하거나 서로 결합하여 적용할 수 있지만, 치료에 대한 정신집중도 포함시켜야 한다. 예를 들어, 대상 아동에게 목표음을 산출하기 전에 마음속으로 예행연습을 해 보라("/f/ 소리는 아랫입술을 윗니에 살짝 갖다 대고 바람을 불면서 낸단다. 소리를 어떻게 낼 지 생각해 보고, 나처럼 /f:::::/ 소리를 내봐."와 같은 단서)고 지시할 수도 있다. 독립음 치료의 효과에 대한 연구는 제한되어 있으나 Wingo와 Hoshiko(1972)의 연구에 따라 가장 효과적인 유도 기법부터 나열하면 (1) 말소리 자극법, (2) 조음지시법, (3) 말소리 자극법과 조음지시법의 결합, (4) 조음기 배치법의 순으로 나타났다. 문맥 촉진법과 형성법에 대한 연구는 이루어지지 않았다. 앞서 강조한 대로 대상 아동의 음성 목록에 목표음이 포함되어 있지 않을 경우에는 독립음 수준의 치료가 필요하므로 언어치료사는 그 음소의 산출 특성을 잘 알고 있어야 한다.

연구 노트 가장 효과적인 유도 기법부터 순서대로 나열하면 말소리 자극법, 조음지시법, 조음기 배치법의 순이었다. 문맥 촉진법과 형성법은 연구되지 않았다.

Wingo와 Hoshiko, 1972.

음절 및 낱말

음절과 낱말은 목표음을 문맥 내에서 처음으로 산출하게 되는 수준이지만, 연구자들은 이 연습 수준이 학습자의 의식적 통제를 지속적으로 요구한다고 본다(Ruscello, 19930). 즉, 학습자는 목표음을 음절이나 낱말에서 산출할 때 목표음의 산출 운동에 대해 계속 "생각하고, 계획을 세우고, 평가하도록" 격려해야 한다. 대상 아

글상자 2-14 **정신적 연습을 묘사한 훈련시도 예**

첫 번째 훈련시도 예

언어치료사: "말하기 전에 새로 배운 그 소리를 산출하기 어려운 점을 생각했으면 좋겠어요. /s/를 내려면 혀를 앞니 뒤에 두되, 밖으로 내밀면 안 되는 것을 기억해요. 그걸 기억하면서 이제 발음해 보세요. 숲(soup)."

대상 아동: "숲(Soup)."

언어치료사: "잘했어요."

두 번째 훈련시도 예

언어치료사: "말하기 전에 새로 배운 그 소리를 산출하기 어려운 점을 생각했으면 좋겠어요. /s/를 내려면 혀를 앞니 뒤에 두되, 밖으로 내밀면 안 되는 것을 기억해요. 그걸 기억하면서 이제 발음해 보세요. 숲(Soup)."

대상 아동: "숲(Soup)."

언어치료사: "그 말 속에서 새로 배운 /s/ 소리를 잘 낸 것 같아요?"

대상 아동: "네, 그랬어요."

언어치료사: "정말 그랬어요. 아주 잘했어요."

동이 목표음의 산출에 필요한 운동에 집중하고, 조음 운동을 계획하고, 그 결과를 평가하도록 요구한다. 내적으로 역점을 둔 활동을 매 반응마다 실시해서는 안 되고, 대신 음절과 낱말 수준에서 연습을 하는 동안 배치한다. 이는 학령전기 아동들의 발달 수준을 넘어선 상위음운 기술이므로 학령기 아동들에게 적용해야 할 것이다(Justice & Schule, 2004). **글상자 2-14**에 목표음 산출에 역점을 둔 활동의 예를 제시하였다. 독자들은 음절 연습이 낱말 연습의 필요조건이 아님을 기억해야 한다. 특정 대상 아동에 따라서는 연습활동으로 음절은 사용하지 않고 낱말을 사용할 수도 있다.

일반적으로 이 수준의 훈련은 처음에는 목표음을 모방하여 통제하는 능력을 개발하기 위한 것이다. 언어치료사가 음절과 낱말의 시범을 보여 주면 대상 아동이 언어치료사의 시범을 모방하게 된다. 모방을 통한 통제가 습득되면 보다 자발적인 유도를 위한 단서로 이동한다. 예를 들어, 첫 번째 연습 조건은 직접적인 모방이나 시범으로, 그 다음에는 직접 시범과 연습 항목의 그림을 짝지어 주고, 그 다음에는 그 그림만 제시해 준다. 이러한 방법으로 언어치료사는 이전의 부정확한 반응으로 되돌아가지 않도록 저항력을 키워주고 목표음의 자발적인 산출에 보다 유사한 조건에서 반응을 유도하게 된다. 일반적으로 연습활동은 반복연습이나 반복연습/놀이 식으로 이루어지는데, 치료는 능동적인 참여와 반복연습을 촉진하기 위해 구성되기 때문이다.

목표음은 대상 아동의 필요에 따라 다양한 음절과 낱말 형태 내에 배치한다(예: CV, VC, CVC, VCV, CCV, CVCCVC). 오류로 인해 방해가 일어나면 독립음 수준에서 문맥으로 전이시키기 쉽게 임시 음절을 이용할 수 있다. 임시 음절은 아동에게 새로운 낱말에 의미를 첨가하여 사용하는 연습 단위이다. 그러므로 임시 음절은 오류 반응을 유발할 가능성이 낮다(제1장의 예 참조).

구와 문장

구와 문장 수준에서의 연습은 의식적인 내적 혹은 정신적 집중에서부터 목표음을 문맥에서 자동화할 수 있게 의도된 활동으로 전이시켜 준다(Ruscello, 1993). 언어치료사는 구 단계는 건너뛰고 문장 수준으로 바로 넘어갈 수도 있는데, 이는 임상적 판단에 달려 있다. 이 단계 즈음에 이르면 대상 아동은 더 이상 내적 피드백과 언어치료사가 제공하는 정보인 결과지식에 크게 의존할 필요가 없다. 목표음이 포함된 낱말을 구와 문장 수준의 자료에 통합시킨다. 모방 수준에서 시작하는 것이 필요할 수도 있으나 아동이 그림, 인쇄매체, 그림이야기, 순서가 있는 활동에 반응할 수 있게 하는 것과 같이 보다 자연스러운 방법을 적용할 수 있게 모방 수준을 빨리 끝내는 것이 좋다. 문장 자료는 문장의 길이, 목표 낱말의 수, 목표 낱말의 복잡성에 따라 등급을 나눌 수 있다. 예를 들어, 처음의 반응은 단순한 음절 형태 내에 목표 낱말을 한 개만 포함시킨 짧은 문장이 좋다. 그 다음에는 문장이 좀 더 길고, 다음절 낱말을 포함하고 있고, 자음군이 포함되어 있고, 한 문장 내에 목표 낱말이 한 개 이상 포함되어 있는 문장으로 훈련한다. 이 수준에서의 훈련은 목표음을 자동화하기 위해 고안된 것이지만 언어치료사는 주기적으로 대상 아동으로 하여금 자신의 구나 문장 반응을 평가하여 자기 감독 능력을 지속시킬 수 있게 해야 한다(Koegel et al., 1986).

구와 문장으로 정규적인 연습활동을 하는 것 외에도 목표음의 산출을 자동화하는 데에는 기타 연습활동도 이용할 수 있다. 치료 과정에서 이용할 수 있는 자동화 활동에는 빠른 반복연습, 청각적 차폐 하의 연습, 예행연습 과제가 있다(Ruscello, 1993). **빠른 반복연습**(speed drills)은 여러 번의 치료시도 과정에서 연습 세트로 산출하였던 자료로 구성하는데, 그 자료를 연습하는 데 필요한 시간을 점차 줄여가는 것이다. 예를 들어, 언어치료사가 15개의 문장 목록을 구성하였다면 대상 아동으로 하여금 그 문장을 읽고 목표음을 정확하게 산출할 것을 지시한다. 그 문장을 읽는 데 소요된 시간과 연습 세트의 정확도를 기록한다. 그 다음에는 대상 아동에게 문장 목록을 읽는 시간은 더 짧게 하되 정확도는 유지하게 한다. 시간과 정확도를 측정하여 아동과 함께 결과에 대해 논의한다. 시간을 줄이고 정확도를 유지하는 데 추가적인 연습 세트를 실행할 수도 있다. 빠른 반복연습은 언어치료사가 원할 경우 낱말이나 구로 실시할 수도 있다.

연구 노트

치료 과정에서 빠른 반복연습, 청각적 차폐 하의 연습, 예행연습 과제(rehearsal matrices)와 같은 자동화 활동을 아동이 목표음 산출을 자동화할 수 있도록 돕기 위해 추가할 수도 있다.

Ruscello, 1993.

Manning과 동료들(1976)은 목표음의 자동적 사용을 평가하기 위한 방법의 하나로 청각적 차폐를 개발하였다. 다음은 치료에 적용하는 방법을 설명한 것이다.

- 대상 아동이 목표음이 포함된 낱말, 구 또는 문장을 읽을 때 정확도를 산출한다.
- 그 다음에는 대상 아동으로 하여금 동일한 자료를 읽게 하되, 읽는 동안 헤드

표 2-2 목표음의 자동화에 이용하는 활동

활동	설명
빠른 반복연습	시간을 재는 반복연습을 이용하여 연습 시간은 줄이되 정확도는 유지한다.
청각적 차폐	차폐하지 않은 조건과 차폐 조건에서 대상 아동을 연습시킨다. 두 조건에서의 정확도를 비교한다.
예행연습 과제	연습에 여러 음성학적 문맥을 이용한다(다음의 예를 보라).
	VC VCV CV VCCV is isi si itsi es ese se etse

셋을 쓰고 소음이 들리는 상태에서 읽게 한다. 청각검사기에서 나오는 차폐음을 녹음한 뒤 아동이 산출 과제를 수행하는 동안 녹음한 소음을 헤드셋을 통해 재생시켜 준다.

- 차폐 상황과 차폐하지 않은 상황에서의 정확도를 비교하여 대상 아동과 결과를 의논한다.
- 마지막 활동인 예행연습(rehearsal matrices) 과제는 Hoffman과 동료들(1989)이 보고한 활동 중 하나이다. 예행연습 과제는 여러 자음-모음의 무의미 음절을 결합하여 다양한 연습 문맥을 제공해 주는 것이다. 대상 아동은 형태구문적인 또는 의미적인 제약에 구애받지 않고 연습한다. 플립 차트를 미리 준비할 수 있는데, 이는 언어치료사로 하여금 연습을 위한 서로 다른 문맥 결합을 제시할 수 있게 해준다. 자동화 활동은 **표 2-2**에 요약하여 제시하였다.

대화

마지막 연습 조건은 대화 수준이다. 언어치료사는 대상 아동이 목표음을 자발화에서 산출할 수 있는 기회를 만들어 준다. 일반적으로 대화 수준은 치료의 마지막 목표로, 목표음을 대화에서 정확하고 자동적으로 사용하는 것이다. 구와 문장 연습에서와 마찬가지로 대화 과제는 보다 구조화되고 언어치료사가 통제하는 수준에서부터 덜 구조화되고 언어치료사가 최소로 통제하는 수준에 이르기까지 연속선상에서 제시된다. 먼저 대화에서 목표 반응을 얻는 데 구조화된 과제를 이용한다. 예를 들어, 언어치료사는 목표 항목이 포함된 순서가 있는 그림이야기를 제시할 수도 있다. 아동에게 그림을 주고 목표 낱말을 사용하여 그 이야기의 일부를 만들어 보게 한다. 대상 아동이 구조화된 과제에서 목표음을 산출할 것으로 기대할 수 있다면 이를 문장에서 대화로 전이해 가는 중간 단계로 이용할 수 있다. 아동의 음성적 기술이 향상됨에 따라 덜 구조화된 대화 과제를 제시한다. 예를 들어, 언어치료사는 대화를 자극하는 데 이용할 수 있는 주제 카드를 제시해 준다. 대상 아동으로 하여금 주제 카드를 하나 고르게 한 뒤 그 주제에 대해 의논하게 한다. 과제가 덜 구조화되어 있고, 아동이 대화를 만들어낼 수도 있으므로 목표 낱말을 기대하지 못할 수도 있다. 대상 아동과 언어치료사 간에 담화나 대화를 유도하는 데에는 여러 가지 활동을 이용할 수 있다(Secord, 1989). 대화 과제의 자발성은 목표음을 연속발화에서 자동적으로 산출할 것을 요구한다.

❁ 요약

음성적 접근법에 대한 이론적 설명에는 다른 견지도 있으나 이 장에서는 운동기술 학습이라는 견지에서 음성적 접근법에 대해 논의하였다(Secord, 1989; Shine, 1989). 학습자가 음성적 기술 발달 단계를 거친다는 것은 사실로 인정되고 있다. 음성적 반응의 발달은 연습을 통해 이뤄지며, 연습활동은 반응 발달의 단계에 따라 달라진다. 습득 활동은 대상 아동이 과제에 정신적으로 집중할 수 있게 해주며 결과에 대한 내적 피드백과 외적 지식에 이끌려 실시한다. 습득한 뒤에는 음성적 목표를 보다 자연스러운 조건에서 자동화할 수 있는 연습활동을 제공해야 한다. 결과에 대한 피드백이나 지식에 덜 의존하게 되며 목표음을 다양한 의사소통 상황으로 통합할 수 있도록 하는 데 역점을 둔다. **글상자 2-15**는 여러 가지 음성적 치료활동을 요약한 것이다.

글상자 2-15 음성적 치료활동

독립음 훈련
- 자극반응도
- 문맥 촉진법
- 조음지시법
- 형성법

음절 및 낱말
구와 문장
대화

5. 혼합법(절충법)

표상기반 접근법

Rvachew(2005)가 고안한 것으로, 조음음운장애 아동의 치료에 청지각, 음성적 연습, 음운대조를 아우르는 치료법이다. 여러 프로그램의 요소를 결합한 특징을 갖고 있으므로 Rvachew가 고안한 이 치료법을 **혼합법**(hybrid approach)으로 분류하겠다(**글상자 2-16**). 이 치료법의 첫 번째 단계는 음소 지각과 자극반응도 훈련의 일종이라 할 수 있다. 지각-음성적 산출 단계 다음에는 낱말과 짧은 구를 이용한 최소대립쌍의 음운 단계가 뒤따른다. 마지막 세 번째 단계는 목표음을 문장, 자발적 대화 및 담화 수준에서 음성적으로 연습하는 단계이다.

1단계: 음소 지각 및 음성적 훈련

조음음운장애 아동들은 유음과 마찰음처럼 미세한 음운대조를 지각하는 데 문제를 보이는 경우가 많음이 지적되었다(Rvachew, 2005). Rvachew와 동료들(Rvachew, 1994; Rvachew & Jamieson, 1989; Rvachew et al., 1999)의 연구에 따르면

글상자 2-16 **표상기반 치료접근법 단계의 요약**

1단계: 음소 지각 및 음성적 훈련

- 말 평가 및 쌍방 학습체계(SAILS)를 이용한 지각 훈련
- 자극반응도 훈련의 도입

2단계: 최소대립쌍을 이용한 음운치료

- 음운대조의 도입

3단계: 음성적 전이

- 대상 아동으로 하여금 목표음을 문장, 대화 및 담화 내에 포함시키게 하는 훈련 단계

출처: Rvachew S: The importance of phonetic factors in phonological intervention. In Kamhi AG, Pollock KE, editors: *Phonological disorders in children*, Baltimore, 2005, Paul H Brookes.

대상 아동의 지각 및 산출 오류는 아동의 음운 지식과 기저의 음운대조에 대한 성인의 구조화 간의 격차로 인해 나타나는 증상이다. 치료의 목표가 되는 음운대조를 발달시킬 수 있도록 도와주기 위해서는 말 평가 및 쌍방 학습체계(Speech Assessment and Interactive Learning System; SAILSl)(Avaaz Innovations, 1994)로 알려져 있는 컴퓨터 프로그램을 이용한 지각 훈련이 이루어져야 한다. 이 프로그램은 어린 대상 아동들이 흔히 오조음하는 말소리를 목표로 하는 여러 부분으로 이루어져 있다. 목표음을 낱말의 초성 또는 종성에 오게 하였으며, 목표 낱말의 수는 10~30개 정도이다. 자극어를 성인과 아동에게 산출하게 하여 청자에게 여러 낱말의 예를 제공해 준다. 정확한 산출에서부터 부정확한 산출에 이르기까지 다양한 산출의 예를 포함시켰으며 대상 아동으로 하여금 적절한 음소 범주 내에서 산출된 변이음을 음소 범주 내에 해당되지 않는 산출과 구별할 수 있게 하기 위해 고안한 것이다. 미리 정한 정반응 준거는 없으나, 아동이 정확한 산출과 부정확한 산출을 높은 정반응률로 판정할 수 있어야 지각 훈련을 종료할 수 있다.

연구 노트 연구에 따르면 아동의 지각 및 산출 오류는 아동의 음운 지식과 기저의 음운대조에 대한 성인의 구조화 간의 격차로 인해 나타나는 증상이다.

Rvachew, 1994; Rvachew와 Jamieson, 1989; Rvachew 등, 1999.

이 단계의 두 번째 부분은 목표음에 대한 자극반응도 훈련을 도입하는 것이다(Miccio, 2005). Rvachew(2005)는 목표음을 정확하게 산출할 수 있게 하기 위해 필요에 따라 말소리 자극법, 조음지시법, 형성법과 같은 일반적인 말소리 유도 기법을 적용해야 한다고 언급하였다(Secord, 1981a). 아동이 음절이나 낱말 수준의 다양한 음성적 문맥에서에서 목표음을 80~90% 정확하게 모방하여 산출할 수 있으면 첫 번째 치료 단계를 종료할 것을 권한다. 이는 대상 아동이 치료의 다음 단계에 필요한 음성적 기술을 적절히 습득하였음을 보장하는 수준이다.

2단계: 최소대립쌍을 이용한 음운치료

이 단계에서는 앞에서 논의하였던 최소대립쌍과 유사한 절차를 이용하여 음운대조를 도입한다. 아동이 첫 번째 단계를 성공적으로 마쳤고 지각적 확인과 모방 연습에서 높은 정확도 수준을 달성한 경우라면 이 단계의 치료에 그다지 많은 시간을 할애하지 않아도 된다. Rvachew는 대부분의 아동들이 이 단계를 매우 빨리 거치며, 하루의 치료 회기에서 80% 이상의 반응 정확도 수준을 달성한다고 하였다. 그러나 몇 가지 예외적인 경우도 있었다(즉, 과잉일반화를 보여 오류가 없는 쌍 *run-one*을 목표음을 사용하여 *run-run*으로 산출하는 아동 또는 대조를 발달시키기는 하였으나 새로 습득한 소리가 왜곡되는 아동). 이 두 경우에 대해서는 치료의 나머지 회기 동안 첫 번째와 두 번째 치료 단계를 결합하여 적용할 것을 권하였다. 대상 아동에게 지각 훈련을 다시 실시하고 최소대립쌍과 함께 자극반응도 훈련을 결합시켜 적용한다.

3단계: 음성적 전이

마지막 단계는 목표음을 문장, 대화 및 여러 형태의 담화에 포함시켜 연습하는 단계이다. 대상 아동은 목표음소가 들어 있는 어휘 항목의 기저 표상에 대한 재구조화 과정을 거치게 된다. 앞에서 논의한 것처럼 자발화 문맥에서 다양한 연습을 통해 재구조화가 일어난다. Rvachew(2005)는 다양한 활동을 이용하여 아동으로 하여금 새로운 소리를 사용할 기회를 많이 가질 수 있게 할 것을 권하였다. 치료를 위한 문맥으로 책, 미술 활동, 창작 이야기나 그림이야기, 컴퓨터 소프트웨어를 이용할 수 있다. 대상 아동은 새로운 목표음을 여러 어휘 항목에서 사용해야 하는 다양한 활동에 노출되어야 한다. 이 단계는 언어치료사로 하여금 아동이 보이는 형태구문 오류에 집중할 수 있게 해주는 단계가 되기도 한다. 그리고 음운인식 활동도 치료 환경 내에 포함시킬 수 있다.

연구 노트

책, 미술, 창작 이야기나 그림이야기, 컴퓨터 소프트웨어 등을 이용한 여러 가지 활동은 아동으로 하여금 새로운 말소리를 산출할 수 있는 다양한 기회를 제공해 준다.

Rvachew, 2005.

Rvachew(2005)는 치료 시도에 대한 모니터링과 일반화 검사도 치료에 중요한 요소라고 하였다. 이러한 자료는 언어치료사가 한 단계의 종료와 새로운 단계의 도입을 결정할 때 필요하다. 대상 아동의 수행에 대한 자료는 치료의 종료 시점을 결정하고 정기적인 모니터링을 실시하는 데에도 이용할 수 있다. Rvachew는 치료의 종결에 대한 지침을 제공하기 위해 McKercher와 동료들(1995)이 실시한 연구를 인용하였다. 그들의 연구에 따르면, 일반화 검사에서 75% 이상의 낱말 정확도를 달성한 경우 치료를 종결하고 정기적으로 모니터링만 실시할 수 있다.

공동 치료접근법

이 책의 저자가 혼합접근법으로 분류한 또 다른 조음음운장애 치료법을 Bowen과 Cupples(1999, 2004)가 제안하였다. 이 광범위한 치료접근법은 다른 치료법과 유사한 요소들로 이루어져 있으나, 보호자의 역할, 음운인식, 치료 회기의 시간 통합 운영(block scheduling)도 포함하고 있다. 이 치료법의 요소에는 (1) 가족 교육,

(2) 음운인식 과제, (3) 음성적 산출 훈련, (4) 최소대립쌍 대조와 청각적 집중자극, (5) 가정에서의 연습(**글상자 2-17**)이 포함된다. 이 포괄적인 치료접근법은 음운장애 아동으로 하여금 정상적인 발달 경로를 따라 갈 수 있게 하는 것을 목표로 하며, 이 과정에 가족도 직접 참여해야 하며, 정상적인 음운 습득 과정은 점진적이며 아동에 따라 개별적으로 이루어짐을 전제로 하고 있다. 저자는 이 치료접근법이 다른 치료법과 세 가지 주요 측면에서 차이가 난다고 보았다. 첫째, 이 치료법은 보호자에 대한 교육 단위를 포함하는데, 이는 혁신적인 방법으로 제시된다. 둘째, 이 치료법은 시간 통합 운영을 적용하기 때문에 대상 아동은 치료와 휴식 단계를 번갈아 갖게 된다. 셋째, 이 치료법은 이 치료법을 독특하게 만들어주는 5개의 중재 요소를 이용한다.

요소 1: 가족 교육과 개입

Bowen과 Cupples(1999)는 정보에 밝은 보호자는 자녀의 치료에서 중요한 역할을 담당한다고 하였다. 보호자는 자녀의 조음음운장애에 대한 정보를 필요로 한다. 그러한 정보는 구어 토론과 서면 정보 둘 모두로 이루어져 있다. 문제가 무엇인가? 그 문제가 아동의 말이 타인에게 전달되는 데 어떤 영향을 미치는가? 치료에서 무엇이 이루어질 것인가? 부모가 자녀의 치료에 참여할 것인가? 자녀를 돕기 위해 무엇을 해야 하는가? Bowen(1998)은 부모에게 도움이 되는 비공식적 소책자를 제작한 바 있다. 소책자 안에는 (1) 말소리 습득에 대한 발달적 견지 내에서의 조음음운장애의 정의, (2) 평가 및 치료 과정에 대한 논의, (3) 부모들이 자주 묻는 질문 목록, (4) 시범 보이기와 자기 감독 향상 등의 중재 기법(이 촉진 기법이 부모 개입에서 담당하는 역할에 대해 논의하고 있음)과 같은 정보가 포함되어 있다.

저자는 대상 아동의 보호자와 갖게 되는 최초의 접촉이 보호자와 언어치료사 간의 성공적인 유대 관계 형성에 매우 중요함을 강조하였다. 부모들은 대개 정보를 찾는 역할을 하며 자녀의 조음음운 문제의 특성을 이해할 필요가 있다. 치료의 초기 단계 동안 아동에게 무엇이 이루어져야 하는지 이해하기 위해 치료 회기의 일부를 관찰할 것이다. 이는 또 가정에서의 훈련 회기 동안 자녀와 무엇을 할 수 있는지에 대한 정보를 주기도 한다. 각 회기 이후에는 일부 중재 활동을 대상 아동

글상자 2-17 공동 치료접근법 요소의 요약

1. 가족 교육과 개입
2. 다음의 음운인식 과제
   - 상위음성적 활동
   - 음소-자소 관계
   - 초성 분할 및 맞추기(onset phoneme segmentation matching)
   - 각운 및 두운 인식
   - 문맥 내에서 낱말 인식 향상
   - 음운 분석 및 합성
3. 음성적 산출 기술
4. 다중 모범(전형)(multiple exemplar) 훈련
   - 언어치료사가 산출해 주면 대상 아동이 그림을 지적하게 한다.
   - 대상 아동이 목표 낱말을 산출하면 언어치료사는 아동에게 목표 항목(목표 낱말의 그림)을 준다.
   - 언어치료사와 아동의 역할을 바꾼다.
5. 가정에서의 연습
   - 부모 교육
   - 상위언어학적 훈련
   - 음성적 산출 훈련
   - 다중 모범(전형) 훈련
   - 과제

출처: Bowen C, Cupples L: Parents and children together(PACT): a collaborative approach to phonological therapy. *Int Lang and Commun Disord* 34: 35-55, 1999; Bowen C, Cupples L: The role of families in optimizing phonological outcomes, *Child Lang Teach Ther* 20: 245-260, 2004.

이 수행할 수 있게 한다.

요소 2: 음운인식 과제

저자들은 대상 아동이 자기 감독 기술을 발달시켜야 하며 이러한 기술의 발달은 다양한 음운인식 과제의 적용을 통해 촉진된다고 믿고 있다. 음운인식 과제의 이용은 대상 아동, 언어치료사 및 보호자에게 언어적 자기 성찰에 참여할 수 있는 기회를 제공해 준다. 아동은 음성적 요소를 강조하여 언어를 학습할 수 있게 해주는 방식으로 자신의 언어에 대해 실험할 수 있다. 말소리 인식과 목표음 변별에서부터 목표음을 형태음운론적으로 다양하게 변화시키는 활동에 이르기까지 활동의 범위는 넓다. Justice와 Schuele(2004)은 치료활동과 별개의 과제보다는 치료에 통합시킬 수 있는 과제를 이용할 것을 권하였다. 이러한 활동의 예는 다음과 같다.

- 상위음성적 활동: 이 활동은 아동에게 치료목표를 소개하기 위한 것이다. 예를 들면, 언어치료사는 목표음의 음성적 특성에 대해 설명해 줄 수도 있고, 대상 아동에게 잘 보고 들으라고 한 뒤 소리를 내줄 수도 있다. 또 다른 과제로는 언어치료사가 산출한 낱말을 잘 듣게 한 뒤 목표음이 포함된 낱말을 아동에게 찾아내게 하는 과제도 있다. 마지막으로 언어치료사가 정확하게 산출한 낱말과 부정확하게 산출한 낱말을 들려주고 아동으로 하여금 정확한 산출과 부정확한 산출을 구별하게 할 수도 있다.
- 음소-자소 관계: 대상 아동에게 음소와 그 음소에 상응하는 자소 간의 유사성과 차이점을 가르친다. 예를 들면, 음소 /p/는 자소 *p*에 상응하며, /s/는 자소 *s*에 상응한다. 그러나 자소 *s*는 *pigs*와 같은 음운적 조건의 형태소의 경우에는 /z/로도 산출된다. 언어치료사는 목표음과 연습 낱말에 해당 목표음이 포함되어 있음을 명확히 해주기 위해 알파벳 차트를 이용할 수 있다. 그 외에도 연습자료의 그림에 이름을 붙이게 하거나 아동에게 목표음 아래에 밑줄을 치게 하거나 목표음이 포함된 낱말을 이용하여 이야기를 만들 수 있게 도와주는 활동을 이용할 수도 있다.
- 초성 분할 및 맞추기: 대상 아동으로 하여금 낱말의 첫 위치에 오는 음소를 확인하고 선정하는 활동에 참여하게 한다. 예를 들면, 목표음을 /r/로 정하여 아동

에게 말해 주고 초성이 /r/로 시작되는 낱말을 찾아내게 한다. 선택 가능한 낱말에는 정답(목표 낱말)과 오답이 포함되어 있어야 한다. 확인 후 목표음을 포함하고 있는 낱말을 산출하게 한다.

- 각운 및 두운 인식: 언어치료사는 여러 각운과 두운 패턴을 이용하여 아동을 각운 인식에 노출시킨다. 두운은 두 낱말에서 나타나는 음운적 공통점에 대한 인식이다. 예를 들어, *pat-peach*와 같은 낱말쌍은 초성 위치에 같은 소리를 공유하고 있다. 다양한 각운 및 두운 활동을 제시하기 위한 자료로 책과 언어치료사가 만든 다양한 자료를 이용할 수 있다.
- 문맥 내에서 낱말 인식의 향상: 구와 문장 수준의 연습 자료도 음운 인식에 이용할 수 있다. Justice와 Schule(2004)은 구어 낱말과 그 낱말의 문자 형태를 인식할 수 있도록 대상 아동으로 하여금 연습 자료에서 글로 쓰여 있는 낱말을 가리키게 할 것과 쓰여 있는 낱말과 구어 낱말 간의 차이를 인식시킬 것을 제안하였다.
- 음운 분석 및 합성: 분석과 합성 기술의 발달은 아동으로 하여금 낱말을 구성 음소로 분절하고 주어진 음소를 순서에 맞게 음절과 낱말로 섞거나 합성할 수 있게 해준다. 치료의 산출 활동 과정에서 언어치료사는 대상 아동과 함께 분석 및 합성 과제에 참여할 수 있다. 예를 들면, 언어치료사는 연습 낱말을 분절하여 낱말 내에서의 목표음의 위치에 대해 논의하거나, 음소(분절음)를 섞어 목표음을 강조할 수 있다.

언어치료사는 음운인식은 연속선상에서 발달하는 것으로 아동은 낱말의 인식에서부터 시작하여 그 다음으로는 음절, 마지막으로 음소를 인식할 수 있게 됨을 알아야 한다. Justice와 Schuele(2004)은 낱말과 음절 인식이 먼저 습득되며 낮은 인식 수준을 나타내는 반면, 음소 인식은 보다 심층적이고 높은 음운인식 수준을 나타내는 것이라 하였다. 낱말 인식은 어린 아동이 각운과 두운에 민감해지면서 시작된다. 낱말은 분명한 단위로 내성적인 음운분석이 되기 쉽다. 음절 인식은 다음절 낱말이 여러 개의 음절로 조합되어 있고, 음절은 음소 단위로 이루어져 있다는 인식을 포함한다. 영어에서 **음절 구조**(syllable structure)는 초성-각운 패턴으로

표 2-3 음운인식 기술의 요약

음운인식 기술	발달 연령
낱말 인식	2~3세 경 나타남
각운 인식	2세에 나타나기 시작하여 5세까지 정교화됨
두운 인식	3세에 나타나기 시작하여 5세까지 정교화됨
음절 인식	4~5세에 습득됨
음소 인식	6~7세에 나타남
음소 분석 및 합성	6세에 나타나기 시작하여 10세까지 정교화됨

출처: Justice LM, Schuele CM: Phonological awareness: description, assessment, and intervention. In Bernthal JE, Bankson, NW, editors: *Articulation and phonological disorders*, ed 5, Boston, 2004, Allyn & Bacon.

확인된다. 초성이 낱말에서 모음 앞에 오는 자음이나 자음군을 말하는 것이라면, 각운은 모음과 모음 뒤에 오는 자음들을 말한다. 예를 들면, 낱말 *spot*의 초성은 *sp*이고 각운은 *ot*이다. 음소 인식은 학령기 초기 동안에 나타나는 기술로 읽기 기술의 발달과 함께 나타난다. 치료에 포함되는 발달적 지침의 일부를 **표 2-3**에 요약하여 제시하였다.

연구 노트 음운인식은 점진적으로 습득된다. 낱말과 음절의 인식이 먼저 습득되며 낮은 인식 수준을 나타낸다. 음소 인식은 심층적인 음운인식 수준을 나타낸다. 아동이 각운과 두운에 민감해지면서 낱말 인식이 구체화된다.

Justice와 Schuele, 2004.

요소 3: 음성적 산출 기술

Bowen과 Cupples(1999, 2004)는 치료 과정의 일부로 음성적 산출 훈련이 필요한 아동들도 있음을 인정하였다. 그들의 견해에 따르면, 중도의 조음음운장애 아동들의 경우 제한된 음성 목록의 확장을 위해 치료의 초기 단계에서 음성적 훈련이 필요하다. 그들은 경도의 조음음운장애 아동들에 대해서도 기대되는 음운 패턴의 형성을 촉발시키는 데 음성적 훈련을 실시할 것을 권장하였다. 목표음에 따라 독립음이나 음절 수준에서 산출을 확립하는 데 조음지시법과 말소리 자극법을 주로 이용한다. 낱말 단위를 이용한 추가적인 음성적 훈련도 실시하지만 제한적이다(저자들은 확장된 음성적 연습이 음운 발달에 해롭다고 본다). 대상 아동들의 대다수가 목표음의 음성적 산출을 확립하는 데 직접적인 치료를 받으며 약 50% 정도가 낱말 수준이나 다른 연습 수준에서 음운인식 과제와 결합된 제한된 음성적 산출에 참여한다. 나머지 50% 정도는 음운치료활동에 참여하기 전에 음성적 반복연습활동에 참여한다.

요소 4: 다중 모범(전형) 훈련

이 중재 단계는 음운치료의 일부로 최소대립쌍과 청지각적 자극을 결합하여 적용한다. 저자들은 청지각적 자극은 Hodson과 Paden(1983)이 지지한 청각적 집중자극과 유사하다고 하였으나, 증폭은 하지 않는다. 최소대립쌍은 반복연습/놀이 활동으로 도입하며, 아동이 그림 자극을 보고 자발적으로 반응할 수 있게 될 때까지 처음에는 시범을 보여 준다. 자극 항목으로는 쓰여 있는 낱말과 그림이 함께 있는 자극을 주로 이용하며 약 3~9개의 훈련 쌍을 이용한다. 반복연습활동은 달라질 수 있는데, 다음에 그 예를 제시하였다.

- 언어치료사가 그림의 이름을 말해 주면 아동이 해당 그림을 가리킨다. 최소대립쌍을 무작위로 개별적으로 제시해 준다. 예를 들면, "big 짚어봐, cub 짚어봐, cup 짚어봐, pig 짚어봐."라고 한다.
- 언어치료사가 대상 아동에게 목표 낱말을 산출하도록 지시한 후 목표 항목의 그림을 대상 아동에게 주는 반응을 보인다. 아동이 틀리게 산출하면 의사소통의 부조화를 야기한 항목(아동이 틀리게 발음하여 산출한 항목) 혹은 Weiner(1981)가 동음이의어 대치(homonymy confrontation)로 명명한 항목을 아동에게 제시해 준다.
- 언어치료사와 아동이 역할을 바꿔서 이러한 치료활동을 실시한다. 언어치료사가 그림을 짚으면서 목표 낱말을 산출해 준 뒤 아동으로 하여금 정조음 여부를 판단하게 한다. 언어치료사가 목표 항목을 정확하게 산출하거나 다른 최

소대립쌍을 산출하여 아동으로 하여금 언어치료사의 산출을 주의 깊게 모니터링할 수 있게 해준다.

청각적 자극 활동은 대상 아동에게 특정 목표음을 낱말 내의 특정 위치에서, 특정한 음성적 자질로, 혹은 최소 대립 낱말쌍 내에서 경험할 수 있게 하는 데 적용한다. 예를 들면, 낱말의 초성 위치에 /f/가 오거나 종성 자음이 생략된 최소대립쌍 10~15개 낱말을 준비한다. 이 낱말 목록은 친숙한 낱말이나 친숙하지 않은 낱말로 구성하고, 매 회기별로 1~3회 제시한다. 대상 아동으로 하여금 언어치료사가 그 낱말들을 산출하는 동안 주의하여 들어보도록 지시한다.

치료 요소를 적용하는 데 미리 정해 놓은 시간제한은 없으며 적용 순서도 달리할 수 있지만, 한 회기는 대개 다음과 같은 활동으로 구성할 수 있다.

1. 최소대립쌍을 이용하여 청각적으로 자극하는 활동을 실시한다.
2. 최소대립쌍 활동을 도입한다.
   a. 아동이 서로 다른 최소 치료쌍을 산출한다.
   b. 아동이 동음이의어 대치 과제에서 언어치료사의 산출의 정확성을 판단한다.
3. 이후의 치료 회기에서 소개될 목표에 대한 음성적 치료를 실시한다.
4. 음운인식 활동을 도입한다. 대상 아동과 언어치료사는 다음 치료 회기의 초점이 될 최소대립쌍 그림을 살펴본다. 언어치료사는 아동에게 각 항목을 산출해 주고 각 그림 위에 낱말을 써준다.
5. 청각적 자극 활동을 다시 실시한다.
6. 부모에게 그 날의 치료 회기를 짧게 요약해 준다.
7. 부모(가정에서 치료를 담당할 부모 중 한 사람)와 가정에서의 치료활동에 대해 의논한다.

요소 5: 가정에서의 치료

보호자가 가정에서 실시하는 치료는 전체 가정 내 프로그램의 마지막 요소이며, 다른 요소와 똑같이 중요하다. 대부분의 치료법에서 보호자 참여를 논의하고 있으나, Bowen과 Cupples(1999, 2004)는 치료 과정에 보호자 참여를 주요 요소로 포함시켰다. 그들은 보호자가 치료 과정에 적극적으로 참여할 때 일반화가 촉진되고, 긍정적인 치료효과를 보이며, 언어치료사가 없을 때에도 아동과 보호자의 상호작용을 촉진시키는 등 여러 가지 장점을 갖는다고 믿고 있다. 그리고 전국 치료성과 측정 체계(National Outcome Measurement System; NOMS)도 보호자가 자녀와 실행한 가정 치료의 이점을 확인하였다.

저자들은 가정에서의 연습을 주당 5~6일 정도 실시할 것을 추천하였다. 부모와 아동은 매일 약 5~7분 정도씩 1~3회의 연습 회기를 가져야 한다. 가정 내 연습활동은 지각적 훈련, 산출 연습, 지각 훈련과 인식 과제를 강조하는 음운인식 과제로 구성한다. 보호자가 산출 과제를 강조하기 원할 수도 있지만 저자들은 청지각적 훈련과 인식 과제에 역점을 둘 것을 권한다. 언어치료사는 대상 아동이 매주 하게 될 가정 내 활동의 개요를 설명한 숙제장을 준비한다. 언어치료사는 보호자와 함께 실제 가정에서 실행하기 전에 이 숙제장을 검토하여 보호자가 과제의 특성과 과제에 필요한 요구사항을 이해할 수 있게 한다. 이는 자극의 제시, 자극의 평가, 적절한 피드백의 제공, 자료 수집 등 가정 치료의 기술적인 측면에 대해 보호자를 훈련하는 것도 포함한다. 부모 프로그램의 요소는 다음과 같다.

- **부모 교육**: 자녀에게 적용할 수 있는 시범 보이기, 재구성하기, 피드백 전략 등의 기법을 가르친다.
- **상위언어 훈련**: 언어치료사, 아동 및 부모는 가정 내 연습에서 이용할 수 있도록 다양한 음운적 자기 성찰력을 갖게 해주는 게임과 활동에 참여한다.
- **음성적 산출 훈련**: 언어치료사는 아동에게 목표음소의 음성적 요소에 대해 지도한다. 부모는 치료목표음의 지각과 산출 측면에서 가정 내 연습을 실시한다.
- **다중 모범(전형) 훈련**: 부모는 다양한 놀이 활동을 통해 대조 산출 훈련과 개념 훈련을 실시한다.
- **과제**: 부모는 언어치료사가 지시한 대로 가정에서 치료활동을 실행한다. 과제는 언어치료사가 이전 치료 회기 동안 실시하였던 치료활동을 보충한다.

연구 노트 가정에서의 연습은 매주 약 5~6일 실시해야 한다. 부모와 아동 간의 회기는 매일 5~7분 정도, 1~3회 실시한다.

Bowen과 Cupples, 1999, 2004.

가정 내 중재 활동의 일정은 언어치료사가 실시하는 중재 활동의 일정과 비슷하지만, 시간 배분의 제한 때문에 더 짧은 시간 동안 활동을 진행하여야 한다. 그리고 치료는 10주의 훈련과 10주의 휴식 기간으로 구성한다. 대상 아동은 약 10주간은 직접적인 치료를 받고, 이후 약 10주간은 치료를 받지 않는 것이다. 새로운 훈련 기간이 시작되면 대상 아동의 음운 상태를 검토하여 해당 10주간의 치료 계획을 수립하게 된다.

6. 결론

이 장에서는 다양한 이론적 관점의 치료법에 대해 논의하여 언어치료사들이 조음음운장애 아동의 치료에 이용할 수 있게 하였다. Gierut(1998)에 의하면, 미국 말언어청각협회(American Speech-Language-Hearing Association; ASHA)의 논문집에 64개의 상이한 치료법 연구가 게재된 바 있다. 저자는 이들 연구에서 치료의 효율성이 실제로 나타났다는 결론을 내릴 수 있다. 종속변인 측정 결과, "말 명료도가 향상되고 아동의 말소리 체계와 목표 음운론 간의 격차가 좁혀지는"(Gierut, 1998, p. S89) 긍정적인 변화가 일관되게 나타났다.

언어치료사는 검증된 이론에 근거한 치료가 아동에게 이득이 될 것이라 확신하게 된다. 그러나 선택한 치료법이 과연 최고의 치료법이기도 한 것일까? 이는 조음음운장애에 대한 치료법을 선택하는 데 있어서 매우 중요한 문제이다. 선택 과정은 언어치료사가 모든 가능한 평가 자료를 고려하고, 타당한 이론적 근거에 입각하여 설득력 있는 치료를 개발하게 되어 있다. 언어치료사는 대상 아동이 음성학적, 음운론적 개념을 최대로 학습할 수 있게 해주는 치료법을 실시하여야 한다. 그러한 결정 과정은 저자가 아닌 언어치료사가 아동의 보호자와 필요할 경우 대상 아동과 함께 결정해야 하는 사항이다. 이는 연구와 최신 임상 실제에 근거하여 이루어져야 한다. 그러므로 언어치료사는 최근의 문헌과 이를 조음음운장애 아동의 평가와 치료에 적용하는 데 익숙해져 있어야 한다.

언어치료사가 여러 치료 변인을 체계적으로 조사하면서 조음음운장애의 치료는 계속 향상될 것이지만, 여러 가지 지속되는 쟁점도 남아 있다.

7. 지속되는 치료 쟁점

음성 오류 대 음운오류

언어치료사가 음성 오류와 음운오류를 제대로 구분하는 것은 쉬운 일이 아니다. 문헌에는 음성적 기반의 장애와 음운적 기반의 장애를 구분하는 데 적용할 수 있는 여러 변인이 제기되었으나, 이는 진단 과정에 이용할 수 있는 것이다. 그러나 일부 아동들의 경우 음성 오류와 음운오류 모두를 보이기도 함에 주의해야 할 것이다. 그리고 오류의 일관성과 말소리의 자극반응도가 서로 중복되는 경우도 있다. 즉, 음성 오류와 음운오류 모두 일관되고 자극반응도가 없을 수도 있다(Liles & Williams, 2006; **표 2-4**).

표 2-4 음성 오류 대 음운오류

변인	음성 오류	음운오류
오류 수	소수의 오류	다수의 오류
말소리 목록	일부 말소리만 빠져 있음	많은 말소리가 빠져 있음
분포 차이	전혀 사용되지 않는 말소리	특정 위치에서 사용되는 말소리
말 명료도	전반적으로 명료함	전반적으로 불명료함
오류 일관성	변함없음	오류가 변함
자극반응도	자극반응도 있음	자극반응도 없음

자기 감독 과제

자기 감독 과제의 이용은 기저 이론에서 상당히 다른 여러 치료접근법에 포함되어 왔다(Shriberg & Kwiatkowski, 1987). 이러한 자기 감독 기법은 다음을 포함한다(Koegel et al., 1986).

- 언어치료사는 산출 연습시 목표음의 정확한 산출과 부정확한 산출을 모니터링한다.
- 대상 아동은 언어치료사나 보호자 등 다른 사람의 산출을 확인하거나, 구분하거나 모니터링한다(아니면 이러한 활동을 결합함).
- 대상 아동은 대화 주고받기와 같이 보다 자발적인 치료활동 중에 자기 산출의 정확성을 평가한다.

결정적인 자료는 부족하지만(Bernthal & Bankson, 2004) 예비 자료에 의하면 자기 감독은 일반화의 촉진에 도움이 된다. 언어치료사들은 자기 감독을 치료에 포함시킬 것을 고려해야 한다.

음운인식

조음음운장애 아동들을 위한 음운인식 활동의 이용에 관한 지침은 다소 가변적이다. 일부 치료법은 음운인식을 치료의 통합 요소로 포함시키고 있다(Bowen & Cupples, 1999; Howell & Dean, 1994). 그러나 Bernhardt(2005)는 음운인식 결함이 관찰될 경우 대상 아동의 조음음운치료 이후에도 향상되지 않을 경우(별로 일어나지 않을 수 있음) 직접 치료를 권하였다(Gillon, 2000). Tyler(2005b)는 대상 아동이 초등학생으로 표준화된 검사를 통해 문제가 발견된 경우가 아니면 음운인식을 목표로 하지 않았다. Justice와 Schuele(2004) 외에도 음운인식 활동을 각운, 두운 및 자기성찰 활동 등을 이용하여 조음음운치료에 통합시킬 것을 권한 연구자들이 있다. 음운인식 기술이 의심될 경우 표준화된 검사를 통해 음운인식에 대해 평가할 필요가 있다. 음운인식 치료는 조음음운치료와 별개가 아니라 병행해서 실시해야 한다(Stachhouse et al., 2002)

음운지각

초기의 조음음운치료에 대한 설명에는 음운지각이 포함되어 있었으나 최근의 치료법은 Rvachew(2005)의 치료법을 제외하고는 대부분 음운지각을 치료 요소로 포함시키지 않는다(Bernthal & Bankson, 2004). 일부 연구자들은 대상 아동이 산출, 목표 산출에 대한 자기 평가, 음운인식을 통해 목표음의 예에 노출되므로 현재의 치료법에 있어 지각 기술이 절대적인 부분이라 보기도 한다. Smit(2004)는 변별 과제를 내적 변별과 외적 변별로 구분할 수 있다고 하였다. 내적 변별(internal discrimination)은 자신의 산출에서의 오류음과 목표음 간의 변별 능력을 의미하는 반면, 외적 변별(external discrimination)은 다른 사람이 산출한 오류음과 목표음을 대상 아동이 변별하는 능력을 의미한다.

Rvachew와 동료들(2004)은 문헌연구를 통해 조음음운오류를 보이는 많은 아동들이 음운지각에서 결함을 보인다는 결론을 내렸다. 저자들은 아동들의 지각 및 산출 오류가 그들의 기저 음운지식과 성인의 기저 음운체계 간의 차이 때문에 나타난다고 본다. 만약 한 아동이 말소리 변별 문제를 보인다면 치료해야 한다. Locke(1980)이 제안한 말소리 산출 변별 과제(Speech Production Perception Task)를 이용한 평가가 이루어져야 하는데, 이는 말소리 오류에 대한 대상 아동의 지각을 평가하기 위해 개발된 검사이다. 이는 아동의 산출 오류를 목표음 및 대조음과 대립시키는 외적 변별 과제이다. 앞에서 언급하였던 또 다른 평가 도구는 SAILS(Avaaz Innovations, 1994)로, 어린 아동들이 자주 오조음하는 말소리를 검사하는 하위 검사로 구성된 컴퓨터 프로그램이다. 정반응에서부터 오반응에 이르는 지각적 연속선상에서 목표음을 낱말 내의 초성이나 종성에 포함시켰다. 이 프로그램은 대상 아동이 오조음하는 말소리에 적절한 음운 범주를 아동이 발달시킬 수 있도록 도와주기 위해 치료에도 이용할 수 있다.

음소배열 규칙

음소배열 제약(phonotactic constraints)은 허용 가능한 낱말 및 음절 형태를 지배하는 언어 규칙이다(Velleman, 1998). 대부분의 언어치료사들은 개별 분절음을 목표로 하지만, 음소배열 문제에 대한 치료가 필요한 경우도 있다. 언어치료사는 대상 아동을 평가하고 치료를 계획할 때 이를 인식할 필요가 있다. Velleman(2005)은 중도의 조음음운장애 아동들은 새로 습득한 분절음을 병렬하는 데 필요한 음절 및 낱말 형태를 가지고 있지 않은 경우가 많다고 하였다. 예를 들어, 모든 종성 자음을 생략하는 아동은 CVC 형태의 음절을 실현하지 못하고 대신 CV 형태로 실현할 것이다. 일부 목표음과 목표음 부류는 아동이 CVC 음절 형태를 산출할 수 있게 되기 전에는 너무 어려울 수 있다.

Velleman(2002)은 다음과 같이 임상 관련 음소배열 패턴을 제시하였다.

- 초성자음의 생략
- 종성자음의 생략
- 자음조화 및 중복
- 다음절 낱말의 축소
- 축소 혹은 낱말 강세 오류
- 낱말이나 음절의 처음, 끝 또는 중간에 오는 자음군 축소

음소배열 문제의 치료법에 대해서는 Bernhardt(1994), Velleman(2002)과 제3장을 참조하기 바란다.

모음 오류

언어치료사들은 주로 자음 오류를 치료하며 대상 아동의 모음 체계에 대해서는 거의 주의를 기울이지 않는다. Pollock과 Berni(2003)는 대규모의 학령전기 일반 아동과 조음음운장애 아동들을 대상으로 모음 산출을 연구하였다. 중등도에서 중도의 문제를 가지고 있는 아동들은 모음 오류를 보일 위험이 높다고 보고하였다. 언어치료사들은 이를 인식하고 중등도에서 중도의 조음음운장애 아동들의 모음 산출을 모니터링해야 할 것이다. 만약 모음 오류가 나타나면 치료가 필요할 수도 있다(Gibbon & Beck, 2002). 치료에 대한 정보를 알고 싶으면 제5장을 참조하기 바란다.

수행력 측정

일부 치료법은 대상 아동이 달성해야 하는 수행 준거를 구체적으로 제시하고 있지만, 그렇지 않은 치료법도 있다. 아동의 수행에 대한 측정은 매우 중요한데, 근거 기반 실제가 도래하면서 특히 그러하다(Baker & McLeod, 2004; Justice & Fey, 2004). 임상 현장에서는 적절하고 어느 정도 과학적 근거에 기반을 둔 치료법을 선택할 필요가 있으며, 그 치료법에 대상 아동의 반응을 측정할 때 주의해야 한다. 치료 시도와 일반화에 대한 대상 아동의 반응 측정은 치료 효율성의 평가에 객관적인 자료가 된다(제1장 참고). 치료 시도 자료를 수집하면 언어치료사는 대상 아동이 그 치료법에 반응하는지 여부를 알 수 있고, 제시 단서와 치료 수준을 언제 변화시킬 것인지 결정할 수 있다. 예를 들어, 언어치료사는 개별 훈련 과제의 종결 준거를 설정해야 한다. 만약 대상 아동이 언어치료사의 모방 단서 이후에 낱말에서 목표음을 산출할 수 있게 되면 언어치료사는 미리 정한 시간이나 횟수에 근거하여 치료 종결을 위한 반응 준거를 수립한다. 이 예에서는 대상 아동은 6개의 연습 낱말 또는 대조 목록에서 2회 연속되는 20회의 훈련시도 구획 중 목표 항목을 80%의 정확도로 모방할 수 있어야 한다. 대상 아동이 이 준거를 달성하면 그림만 제시하면서 연습 낱말의 산출을 유도하는 단계로 이동해간다. 개별 과제 반응 준거에 더하여 매일의 목표 말소리 또는 목표 대조의 정확도도 측정한다. 치료 시도 준거는 언어치료사에게 언제 치료를 계획대로 진행해갈지 알 수 있게 해주며, 매일의 전체 수행 비율은 치료 요소에 대한 대상 아동의 수행에 관한 자료 일체를 제공해 준다. 이 자료는 또 언어치료사에게 치료가 작용하지 않으므로 치료법을 언제 바꾸거나 새로운 치료법을 도입해야 할지에 대한 정보도 제공해 준다.

일반화 자료의 수집은 치료의 궁극적인 목적인 치료 외 학습량 결정에 도움이 된다(Baker & McLeod, 2004). 즉, 목표음이나 목표 대조의 모든 예를 가르치기란 불가능하므로 일반화를 촉진할 수 있도록 치료를 계획한다. 제1장에서 논의한 일반화 평가는 그 어떤 치료 프로그램을 적용하든 추가하는 것이 중요하다. 치료에 대한 진정한 척도는 치료하지 않은 항목, 치료하지 않은 말소리, 관련된 말소리 부류와 다양한 상황 문맥으로의 일반화이다. 대상 아동의 일반화 부족에 대한 확인도 수행 자료 못지않게 중요하다. 예를 들어, Elbert와 동료들(1990)은 일반화가 부족할 경우 치료에 이용하는 낱말의 수를 늘릴 것을 추천하였다. 일반화 촉진을 위한 또 다른 방법에 대해서는 Bernthal과 Bankson(2004)을 참고하기 바란다.

종결 기준

대부분의 치료 프로그램은 종결 기준을 정해두지 않았다. 대신 언어치료사가 대상 아동의 수행을 잘 평가하여 종결해도 좋은지 결정해야 한다. Diedrich와 Bangert (1980)는 여러 언어치료사에게 치료를 받고서도 /r/나 /s/ 오류가 남아 있는 학령기 아동들의 수행을 연구하였다. 대화 검사에서 75% 수준의 정확도를 달성한 아동들은 치료를 종결할 수 있었다. Williams(2003)는 중등도에서 중도의 음운장애를 보이는 학령전기 아동들에게 다중대립 접근법을 적용하였다. 대상 아동이 대화검사에서 50% 이상의 정확도를 달성하면 특정 음운 붕괴에 대한 치료를 종결할 수 있다고 하였다.

McKercher와 동료들(1995)은 경도에서 중도의 말소리 오류를 보이는 7명의 아동들을 대상으로 조음음운 수행을 연구하였다. 대상 아동에게 수차례 상이한 시도적 치료를 실시하였고, 일반화는 모음 앞, 모음 뒤, 모음 사이에 목표음이 오는 15개의 그림 낱말 과제로 평가하였다. 이 과제를 치료 전, 치료 후, 치료 종료 후 6~8주 후에 실시하였다. 그 결과, 치료 후 평가에서 75%의 정확도를 달성한 아동들은 치료 종료 후 목표음의 수행을 유지하거나 향상된 것으로 나타났다. 이러한 결과는 일반화 평가가 치료에 중요한 부가 요소이며, 대화나 낱말 검사에서 75%의 수행 수준을 치료 종결이나 새로운 치료목표의 도입 결정에 고려해야 함을 보여주는 것이다. 치료 종결 이후 유지나 후퇴를 모니터하기 위해 정기적인 평가가 이루어져야 한다.

보호자의 중재 과정 참여

대상 아동의 보호자(부모, 교사 및 형제자매 포함)는 치료 과정에 기꺼이 참여한다면 중요한 역할을 담당할 수 있다(**그림 2-4**). 그리고 NOMS는 조음음운장애의 치

그림 2-4 ❀ 보호자는 조음음운장애 아동의 치료에서 중요한 역할을 담당한다.

료에 보호자가 참여할 때 상당한 이득이 있는 것으로 나타났다. 보호자들은 치료 과정에서 수동적이거나 능동적인 역할을 담당하거나 두 가지 역할을 모두 담당하기도 한다(Bowen & Cupples, 1999, 2004). 수동적인 역할은 문제의 본질을 이해하고, 도입할 치료에 대해 의논하고, 질문하고, 정기적으로 진전 보고를 받고, 언어치료사와 유대 관계를 형성하고, 치료에 대한 아동의 긍정적 태도를 촉진하는 것이다. 보호자는 언어치료사에게 구어로 피드백을 주거나, 만족도 조사에 응하거나(Rvachew & Nowak, 2001), 설문지에 답변할 수도 있다(Tyler & Tolbert, 2002).

능동적인 역할은 중재 과정에 참여하고, 보호자가 기꺼이 참여하기 원할 경우 제대로 훈련되어야 한다. 보호자 프로그램은 적절히 이루어지기만 한다면 긍정적인 환경에서 반응 기회를 많이 만들어 줌으로써 치료 과정의 장점을 증가시킬 수 있다. 언어치료사가 보호자 프로그램의 실행을 원한다면 Bowen과 Cupples(1999, 2004)가 개발한 프로그램을 이용하거나 대상 아동과 언어치료사의 필요에 맞게 조정하여 이용해도 된다. 참여자의 역할을 분명히 기술하는데, Bowen과 Cupples (2004)가 보고한 최근 자료에 의하면 부모와 아동이 함께 하는 치료 프로그램(Parents and Children Together; PACS)이 조음음운장애 아동의 치료에 효율적이다.

치료 회기 일정 계획

이 주제에 관한 자료는 매우 적다. Bernthal과 Bankson(2004)은 문헌 연구를 통해 다음의 권고사항을 제시하였다.

- 분산 훈련이 집약 훈련보다 더 나은 것으로 나타났다. 즉, 대상 아동에게 일주일에 20분 길이의 회기를 3회 실시하는 것이 일주일에 60분 길이의 회기를 1회 실시하는 것보다 더 낫다.
- 일부 대상 아동에게는 단기 집중배치 계획(8~10주 동안 일주일에 4~5회 치료 일정을 계획하는 경우처럼)이 일주일에 1~2회씩 더 긴 기간 동안 치료하는 것보다 더 좋을 수도 있다.
- 중도의 조음음운장애 아동들은 지속적인 서비스를 필요로 하므로 구획 일정계획보다는 장기 치료가 더 이득이 되기도 한다.

Bowen과 Cupples(1999, 2004)는 10주 구획 치료를 적용한 포괄적 치료접근법을 개발하였다. 단기 집중배치 계획은 아동 스스로 점진적으로 음운론을 습득할 수 있게 해준다고 추론하였다. 대상 아동들은 10주간 언어치료사가 주관하는 치료와 보호자가 주관하는 치료를 받는다. 그 다음 10주간은 치료를 받지 않는다. 치료를 하지 않는 기간 동안에는 부모는 아동과 비공식적인 산출 및 상위언어 과제에 참여하도록 한다. 예비 자료에 의하면 이 치료법은 중등도에서 중도의 학령전기 조음음운장애 아동에게 효율적인 것으로 나타났다.

장비 사용

컴퓨터 장비가 발달하면서 비교적 저렴한 비용으로 의사소통장애인의 임상에 장비를 접목할 수 있게 되었다(McGuire, 1995). Gierut(1998)은 조음음운장애 아동의 임상에 컴퓨터를 응용한 연구에 대한 검토를 통해 치료에 컴퓨터를 이용하는 것이 유용하다고 하였다. 초기의 치료활동은 주의가 산만해지기 쉬운 어린 아동들이나 시범이 필요한 아동에게 정확한 목표 산출을 들려주는 방식으로 언어치료사가 주도할 필요가 있는 경우도 있다. 대상 아동이 특정 목표 대조나 목표 말소리를 습득하여 아동의 음운체계에 목표를 통합시킬 준비가 되어 있는 경우에는 컴퓨터를 이용한 학습도 이용할 수 있다. Masterson과 Rvachew(1999)는 조음음운장애 아동의 치료에 이용할 수 있는 컴퓨터 하드웨어과 소프트웨어의 실행에 대해 더 논의하였다.

구강 운동 치료

구강 운동 치료(oral motor treatment; OMT)는 말소리 산출에 필요한 운동 패턴을 개발하고 말소리 산출에 이용되는 근육을 강화시킨다는 목적을 위해 비구어 운동과 구강 내 자세를 이용하다는 점에서 음성적 치료접근법이나 음운적 치료접근법과 다르다(Strode & Chamberlain, 1997). 조음음운장애 아동을 치료하기 전이나 치료를 실시하면서 동시에 여러 가지 비구어 연습 운동, 나팔이나 호루라기 등의 악기, 자극기법을 이용한다(Marshalla, 2001). 조음음운장애 아동에게 효율적인 치료법은 직접 치료(OMT가 아니라)임을 지지하는 연구가 지배적이다(Bowen, 2005; Forrest, 2002; Gierut, 1998; Guisti Braislin & Cascella, 2005; Weismer, 1997, 2006).

8. 요약

이 장에서는 여러 이론적 근거를 둔 치료법에 대해 자세히 논의하였다. 언어치료사들은 뚜렷한 구조적, 감각적, 신경학적 결함이 없는 조음음운장애 아동의 치료에 이 치료법들을 이용할 수 있다. 중재 자료에 의하면 이 치료법들이 조음음운장애 치료에 효율적인 것으로 나타났다. 대상 아동의 장애를 평가하고 아동에 맞는 치료법을 선정하는 데 있어서 언어치료사가 핵심적인 역할을 담당함을 명심해야 할 것이다. 모든 조음음운장애 아동의 치료에 한 가지 특정한 치료법만 적용하는 것은 충분하지 않다. Shriberg와 Kwiatkowski(1982)는 다음과 같은 결론을 내렸다.

한 가지 내용에만 역점을 둔 치료 프로그램은 정서적 영역에서 중요한 대상아동-언어치료사 요인을 지지하지 못하게 만들 수도 있다. 모든 교육 영역과 마찬가지겠지만, 학습 친화적인 환경과 학습시킬 기술적 요소의 효율적인 전달 사이에 최상의 균형을 유지하는 것이 중요하다.

❀ 참고 문헌

Avaaz Innovations: *SAILS: Speech Assessment and Interactive Learning System*, version 1.2 [computer software], London, Ontario, Canada, 1994, Author.

Baker E, McLeod S: Evidence-based management of phonological impairment in children, *Chil Lang Teach Ther* 20:261-285, 2004.

Barlow JA, Gierut JA: Minimal pair approaches to phonological remediation, *Semin Speech Lang* 23:57-67, 2002.

Bauman-Waengler J: *Articulatory and phonological impairments*, ed 2, Boston, 2004, Allyn & Bacon.

Bernhardt B: Phonological intervention techniques for syllable and word structure development, *Clin Commun Disord* 4:54-65, 1994.

Bernhardt B: Selection of phonological goals and targets: not just an exercise in phonological analysis. In Kamhi AG, Pollock KB, editors: *Phonological disorders in children*, Baltimore, 2005, Paul H Brookes.

Bernthal JE, Bankson NW: *Articulation and phonological disorders*, ed 5, Boston, 2004, Allyn & Bacon.

Bowen C: *Developmental phonological disorders: a practical guide for families and teachers*, Melbourne, Australia, 1998, The Australian Council for Educational Research.

Bowen C: What is the evidence for oral motor therapy? Acquiring knowledge in speech, language and hearing, *Speech Pathol Aus* October:144-147, 2005.

Bowen C, Cupples L: Parents and children together (PACT): a collaborative approach to phonological therapy, *Intl Lang Commun Disord* 34:35-55, 1999.

Bowen C, Cupples L: The role of families in optimizing phonological therapy outcomes, *Child Lang Teach Ther* 20:245-260, 2004.

Camarata S: The application of naturalistic conversation training to speech production in children with speech disabilities, *J Appl Behav Anal* 26:173-182, 1993.

Davis BL: Clinical diagnosis of developmental speech disorders. In Kamhi AG, Pollock KB, editors: *Phonological disorders in children*, Baltimore, 2005, Paul H Brookes.

Dean EC, Howell J, Waters D et al: A metalinguistic approach to the treatment of phonological disorder in children, *Clin Linguist Phon* 9:1-19, 1995.

Diedrich WM, Bangert J: *Articulation learning*, Houston, 1980, College-Hill Press.

Elbert M, Dinnesen DA, Swartzlander P et al: Generalization to conversational speech, *J Speech Hear Disord* 55:694-699, 1990.

Elbert M, Gierut J: *Handbook of clinical phonology*, San Diego, 1986, College-Hill Press.

Elbert M, Shelton RL, Arndt WB: A task for the evaluation of articulation change. I. Development of methodology, *J Speech Hear Disord* 44:459-471, 1967.

Fey ME: *Language intervention with young children*, Boston, 1986, Allyn & Bacon.

Forrest K: Are oral-motor exercises useful in the treatment of phonological! articulatory disorders? *Semin Speech Lang* 23:15-25, 2002.

Gibbon FE, Beck JM: *Therapy for abnormal vowels in children with phonological impairment*. In Ball MJ, Gibbon FE, editors: Vowel disorders, Woburn, Mass, 2002, Butterworth-Heinemann.

Gierut JA: Maximal opposition approach to phonological treatment, *J Speech Hear Disord* 54:9-19, 1989.

Gierut JA: Differential learning of phonological oppositions, *J Speech Hear Res* 33: 540-549, 1990.

Gierut JA: Treatment efficacy; functional phonological disorders in children, *J Speech Hear Res* 41(suppl):S85-S100, 1998.

Gierut JA: Complexity in phonological treatment: clinical factors, *Lang Speech Hear Serv Sch* 32:229-241, 2001.

Gierut JA: Phonological intervention. In Kamhi AG, Pollock KB, editors: *Phonological disorders in children*, Baltimore, 2005, Paul H Brookes.

Gillon GT: The efficacy of phonological awareness intervention for children with spoken language impairment, *Lang Speech Hear Serv Sch* 31:126-141, 2000.

Griffiths J, Miner L: *Phonetic context drillbook*, Englewood Cliffs, NJ, 1979, Prentice-Hall.

Guisti Braislin MA, Cascella PW: A preliminary investigation of the efficacy of oral motor exercises for children with mild articulation disorders, *Int J Rehabil Res* 28:263-266,

2005.

Hodson BW: Phonological remediation: a cycles approach. In Creaghead NA, Newman PW, Secord WA, editors: *Assessment and remediation of articulatory and phonological disorders*, Columbus, Ohio, 1989, Merrill.

Hodson B, Paden D: *Targeting intelligible speech: a phonological approach to remediation*, San Diego, 1983, College-Hill Press.

Hoffman PR: Synergistic development of phonetic skills, *Lang Speech Hear Serv Sch* 23:254-260, 1992.

Hoffman PR, Norris JA: Manipulating complex input to promote self of a neuro-network. In Kamhi AG, Pollock KB, editors: *Phonological disorders in children*, Baltimore, 2005, Paul H Brookes.

Hoffman PR, Norris JA, Monjure J: Comparison of process targeting and whole language treatments for phonologically delayed preschool children, *Lang Speech Hear Serv Sch* 21:102-109, 1990.

Hoffman PR, Schuckers GH, Daniloff RG: *Children's phonetic disorders*, Boston, 1989, College-Hill Press.

Howell J, Dean BC: *Treating phonological disorders in children: metaphon-theory to practice*, ed 2, London, 1994, Whurr.

Justice LM, Fey ME: Evidence-based practice in schools, *ASHA Leader* 21:4-5, 30-32, September 2004.

Justice LM, Schuele CM: Phonological awareness: description, assessment, and intervention. In Bernthal lB. Bankson NW, editors: *Articulation and phonological disorders*, ed 5, Boston, 2004, Allyn & Bacon.

Kamhi AG: Summary, reflections, and future directions. In Kamhi AG, Pollock KB, editors: *Phonological disorders in children*, Baltimore, 2005, Paul H Brookes.

Kent RD: Contextual facilitation of correct sound production, *Lang Speech Hear Serv Sch* 13:66-76, 1982.

Klein ES: Phonological!traditional approaches to articulation therapy: a retrospective group comparison, *Lang Speech Hear Serv Sch* 27:314-323, 1996.

Koegel LK, Koegel RL, Ingham JC: Programming rapid generalization of correct articulation through self-monitoring procedures, *J Speech Hear Disord* 51:24-32, 1986.

Kucera H, Francis WN: *Computational analysis of present-day American English*, Providence, RI, 1967, Brown University.

Liles T, Williams AL: *A multiple oppositions approach with a mixed phonetic/phonemic disorder*. Paper presented at the annual convention of the American Speech-Language-Hearing Association, Miami, November 2006.

Locke J: The inference of speech perception in the phonologically disordered child. II. Some clinically novel procedures, their use, some findings, *J Speech Hear Disord* 45:445-468, 1980.

Lowe RJ: *Phonology: assessment and intervention applications in speech pathology*, Philadelphia, 1994, Williams & Wilkins.

Manning WH, Keappock NE, Stick SL: The use of auditory masking to estimate automatization of correct articulatory production, *J Speech Hear Disord* 41:143-149, 1976.

Marshalla P: *Oral motor techniques in articulation and phonological therapy*, Kirkland, Wash, 2001, Marshalla Speech & Language Service.

Masterson JJ, Rvachew S: Use of technology in phonology intervention, *Semin Speech Lang* 20:233-250, 1999.

McCauley RJ, Skenes LL: Contrastive stress, phonetic context, and misarticulations of /r/ in young speakers, *J Speech Hear Res* 30:114-121, 1987.

McDonald ET: *Articulation testing and treatment: a sensory motor approach*, Pittsburgh, 1964, Stanwix House.

McGuire RA: Computer-based instrumentation: issues in clinical application, *Lang Speech Hear Serv Sch* 26:223-231, 1995.

McKercher M, McFarlane L, Schneider P: Phonological treatment dismissal: optimal criteria, *J Speech Lang Pathol Audiol* 19:115-123, 1995.

Miccio AW: A treatment program for enhancing stimulability. In Kamhi AG, Pollock KB, editors: *Phonological disorders in children*, Baltimore, 2005, Paul H Brookes.

Morrisette ML, Gierut JA: Lexical organization and phonological change in treatment, *J Speech Lang Hear Res* 45:143-159, 2002.

Netsell R: Construction and use of a bite-block for the evaluation and treatment of speech disorders, *J Speech Hear Disord* 50:100-109, 1985.

Norris JA, Hoffman PR: Language intervention within naturalistic environments, *Lang Speech Hear Serv Sch* 21:72-84, 1990.

Norris JA, Hoffman PR: Goals and targets: facilitating the self-organizing nature of a neuro-network. In Kamhi AG, Pollock KB, editors: *Phonological disorders in children*, Baltimore, 2005, Paul H Brookes.

Paul R: *Language disorders from infancy through adolescence*, ed 3, St Louis, 2007, Mosby.

Pollock KE, Berni MC: Incidence of non-rhotic vowel errors in children: data from the Memphis Vowel Project, *Clin Linguist Phon* 17:393-401, 2003.

Ruscello DM: A motor skill learning treatment program for sound system disorders, *Semin Speech Lang* 14:106-118, 1993.

Rvachew S: Speech perception training can facilitate sound production learning, *J Speech Hear Res* 37:347-357, 1994.

Rvachew S: The importance of phonetic factors in phonological intervention. In Kamhi AG, Pollock KE, editors: *Phonological disorders in children*, Baltimore, 2005, Paul H Brookes.

Rvachew S, Jamieson D: Perception of voiceless fricatives by children with a functional articulation disorder, *J Speech Hear Disord* 54:193-208, 1989.

Rvachew S, Nowak N: The effect of target selection strategy on phonological learning, *J Speech Lang Hear Res* 44:610-623, 2001.

Rvachew S, Nowak N, Cloutier G: Effect of phonemic perception training on the speech production and phonological awareness skills of children with expressive phonological delay, *Am J Speech Lang Pathol* 13:250-263, 2004.

Rvachew S, Rafaat S, Martin M: Stimulability, speech perception skills, and the treatment of phonological disorders, *Am J Speech Lang Pathol* 8:33-43, 1999.

Saben CB, Ingham JC: The effects of minimal pairs treatment on the speech sound production of two children with phonologic disorders, *J Speech Lang Hear Res* 34:1023-1040: 1991.

Schmidt RA, Wrisberg CA: *Motor learning and performance*, ed 2, Champaign, Ill, 2000, Human Kinetics.

Secord W: *Eliciting sounds: techniques for clinicians*, San Antonio, 1981a, Psychological Corporation.

Secord W: *C-PAC: clinical probes of articulation consistency*, San Antonio, 1981b, Psychological Corporation.

Secord W: The traditional approach to treatment. In Creaghead NA, Newman PW, Secord WA, editors: *Assessment and remediation of articulatory and phonological disorders*, ed 2, Columbus, Ohio, 1989, Merrill.

Secord W, Shine RE: *Target words for contextual training*, Sedona, Ariz, 1997, Red Rock Educational Publications.

Shine RE: Articulatory production training: a sensory-motor approach. In Creaghead NA, Newman PW, Secord WA, editors: *Assessment and remediation of articulatory and phonological disorders*, ed 2, Columbus, Ohio, 1989, Merrill.

Shriberg LD: A response evocation program for /ɝ/, *J Speech Hear Disord* 40:92-105, 1975.

Shriberg L, Kwiatkowski J: Phonological disorders. II. A conceptual framework for management, *J Speech Hear Disord* 47:242-255, 1982.

Shriberg L, Kwiatkowski J: A retrospective study of spontaneous generalization in speech-delayed children, *Lang Speech Hear Serv Sch* 18:144-157, 1987.

Sloat C, Taylor CH, Hoard JE: *Introduction to phonology*, Englewood Cliffs, NJ, 1978, Prentice-Hall.

Skelton SL: Concurrent task sequencing in single-phoneme phonologic treatment and generalization, *J Commun Disord* 37:131-156, 2004.

Smit AB: *Articulation and phonology resource guide for school-age children and adults*, Clifton Park, NY, 2004, Thomson Delmar Learning.

Stackhouse J, Wells B, Pascoe M et al: From phonological therapy to phonological awareness, *Semin Speech Lang* 23:27-42, 2002.

Strode R, Chamberlain C: *Easy does it for articulation: an oral-motor approach*, East Moline, Ill, 1997, Lingui Systems.

Tyler AA: Language-based intervention for phonological disorders, *Semin Speech Lang* 23:69-81, 2002.

Tyler AA: Assessment for determining a communication profile. In Kamhi AG, Pollock KB, editors: *Phonological disorders in children*, Baltimore, 2005a, Paul H Brookes.

Tyler AA: Planning and monitoring intervention programs. In Kamhi AG, Pollock KE, editors: *Phonological disorders in children*, Baltimore, 2005b, Paul H Brookes.

Tyler AA, Edwards ML, Saxman JH: Clinical application of two phonologically-based treatment procedures, *J Speech Hear Disord* 52:393-409, 1987.

Tyler AA, Lewis KE, Haskill A et al: Efficacy and cross domain effects of a morphosyntax and phonology intervention, *Lang Speech Hear Serv Sch* 33:52-66, 2002.

Tyler AA, Tolbert LC: Speech-language assessment in the clinical setting, *Am J Speech Lang Pathol* 8:33-43, 2002.

Velleman SL: *Making phonology functional*, Woburn, Mass, 1998, Butterworth-Heinemann.

Velleman SL: Phonotactic therapy, *Semin Speech Lang* 23:43-53, 2002.

Velleman SL: Special considerations in intervention. In Kamhi AG, Pollock KE, editors:

Phonological disorders in children, Baltimore, 2005, Paul H Brookes.

Weiner F: Treatment of phonological disability using the method of meaningful minimal contrast: two case studies, *J Speech Hear Disord* 46:97–103, 1981.

Weismer G: *Assessment of oromotor, nonspeech gestures in speech-language pathology: a critical review*, Tucson, Ariz, 1997, National Center for Neurogenic Communication Disorders at the University of Arizona (videotape).

Weismer G: Philosophy of research in motor speech disorders, *Clin Linguist Phon* 20:315–349, 2006.

Williams AL: *Speech disorders resource guide for preschool children*, Clifton Park, NJ, 2003, Thomson Delmar Learning.

Williams AL: A model and structure for phonological intervention. In Kamhi AG, Pollock KE, editors: *Phonological disorders in children*, Baltimore, 2005, Paul H Brookes.

Williams AL: *Sound contrasts in phonology (SCIP)*, Eau Claire, Wis, 2006, Thinking Publications (CD-ROM).

Wingo JW, Hoshiko M: Differential effectiveness of six information-input procedures utilized to teach unfamiliar sounds in isolation, *J Speech Hear Res* 15:256–263, 1972.

3

발달성 말운동장애 아동의 치료

<개 요>

1. 이론적 모형과 정의
2. 아동기 말실행증
3. 발달성 마비말장애
4. 아동기 말실행증과 발달성 마비말장애의 비교
5. 아동기 말실행증의 치료
   - 일반적 치료법(추천)
   - 통합 자극법
   - 추가적 치료접근
6. 발달성 마비말장애의 치료
   - 시스템 접근 치료
7. 요약

❀ 참고 문헌

<핵 심 용 어>

경직형 마비말장애
과다비성
구개거상기
근육 운동기능 부전 마비말장애
기저핵
길항운동 과제
대조반복훈련
마비말장애
명료도 훈련
모색(행동)
바이오피드백
바이트 블록
발달성 마비말장애
보철과 의사

보철장치
실조형 마비말장애
아동기 말실행증
운율
이완형 마비말장애
인두성형술
자연스러움
지속적 양압제공
지연청각피드백
초분절적 요소
호기기능
혼합형 마비말장애
흡기검사

<학 습 목 표>

- ❑ Caruso와 Strand가 소개한 5단계의 말 산출 과정을 확인할 수 있다.
- ❑ 발달성 말실행증을 정의하고 이 장애와 연관되어 있는 진단 변인을 나열할 수 있다.
- ❑ 발달성 마비말장애를 정의하고 이 장애의 다양한 증상을 논의할 수 있다.
- ❑ 아동기 말실행증과 발달성 마비말장애의 특징을 비교할 수 있다.
- ❑ 아동기 말실행증에 추천하는 일반적 치료법을 열거하고, 통합적 자극법에 대해 간략하게 설명할 수 있다.
- ❑ 발달성 마비말장애의 시스템 치료접근법의 개요를 서술할 수 있다.

발달성 말운동장애는 말 산출을 계획하고 프로그래밍하거나 말운동을 실행하는 것 모두를 포함하는 신경생리학적 기반의 장애이다. 이 장애는 대개 유전적 문제의 결과로 어린 시절부터 시작되기도 하고 사고나 병 등으로 인해서 후천적으로 발생되는 경우도 있다. **아동기 말실행증**(childhood apraxia of speech; CAS)은 숙련운동을 계획하고 프로그래밍하는 데 문제가 있으며, **마비말장애**(dysarthria)는 그 운동기술을 실행하는 단계에 문제가 있다.

1. 이론적 모형과 정의

Caruso와 Strand(1999)는 다섯 단계로 구분되는 말 산출 모형을 제안했다. 첫 단계는 의사소통 메시지가 시작되거나 마음속으로 품게 되는 인지적 혹은 관념적(의도적) 단계로 여기에서 메시지 생성이 시작되어 두 번째 단계인 언어적 단계로 이어진다. 언어적 단계에서는 메시지를 언어적 형태로 만들기 위해 어휘 접근, 음운론적 패턴 형성, 어순 맞추기 작업이 상호작용한다. 세 번째 단계에서는 언어적인 메시지가 감각운동계획 과정을 거쳐 실제 말 산출 단위로 전환된다. 이 단계의 목표는 음향산출을 통해 청취자가 지각하고 이해할 수 있게 하는 것이다. 산출과정의 단계인 계획 단계 이후는 감각운동 프로그래밍 단계로, 이 단계에서는 조음 시간과 위치 변인을 부호화한다. 저자들은 이러한 운동협응은 특정적이면서도 융통성이 있어서 말 산출에 필요한 모든 요구를 충족시킬 수 있다고 언급하였다. 말 산출 과정의 마지막 단계는 감각운동 실행 단계이다. 이 단계에서는 화자의 메시지가 청자에게 전달된다. 계획(3단계), 프로그래밍(4단계), 실행(5단계) 단계는 모두 운동과 감각 요소를 둘 모두 수반함에 주목해야 한다. 즉, 움직임(movement)은 일종의 운동기능이지만, 감각정보는 각기 다른 청자를 위해 산출되는 메시지를 만들 때 매우 중요한 역할을 한다.

연구 노트

말 산출 과정으로 제안된 모형은 (1) 인지적·의도적 단계, (2) 언어적 단계, (3) 계획 단계, (4) 프로그래밍 단계, (5) 실행 단계의 다섯 단계를 도입하였다.

Caruso와 Strand, 1999

Caruso와 Strand의 모형은 매우 단순화시킨 것이기는 하지만 말운동장애 개념화의 기점이 되었다. 이 모형에 의하면 CAS는 감각운동계획 단계에서 발생되는 발달성 말운동장애인 반면, 발달성 마비말장애는 감각운동 실행 단계에서 생기는 말운동장애이다. 저자들은 CAS 아동이 말을 계획하고 형식화하는 데 어려움을 보인다고 가정했지만, 당시 연구자들은 말 산출 계획 단계에서 말의 기본단위가 무엇인지 몰랐다. 어떤 말 과학자들은 음절을 기본단위라고 보았으나 아직 규명되지 않았다. 말의 단위가 무엇이든 간에 이 아동들은 말 산출에 적합한 운동계획을 세울 수 있도록 도와주는 중재가 필요하다.

운동연쇄를 계획하여 프로그래밍한 뒤 실행 과정을 통해 실현해야 한다. 발달성 마비말장애 아동들은 조음운동의 실행에 어려움을 보이는데, 이는 중추신경계와 말초신경계의 손상 때문이며, 이로 인해 다른 말 산출 단계에서도 문제를 보일 수 있다. Caruso와 Strand(1999)는 말 산출에 대한 이론적 모형을 제시하여 발달성 말운동장애를 신경생리학적으로 설명하려 시도하였으나 이 이론을 지지하거나 반박하는 증거가 나오지는 않았다. 독자는 정상적인 생리(Kent, 1999)와 발달성 말운동장애(Love, 1992: Robin, 1992)를 설명한 다른 이론에도 주목할 필요가 있다. 이론의 전개와 검증 과정은 장애를 이해하고, 그 장애를 제대로 평가하고 치료하는 데 매우 중요하다.

2. 아동기 말실행증

아동기 말실행증 위원회(Ad Hoc Committee on Apraxia of Speech in Children)(American Speech-Language-Hearing Association, 2006)는 방대한 문헌연구를 수행하여 CAS 정의의 초안을 원인, 핵심적인 결함, 의사소통 및 문해 발달에 미치는 영향을 포함하여 다음과 같이 제시했다.

> 아동기 말실행증(CAS)은 유전적 원인과 같이 밝혀지지 않은 신경학적 문제로 인하여 아동기에 나타나는 심각한 조음장애의 하위 유형 중 하나이다. 핵심 증상은 언어적 단계 혹은 말 산출 과정의 초기 단계에서 발생한다. 증상은 나이가 들면서 변하는데, 연령에 맞지 않는 모음과 이중모음 오류, 낱말을 반복할 때 일관되지 않은 오류를 보이며, 발화의 길이가 길어짐에 따라 오류가 증가하고 심해지며, 운율 문제도 보인다. CAS는 말, 언어, 읽기에서 문제가 지속될 위험이 있다.

CAS 아동은 일반적으로 정상 범위의 지능을 보이며, 말 산출을 방해할 수 있는 구강 구조의 결함도 보이지 않는다(Davis and Velleman, 2000). 시각, 청각, 촉각, 운동감각과 같은 감각 기제도 정상이다. CAS 아동이 수용언어와 표현언어 간의 격차를 보이는 경우도 흔히 있는데, 수용언어는 정상이거나 거의 정상 수준이지만, 표현력은 평균보다 낮은 수준을 보인다. 또한 이 아동들은 언어문제를 지속시킬 우려가 있고, 읽기와 철자쓰기 학습에서 어려움을 겪을 수 있다(Lewis et al., 2004).

연구 노트

대부분의 CAS 아동들은 말 산출을 방해할 수 있는 구강 구조의 결함을 보이지 않는다. 정상적인 지적 능력을 가지고 있으며, 대개는 언어장애를 동반한다.

Davis와 Velleman, 2000.

Shriberg 등(1997)은 CAS의 출현율이 1,000명당 1~2명 정도라고 가늠하였지만 실제로는 더 많은 수가 CAS로 진단된다(Davis and Velleman, 2000). 이러한 불일치는 CAS의 진단 기준이 다양하기 때문이며, 이 외에도 제3자 비용지불* 쟁점이 크게 작용할 것이다. CAS라고 확진하는 것을 피하고 있다고는 해도(Forrest, 2002), 이러한 장애 특성을 보이는 아동들은 치료가 필요하다. 분절적 요소, 음소배열규칙, 운율, 말운동, 다양한 구강운동 변인 중 어떤 변인이 CAS와 관계가 있는가? Davis와 동료들(Davis et al., 1998; Davis and Vellman, 2000)의 연구는 언어치료사가 CAS 환자가 보이는 다양한 문제를 이해하는 데 도움이 되었다.

CAS와 관련되어 있는 변인 목록을 **글상자 3-1**에 제시하였다. 별표가 붙은 변인은 중도 조음장애와 CAS가 대조되는 특징이다. 별표의 특징은 중도 조음장애보다 CAS와 더 관련된 것이다. 모든 아동이 모든 증상을 다 보이는 것은 아니다. 나열된 증상 중 일부가 말을 산출할 때 나타난다. 어떤 특징은 가끔씩 나타나기도 한다. 예를 들면 **과비성**(hypernasality) 공명장애는 때때로 CAS 아동의 말에서 두드러지기도 한다. CAS의 가능성이 있는 아동은 자음과 모음 목록이 매우 제한적이다. 게다가 대부분의 오류는 음절 구성에 영향을 줄 수 있는 탈락오류이며 모음의 배치에서 오류가 나타난다. 또한 단어와 구의 반복이 다양하게 나타나고, 문법적 요소가 복잡해질수록 산출 오류도 증가한다. 또 다른 형태의 행동으로 일부 아동

* (역자 주) 제3자 비용지불은 보험회사의 보험급여와 관련된 비용을 말한다.

글상자 3-1 CAS와 관련된 진단 변인

분절음, 음소배열규칙, 운율 변인

- 제한된 모음 및 자음 목록
- 단순한 음절 형태 위주의 사용
- 잦은 생략오류
- 높은 빈도의 모음오류*
- 낱말 혹은 낱말연쇄의 비일관된 수행*
- 언어적 복잡성의 증가에 따른 말 산출 오류의 증가*
- 탐색행동 혹은 사전 조음동작 시연(연습)*
- 모방의 어려움*
- 운율 변화 결여*

말운동 통제변인

- 교대운동 결함*

구강운동 변인

- 비언어 과제 구강운동 산출의 어려움*

*아동기 말실행증의 주요 특징으로 보고됨.

에서 **탐색행동**(groping)이 관찰되기도 한다. 이는 일종의 시연행동으로, 아동이 각기 다른 조음위치를 미리 탐색해서 정확하게 산출하기 위한 노력의 하나로 나타난다. 아동들은 낱말, 구, 문장 산출시 운율 변화가 부족하고 잘 모방하지 못한다. 마지막으로 **교대운동 과제**(diadochokinetic tasks)에서 CAS 아동은 대개 어려움을 보이는데 비구어 과제에서 단독이나 연속운동을 어려워한다고 보고되었다.

3. 발달성 마비말장애

Hodge와 Wellman(1999)은 **발달성 마비말장애**(developmental dysarthria)가 말초신경계나 중추신경계 발달이 중단되거나 손상(혹은 둘 모두)되어 나타나는 말장애군을 지칭하는 집합적 진단유형이라 하였다. 마비말장애는 조음 산출을 방해하는 운동장애이지만 호흡, 발성, 공명, 운율도 문제를 보일 수 있다(**그림 3-1**). Love(1992)는 발달성 마비말장애는 말하는 데 필요한 근육 동작의 범위, 힘 조절, 속도, 안정성, 협응, 정확성, 긴장도 등에서 제한을 보인다고 하였다. 아동기 동안에 언어의 구조, 내용 및 사용이 발달되어야 하기 때문에 언어와 문해 발달도 영향을 받을 수 있다.

신경학적 손상의 위치, 구어에 관여하는 근육에 나타난 신경근육계 특색, 그리고 이러한 특색이 말 산출에 미치는 영향에 따라 다양한 형태의 마비말장애가 나타난다(Duffy, 2005; Hodge and Wellman, 1999; Love, 1992). **이완형 마비말장애**(flaccid dysarthria)는 뇌간에서 척수를 거쳐 근섬유로 들어가는 하부 운동신경의 손상으로 인해 나타난다. **경직형 마비말장애**(spastic dysarthria)는 상부 운동신경계가 손상될 때 나타난다. 상부 운동신경계는 뇌간과 척수의 하부 운동신경과

그림 3-1 ❋ 발달성 마비말장애가 있는 어린 아동이 오른쪽 안면 약화를 보이고 있다. 아동에게 미소를 지어보라고 하자 손상되지 않은 왼쪽으로 입술이 올라간 것에 주목하라.

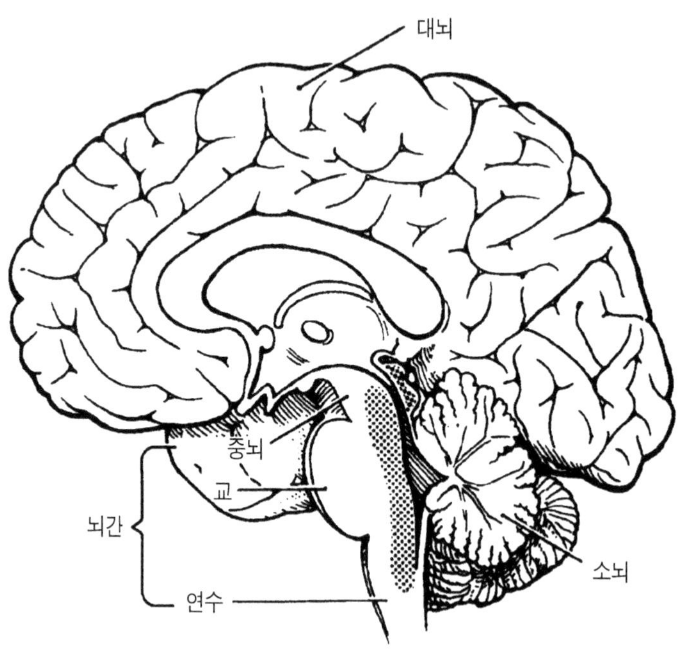

그림 3-2 ❋ 우측의 대뇌피질, 뇌간, 소뇌 중앙 단면(medial view).

출처: Love RJ, Webb WG: *Neurology for the speech-language pathologist*, fed, Boston, 2001, Butterworth-Heinemann.

직·간접적으로 연결되어 있는 피질운동 영역과 연합 영역을 포함한다. **운동부전형 마비말장애**(dyskinetic dysarthria)는 기저핵이 손상되어 나타난다. **기저핵**(basal ganglia)은 대뇌반구의 기저에 있는 핵 집합체를 말한다. 추체외로계라고도 하는 기저핵은 움직임을 시작하고 통제하는 데 중요한 역할을 한다. **실조형 마비말장애**(ataxic dysarthria)는 대뇌피질과 이어진 소뇌 연결부가 손상된 결과로 나타나며, 소뇌는 근육의 긴장도를 유지하고 동작의 협응을 도와주기 때문에 운동 통제에 매우 중요한 구성요소이다(**그림 3-2**). 마지막으로 운동신경계 전반에 확산된 손상으로 인해 나타나는 **혼합형 마비말장애**(mixed dysarthria)가 있다. 각 마비말장애는 호흡과 발성, 공명, 조음, 운율 문제를 포함하여 다양한 증상을 보인다(**글상자 3-2**).

신경근육계가 손상되면 운율 변인 외에도 비구어 구강운동까지 문제가 확대될 수 있음을 언어치료사는 알고 있어야 한다(Love, 1992). 예를 들면 섭식, 삼킴,

글상자 3-2 발달성 마비말장애의 유형

- 이완형 마비말장애: 하부 운동신경의 손상, 뇌와 척수신경 또는 이들이 분포하는 근육섬유의 손상
- 경직형 마비말장애: 상부 운동신경의 손상
- 운동부전형 마비말장애: 기저핵의 손상
- 실조형 마비말장애: 피질과 연결된 소뇌의 병변
- 혼합형 마비말장애: 대뇌운동 체계의 광범위한 손상

침 조절과 같은 비구어 활동에서도 어느 정도 문제를 보일 수 있다. 자세와 구강호흡의 문제는 치열과 교합 및 두개안면의 성장에도 영향을 미칠 수 있다. 어떤 경우에는 이러한 신경학적 문제로 인해 생긴 구조적 문제가 필연적 조음오류를 유발하기도 한다. 예를 들면 신경근육계가 손상된 환자는 개방교합과 같은 문제도 보일 수도 있는데, 그 결과로 양순음 산출이 방해받기도 한다. 이는 기능과 구조 문제가 겹친 경우이다.

연구 노트

언어치료사는 발달성 마비말장애 아동의 말과 운율 변인 외에도 섭식 및 삼킴과 같은 비구어적 구강운동까지 영향을 미칠 수 있는 신경근육계 손상에 대해서도 잘 알고 있어야 한다.

Love, 1992.

4. 아동기 말실행증과 발달성 마비말장애의 비교

Hayden(1994)은 아동기 말실행증(CAS)과 마비말장애는 진단시 혼동될 수 있다고 지적했다. 따라서 언어치료사는 확인되는 증상의 진단적 특성을 잘 살펴볼 필요가 있다. Robin(1998)은 발달성 마비말장애와 CAS의 차이점을 구별할 때 언어치료사

표 3-1 CAS와 DD의 특징 비교

특징	아동기 말실행증(CAS)	발달성 마비말장애(DD)
운동 기능	문제 없음	마비, 약화, 실조, 불수의적 운동과 연관됨
장애 영역	주로 조음과 운율의 문제	말 산출의 모든 하위 체계(호흡, 발성, 공명, 조음 등)에 영향을 미치기도 함
말 산출 오류	다양하고 일관성이 없음	일관성이 있으며 목표음의 왜곡
말 유형에 따른 차이	자동구어와 의도적 발화 사이에 차이가 있음	차이가 없음
산출 오류	문법적 복잡성에 따라 다양하게 나타남	관계없음
모색 행동	나타남	나타나지 않음

CAS: Childhood apraxia of speech

가 고려할 수 있는 특징을 요약하였다(**표 3-1**).

1. CAS는 발달성 마비말장애에게서 관찰할 수 있는 마비, 약화, 실조 혹은 불수의적 운동은 보이지 않는다.
2. CAS는 운율과 조음에서 주된 문제를 보이는 반면, 마비말장애는 말 산출의 모든 하위 체계에 영향을 미친다.
3. CAS는 말 산출 오류가 다양하고 일관성이 없으나, 발달성 마비말장애의 경우의 오류는 대개 일관되고, 일반적으로 왜곡오류를 자주 보인다.
4. CAS 아동은 자동구어와 의도적 발화에서 차이를 보이지만, 마비말장애 아동은 차이가 없다.
5. CAS 아동의 산출 오류는 문법적 복잡성에 따라 달라지지만, 발달성 마비말장애 아동의 오류는 크게 달라지지 않는다.
6. CAS 아동은 모색행동을 보이지만, 발달성 마비말장애의 경우 모색행동은 나타나지 않는다.

5. 아동기 말실행증의 치료

아동기 말실행증(CAS)이 의심되는 아동의 치료효과를 검증한 실험연구는 많지 않다(Bahr et al, 1999; McCauley, 2002; Strand and Debertine, 2000). 여기에 소개하는 치료의 개념은 주로 단일 피험자 사례 연구와 CAS 아동을 치료하고 있는 전문가의 의견에 기초한 것이다. 다양한 이론적 설명(rationale)이 제안되었으나(Hall, 2002), CAS의 일반적인 치료접근은 운동기술 학습의 입장과 일치한다. 이 치료의 이론적 기본 원리는 음성적 접근법에 기반을 둔 것이다(제1장과 제2장에서 논의한 바 있다). 그러나 한 가지 유의해야 할 사항은 중도(severe) 이상의 문제를 보이는 일부 어린 아동들은 말소리 발달보다 의사소통 발달에 치료목표를 두는 것으로 전환해야 할 것이다. 즉, 명료한 말을 산출하지 못하는 아동의 경우 의사소통의 촉진을 위해 보완대체 의사소통 형태를 단독으로 혹은 말과 함께 사용하게 할 수도 있다. 언어치료사는 아동의 수행을 세심하게 점검하여 말과 전체적인 의사소통에 대해 합리적인 기대치를 수립해야 한다. 또한 그 기대치를 수정할 경우에 언어치료사가 수집한 객관적인 자료에 기초하여 변경해야 할 것이다. 이러한 치료 철학은 발달성 마비말장애를 보이는 아동에게도 적절하다(추후 논의함).

일반적 치료법(추천)

CAS 치료에 관한 보고서에 의하면 CAS의 치료는 강도가 매우 높고 대개는 여러 해가 넘는 오랜 기간이 필요하다(Campbell, 1999). 다음에 추천하는 일반적 치료 접근법은 여러 전문가가 제안한 것이다(Bernhardt, 1994; Cumley & Swanson, 1999; Davis & Velleman, 2000; Hall et al., 2003; Love, 1992; Marquardt & Sussman, 1991; Robin, 1998; Square, 1994; Strand & Debertine, 2000; Strand & Skiner, 1999; Vellman, 1994, 1998, 2003; Vellman & Strand, 1994). 앞에서 언급했듯이 추천하는 치료법들은 엄격한 실험과 관찰 주제는 아니었지만 정확한 임상적 판단과 일반적인 치료효과 연구를 기초로 하였다(**글상자 3-3**).

- 치료의 기본 원리는 지속적인 집중훈련을 통해 다양한 의사소통 상호작용 내에서

글상자 3-3

일반적인 CAS 치료접근법의 요약

- 치료의 주요 원리는 지속적인 집중훈련(몰입법)을 통해 다양한 의사소통 상호작용 내에서 아동의 욕구를 충족시켜 주는 것이다.
- 운동기술 학습 접근법(음운적 접근법과 반대됨)을 추천한다. 이 접근법은 다양한 언어적 복잡성 수준에서의 연습을 강조한다.
- 언어치료사는 함께 나타나는 다른 의사소통 문제와 중재를 통해 해결할 수 있는 욕구를 알아야 한다.
- 언어치료사는 빈번하게 치료를 시행해야 한다.
- 가정에서의 훈련 또한 치료에 있어 매우 중요한 부분이다.
- 대부분의 사례에서 가장 중요한 치료 목적은 완벽하게 정상적인 말보다는 명료도의 향상이다.
- 언어치료사는 상위음운 분석과 자기감시능력(self-monitoring)을 강조해야 한다.
- 언어치료사는 치료 자극의 수를 제한해야 한다.
- 다중 감각 자극이 도움이 될 수도 있다.
- 언어치료사는 치료 자극을 개발할 때 음운배열규칙(phonotactics)을 고려해야 한다.
- 만일 아동이 구강 실행증을 동반하고 있다면, 치료시 비구어 구강운동(단일 및 연속운동)을 도입해야 한다.

CAS: 아동기 말실행증.

아동의 의사소통 욕구를 충족시켜 주는 것이다. 구어 산출이 힘든 중도 아동에게는 보완대체 의사소통 수단을 단독으로 혹은 말과 함께 사용하는 복합적 형태를 도입할 수도 있다. 아동의 의사소통 시도를 인정하고 강화해 주어야 하는 보호자의 역할 또한 매우 중요한데, 의사소통 시도는 발성 혹은 음성과 조합된 특이한 형태의 제스처를 말한다. 언어치료사는 아동이 다양한 활동 상황에서 발성을 시도할 수 있도록 용기를 준다. 예를 들면 아동은 놀면서 발성을 함께 할 수 있는데 언어치료사는 자동차 등 아동이 선호하는 장난감을 함께 가지고 놀며 '부릉'이라는 소리를 내도록 할 수 있다. 보호자도 아동에게 적합한 의사소통 모델을 제공할 필요가 있다. 특이하게 소통하는 수화나 제스처는 보다 일반적인 상징이나 제스처로 바꿀 수 있고 보호자는 아동의 발성에 대하여 적절한 목표단어 모델을 제공할 수 있다.

- 아동이 지속적으로 발성을 산출하기 시작할 때 다양한 음절 구조를 조합한 소리를 목표로 한다. /b, m, w, m, n, j/와 같은 초기에 발달하는 말소리(자음) 산출이 잠정적인 목표이다. 이 자음은 /ɪ, e, æ, ʌ, ɑ/와 같이 초기에 발달하는 모음과 짝지을 수 있다. 잠정적인 목표 음절 구조는 CV, CVCV, CVC이다. 언어치료사는 아동이 사용하는 음절 구조에 새로운 자음을 추가로 도입할 수도 있고, 아동의 기존 자음목록 안에서 새로운 음절 형태를 추가할 수도 있다. 언어치료사는 운동계획 단계를 촉진하는 음절을 이용하여 다양하게 훈련시켜야 하며, 암송표(rehearsal metrics, 제2장에서 요약)와 같은 활동을 이용할 수 있다(Hoffman et al., 1989).
- 다양한 언어적 복잡성 단계에서의 연습을 강조하는 운동기술 학습기반 접근법이 인지-언어 접근법보다 적합하다(제1장과 제2장 참조). 독립음 훈련은 피하고 문맥 연습을 위해 음절, 단어, 문장, 문단, 대화 수준에서의 훈련을 권한다. 그 이유는 아동에게 내적 피드백과 언어치료사가 제공하는 결과지식(knowledge of results)을 제공하는 기회를 많이 갖도록 체계적 훈련을 제공하는 데 있다.
- 언어치료사는 치료를 통해 해결할 수 있는 의사소통 욕구를 알아내고, 의사소통 문제와 공존할 수 있는 문제에 대해 인식하고 있어야 한다. 말뿐 아니라 언어, 읽기, 쓰기, 음운인식도 치료의 목표가 될 수 있다.
- 치료는 자주 실시해야 한다. 주 3~5회의 집중치료는 운동계획과 산출 단계에 역점을 둔 훈련을 분산시켜 연습할 수 있게 한다.
- 집에서 하는 연습은 아동의 보호자가 기꺼이 가정치료 회기를 수행하고자 할 때 매우 중요한 역할을 한다. 참여의사가 있는 보호자라면 가정에서의 연습방법 소개 전에 미리 교육할 필요가 있다.

• 대부분의 경우 **우선적인 치료목표**는 완벽하게 정상적인 말을 산출하는 것이 아니라 **명료도를 향상시키는** 것이다. 언어치료사는 말 훈련 과정에서 운율의 여러 양상을 조작해야 한다. **운율**(prosody)은 말의 초분절적인 특징으로 말을 산출하는 동안 감정적인 특성을 나타내는 데 쓰인다. 중요한 초분절적 요소는 (1) 음절 강세, (2) 문장 억양, (3) 속도와 리듬이다. **자연스러움**(naturalness)은 운율의 적절성 지각 정도를 나타내는 용어이다. 언어치료사는 단어 수준에서는 강세, 절 수준에서는 억양패턴을 강조해야 한다. 모음 연장, 자음군 내 **중모음**(schwa)의 삽입, 쉼(pauses) 등의 보상전략을 가르칠 수도 있다. 아동이 천천히 말하도록 연습시킴으로써 말속도를 조절할 수 있을 것이다. 말속도 조절을 통해 명료도를 높일 수는 있지만, 일반 화자들은 덜 자연스럽게 느낄 수 있다.

언어치료사는 훈련 과정에 리듬, 억양, 강세, 동반 움직임을 체계적으로 적용할 수 있다. 일부 언어치료사는 이 연습에 노래와 라임(rhyme)을 이용할 것을 추천한다. 신체 동작과 말 동작을 동시에 함으로써 리듬 반복연습을 할 수도 있다. 예를 들면 북을 치거나 다른 동작 활동을 박자를 유지하면서 연습하게 할 수 있다.

언어치료사는 상위음운 분석과 자기감시능력(self-monitoring)을 강조해야 하고, 아동이 이를 개발할 수 있도록 지원해야 한다. 아동 스스로 산출한 소리의 구강 내 위치를 분석하고, 산출한 소리의 정확성을 판단하는 것은 치료에 중요한 요소이다. 언어치료사는 5~6세 이상 아동에게 이러한 내적 기술을 사용할 수 있게 해야 함을 명심할 필요가 있다.

• 언어치료사는 특정 과제의 연습목록 수를 적게 하여 **훈련 자극**의 수를 제한하고, 반복훈련활동을 매우 집중적이면서도 (특정 기간에만 너무 몰리지 않게) 분산 배치해야 한다. 그리고 다양한 산출목표를 공식화하여 개별 치료 시간에 목표 하나하나를 연습할 수 있도록 해야 한다. 언어치료사는 치료목표를 다른 상황이나 아동과 상호작용하는 다른 보호자들과의 연습으로도 확대해 가야 한다.

• 아동에게 **다중 감각 자극**을 경험하게 하는 것도 필요하다. 단순한 청각적 모델보다는 촉각적, 시각적 단서와 같은 자극을 함께 제시해 줄 수 있다. 더 공식

적인 방법으로 수화나 여러 유형의 하이테크와 로우테크의 보완대체 의사소통 기구를 사용할 수 있다. 자극의 종류와 양은 아동의 상황에 따라 달라진다.

- 음운배열(phonotactic) 제약은 사용 가능한 단어와 음절형태를 결정하는 언어 규칙을 말한다. 언어치료사는 치료 자극 개발시 이런 제약을 고려해야 한다(제2장 참조). Velleman(1994)은 CAS로 진단된 아동에게 적용할 수 있는 활동의 한 가지 예를 들었다. CV 음절 형태를 연습하고 소개하기 위해 '바바칠판(baba board)'을 이용하였다. 그림은 칠판에 붙이고 CV형태를 사용하는데, 예를 들면 /배 **bæ:**/ –양(sheep), /무 **mʊ:**/ –소(cow), /부 **bʊ:**/ –염소(ghost), /니 **ni:**/ –무릎(knee) 같은 소리와 소리가 의미하는 그림을 연합시켜 이용한다. 아동이 어떤 의미를 갖는 CV(소리)를 산출하면 언어치료사는 그 소리와 연합된 그림을 지적한다. 아동은 같은 자극을 반복하고 스스로 그림을 지적하도록 하고, 산출이 정확한지 자기감시해 보도록 한다.

Vellman과 Strand(1994)는 각 치료 회기를 다음과 같이 네 가지 치료활동으로 구성할 것을 제안하였다.

1. 언어치료사는 아동에게 구강 또는 신체 연쇄동작 패턴(혹은 둘 모두) 활동으로 회기를 시작한다. 이것은 다음 활동을 위한 준비 활동이다.
2. 아동이 이미 낼 수 있는 분절음과 음절 구조 형태로 연속적인 음절발음 훈련을 실시한다. 언어치료사는 운동계획 단계를 촉진하고 연습을 다양화시키기 위하여 조음위치에 따라 달라지는 음절연쇄(/부두구/ 혹은 *buy two goats*)를 이용한다.
3. 명료한 핵심어휘가 될 수 있는 한 낱말(single-word) 항목을 소개한다.
4. 전달구를 산출 연습에 도입한다. 언어치료사는 전달구로 연습활동을 시작하고 개별 낱말을 바꾸어 가며서 문장의 길이와 복잡성을 조절한다.

Bernhardt(1994)는 음절, 단어, 구 및 절 구조 개발에 이용할 수 있는 비선형 음운론을 기초로 한 여러 기법에 관해 논의하였다. 몇 가지 예는 다음과 같다.

- 아동이 음절을 만드는 데 사용해야 하는 음소를 산출하지 못하는 경우가 있

다. Bernhardt(1994)는 이런 경우 목표 음절을 강조하는 시(poem)와 같은 청각 자극 활동을 통하여 다양한 음절과 낱말 단위에 대해 인식할 수 있게 만들어야 한다고 제안했다. 예를 들어 언어치료사는 아동이 사용하지 못하는 음절 형태인 자음모음자음(CVC)형태의 말소리를 시로 도입한다. 아동이 기존에 가지고 있는 형태와 대조되는 새로운 음절형태를 인식할 수 있게 하기 위해 목표 항목을 강조한다. 시를 소개하기에 앞서 아동에게 큰 것 : 작은 것, 긴 것 : 짧은 것과 같은 정반대 의미의 단어를 소개한다. 이를 음절 대조에 도입한다(CV:CVC). 새로운 형태(CVC)는 길고 기존의 형태(CV)는 짧다고 대비시킨다. 청각적 듣기와 인식은 자연히 산출 과제로 이어진다. Bernhardt는 아동의 기존 음절형태(CV)에 분절음을 추가하여 새로운 형태(CVC)를 만들어낼 것을 추천하였다(mi → mit).

- 어떤 아동은 두운 혹은 각운에 어려움을 보인다. 비선형 음운론에서 보면 음절은 두운과 각운으로 나뉜다. 두운은 모음(혹은 음절의 공명 핵) 앞에 오는 모든 요소를 말한다. 각운은 두운 뒤에 따라오는 공명 분절음(즉 모음)과 그 뒤의 모든 요소를 말한다. 예를 들면 /stip/이라는 낱말에서 /st/는 두운이고 /ip/는 각운이다. 만일 아동이 종성자음을 탈락시켰다면 치료는 두운과 각운을 인식하는 것으로 시작해야 할 것이다. Bernhardt(1994)는 두운을 머리 혹은 엔진으로, 각운을 몸 혹은 객실과 같은 이미지의 용어로 설명한다. 그 다음으로는 모음이나 자음이 후행하는 모음(V 또는 VC) 즉, 각운을 대조시키는 다른 짝을 훈련한다. 초기 산출 훈련활동으로 모음과 자음의 각운으로 시작하는데, 이때 종성은 아동의 목록에 있거나 혹은 없는 자음으로 한다. 이 산출 과제 다음에 각운 앞에 초성을 도입한다.
- 만일 아동이 구강 실행증을 동반하고 있다면 단일 혹은 연속 구강동작으로 비구어 훈련을 도입해야 할 것이다. 그러나 구강 실행증 치료를 해도 구어가 향상되지 않을 수 있음을 알고 있어야 한다. 구어와 비구어 과제는 별개의 영역이므로 과제에 맞는 접근이 필요하다.

통합 자극법

Strand와 Skinder(1999)는 운동학습 원리에 기초한 치료접근법을 개발했는데 이것은 감각운동계획에 초점을 둔 훈련 과정을 이용한다. 이 방법은 원래 후천적 실행증 환자를 위해 개발되었으나(Rosenbek et al., 1973) 더 어린 환자에게 적용한 것이다. 이 접근법의 주요 특징은 아동이 다양한 단서에 반응하고, 반응시간 지연을 연습하며 치료에 대한 대상자의 반응이 특정 자극 제시형태에 영향을 미친다는 것이다. 이 프로그램을 적용하기 위해서는 아동은 집중, 눈 맞춤, 치료 자극 모방이 가능해야 한다(**글상자 3-4**).

글상자 3-4 **통합적 자극 치료 요약**

목표 1

직접모방으로 목표 항목을 정상적인 말속도와 운율로 정확하게 조음하기

1. 언어치료사는 직접모방의 방법으로 훈련 자극을 느린 속도로 제시한다.
2. 아동이 자극을 모방하면 직접모방을 지속하면서 자극 훈련 목표 항목의 운율과 말속도를 다양하게 변화시켜 가면서 모방하게 한다.
3. 아동이 자극을 모방하지 못하면 언어치료사와 동시에 목표음을 산출하게 한다. 아동이 정상적인 운율과 말속도로 정조음할 때까지 이 방법을 계속한다.

목표 2

목표 항목을 최소 3초의 지연모방 후에 정상적인 운율과 말속도로 정조음하기

1. 언어치료사는 아동에게 지연모방법에 대해 설명하고 아동이 언제 따라해야 하는지 알려주는 단서에 대해 설명한다.
2. 언어치료사는 우선 2초 지연모방을 시작하여 점진적으로 3초로 늘린다.
3. 이러한 연습 과제는 시간을 지연시켜 모방해도 정상적인 운율과 말속도로 정확하게 조음할 때까지 계속한다.

출처: Strand E, Skinder A: Treatment of developmental apraxia of speech: integral stimulation methods. In Caruso A, Strand E, editors: *Clinical management of motor speech disorders of children*, New York, 1999, Thieme.

1단계: 직접모방

목표. 직접모방 조건에서 목표 항목을 정상적인 운율과 말속도로 바르게 조음하기.

언어치료사는 직접모방시키는 방법으로 조금 느리게 훈련 자극을 소개한다. 아동이 자극을 모방하면 언어치료사와 함께 목표 항목의 운율과 말속도에 변화를 주면서 직접모방을 계속한다. 언어치료사는 운율과 말속도를 조정해도 아동이 목표음의 정조음을 유지할 수 있도록 한다. 아동이 목표음을 정상적인 말속도와 운율로 정조음할 때까지 직접모방을 계속한다.

아동이 목표 항목을 정확하게 모방하지 못하면 언어치료사와 동시에 목표음을 산출하도록 한다. 즉, 아동이 언어치료사의 시범과 동시에 목표음을 자발적으로 산출하도록 하는 것이다. 만일 아동이 언어치료사와 함께 목표음을 동시에 산출할 수 없다면 말속도를 더 늦춰야 하며, 목표음 산출을 위한 촉각적 조음위치 단서를 제공한다. 동시 산출은 정상적인 말속도와 운율로 목표음을 정확히 산출할 때까지 지속한다. 그 시점에서 언어치료사는 직접모방 조건을 다시 도입한다.

2단계: 지연모방

목표. 최소 3초의 지연모방 조건에서 목표음을 정상적인 운율과 말속도로 정조음 산출하기.

언어치료사의 모방 단서와 아동의 반응 사이의 시간을 지연시키는 방법을 도입한다. 언어치료사는 아동에게 지연된 모방 반응시간을 손가락으로 지적해 알려주는 방법을 개발하여 아동이 그 단서를 받고 무엇을 해야 하는지에 대해 설명한다. 저자들은 초기에는 2초 지연시켜 모방하게 하지만 점점 시간을 늘려 3초까지 적용할 것을 권하였다. 언어치료사는 지연모방 도입 후 아동이 목표음을 정상적인 운율과 말속도로 정확하게 조음할 때까지 반복연습시킨다.

만일 아동이 2단계에서 문제를 보이면 언어치료사는 모방까지의 지연시간을 단축시키거나 직접모방 단계로 되돌아간다. 일정 기간 연습을 잘 해내(즉 성공하면) 지연시간을 늘리거나 새로운 지연 조건을 도입하여 다시 훈련한다.

종결 기준

Strand와 Skinder(1999)는 아동의 수행을 매일 간단하게 평가(daily minitest)하여

특정 목표의 종결 기준을 정해야 한다고 했는데, 이것은 조음장애 아동에게 전형적으로 적용되는 매 회기마다 평가한 정확한 수행 수준(백분율)을 말하는 것은 아니다(제1장 참조). 초성에서 자음군 /sp/을 훈련하는 경우를 예로 들어보자. 6개의 낱말을 훈련낱말 묶음으로 이용한다. 언어치료사는 훈련 도입을 위해 통합 자극을 사용하고, 그 결과나 시행시도에서 나타난 반응을 통해 무엇을 할 수 있는지 확인해야 한다. 각 회기가 끝날 때마다 언어치료사는 사용한 단어들을 한 번씩 더 제시한다. 자극 제시 방법은 연습한 수준에 따라 될 것이다. 직접모방 수준에서 연습하던 중이라면 언어치료사는 아동이 모방할 수 있도록 모델을 보여 주고, 지연 조건에서 연습하던 중이라면 같은 유형의 자극 제시형태를 적용한다. 언어치료사는 목표의 달성 여부를 판단하기 위해 매일 간단한 평가 결과를 참작해야 할 것이다. 아동이 연속 2~3회기에 80~90%의 수행완성도를 달성하면 언어치료사는 더 높은 목표나 다른 자극 목록을 도입해도 된다.

추가적 치료접근

앞에서 논의했던 말 산출 치료방법 외에도 촉각-운동감각(tactile-kinesthetic) 촉진, 리듬과 멜로디(rhythmic and melodic) 촉진, 제스처 단서 기법과 같은 접근법도 있다(Square, 1999). 비구어적 방법을 사용하거나 의사소통을 촉진하여 아동의 말 산출을 변화시키는 치료법인데, 이 접근법의 효과에 대해서는 아주 제한적이고 단편적인 정보만 있다. **글상자 3-5**는 추가적인 세 가지 범주의 치료접근법의 예를 요약한 것이다. 촉각-운동감각 치료는 언어치료사가 손가락으로 아동의 턱, 입술, 혀를 조정하는 방식으로 말 운동 통제력을 향상시킬 목적으로 시행한다. 저자들은 아동이 목표음을 산출함과 동시에 언어치료사가 조음기관의 위치를 잡아주는 것이 말 산출에 필요한 구강-감각 지각을 돕는다고 가정했다. 예를 들면 근육 운동감각 말 훈련(Young and Stichfield-Hawk, 1955)에서 말소리 /f/를 자극할 때 언어치료사의 모델링과 함께 목표에 대한 다음과 같은 촉각적 단서를 제공한다. 아동의 아래턱은 거의 닫힌 상태에 있게 하고 아랫입술은 위 가운뎃니(상악중절치)와 접촉하게 한다. 횡경막을 부드럽게 밀어줌으로써 /f/ 산출을 위한 기류의 단

글상자 3-5 아동기 말실행증을 위한 추가적 치료접근법의 범주와 예

촉각 운동감각 치료법
운동감각적 말 훈련
말 촉진법
유도법

리듬과 멜로디 촉진법
멜로디 실행증 치료
MIT(Melodic intonation therapy)

제스처 단서 기법
채택된 단서
Jordan의 제스처 기법
말 단서(cued speech)

서를 제공해 준다.

Square(1999)는 리듬 치료가 말속도를 늦추고 목표 발화의 강세유형을 강화시키는 역할을 한다고 지적하였다. 멜로디 촉진법은 호흡기와 후두기관의 협응을 통해 음도를 빠르게 교대하는 것을 소개하는 다른 차원을 추가하였다. 멜로디 억양 치료법은 신경계 손상으로 인한 말장애 범주에서 가장 잘 알려져 있고 널리 쓰이고 있는 것 같다. 원래는 비유창성 실어증과 성인 말실행증을 위해 개발되었지만(Albert et al., 1973), CAS 아동에게도 적용하였다(Helfrich-Miller, 1984). 문장을 도입할 때에도 노래 형태로 산출할 수 있도록 가르쳤다. 아동은 발화를 산출하는 동안 말과 동시에 손으로 박자를 맞춘다. 이 방법은 CAS 아동을 위해 문장의 복잡성과 길이를 위계적으로 만들어 적용할 수 있도록 변형되었다. 이에 더하여 박자를 맞추는 방법으로 손박자 치기(hand tapping)대신 영어수화를 쓴다.

리듬 치료법은 말속도를 늦추고 목표 발화의 강세 유형을 강화한다. **연구 노트**

Square, 1999.

마지막으로 제스처 단서 기법은 말 산출을 조절하고, 성도의 형태와 조음기관의 움직임에 관한 단서를 제공해 주는 데 사용되어 왔다. 예를 들어 Jordan(1988)의 제스처는 각기 다른 음소의 조음 산출 특징을 보여 주는데, 사용되는 시각적 상징 제스처 그룹으로 구성되어 있다. CAS 아동에게 다른 치료법을 적용하면서 제스처 방법을 보완적으로 함께 사용할 수 있다. 이 제스처는 후두의 움직임에 따른 성도의 움직임과 위치를 표시한다. 제스처는 아동이 산출하기 어려운 음소대신 사용한다.

Jordan의 제스처는 시각적 상징 제스처를 모은 것으로, 각기 다른 음소의 조음 산출 특징을 보여 준다. **연구 노트**

Jordan, 1988.

6. 발달성 마비말장애의 치료

언어치료사들은 발달성 마비말장애가 어떤 경우에는 중추마비와 관련되어 있고, 오랜 기간 관리가 필요한 문제라는 것을 알아야 한다(Love, 1992; Yorkston, 1996). 뿐만 아니라 아주 소수만이 완전히 명료한 말을 산출하고 전체 발음을 숙달시킬 수 있다. 조음과 같은 단순한 문제만 지속적으로 보일 수도 있고 조음과 함께 호흡, 발성, 공명, 운율 등의 문제가 공존하기도 한다(Hayden, 1994). 후천적으로 마비말장애가 생긴 경우, 예후는 폐쇄성 뇌손상(closed head injury), 무산소증, 뇌졸중, 뇌종양 등 그 원인에 따라 달라진다. 발달성 마비말장애의 치료를 위한 일반적인 접근법은 운동기술 학습의 이론적 개념에 기초한 것이다(Hodge and Wellman, 1999). 이 치료의 원칙은 음성적 접근법을 기본으로 하여 다른 방법을 혼합한 것이다(제1장과 제2장에서 논의함).

CAS와 마찬가지로 제한된 사례 연구만 있을 뿐, 전문가가 제안한 원칙에 기초한 치료 개념을 다룬 최근 치료 연구가 많지 않음을 알아야 한다(Hodge and Wellman, 1999; Love, 1992). 아동마다 병소에 따라 나타나는 증상이 다르다. 요약하면, 말운동의 실행과 산출을 통제하는 각 신경생리 기제의 손상은 근육 긴장의 강도와 타이밍에 부정적인 영향을 준다(Hodge and Wellman, 1999). 생리적 차이로 인해 근육 약화 문제가 생겨 결국 경직형 혹은 이완형 마비가 나타나고, 근육 긴장도 조절 문제, 수의적 운동의 불협응, 불수의적 운동과 같은 문제가 초래된다.

연구 노트 말운동의 실행 과정 혹은 산출을 통제하는 각 신경생리 기제의 손상은 근육 긴장의 강도나 타이밍에 부정적인 영향을 준다.

Hodge와 Wellman, 1999.

앞에서 논의한 바와 같이 일부 발달성 마비말장애가 있는 아동들은 심각한 문제를 보이므로 말소리 발달보다는 의사소통의 발달을 우선적인 치료목표로 생각해야 한다. 어떤 아동은 명료도가 있는 생산적인 말을 익힐 수 없기 때문에 의사소통 촉진을 위해 보완대체 의사소통 형태(단독 혹은 말과 함께 사용하는 형태)가 필요하기도 하다. 언어치료사는 매우 신중하게 아동의 수행을 측정하고 말을 비롯한 모든 형태의 의사소통에 관한 합리적인 기대치를 수립해야 한다. 아동에 대한 기대치는 바뀔 수 있지만 이는 언어치료사가 수집한 객관적인 수치에 기초하여 변경해야 할 것이다.

시스템 접근 치료

말 산출에 여러 요소가 관여하기 때문에 중재를 위해서는 각 요소(시스템)의 역할을 아는 것이 중요하다(Netsell and Daniel, 1979). 호흡, 발성, 공명, 조음, 운율은 아동이 나타내는 문제에 따라 치료 과정에 선택될 수 있는 잠정적 목표이다(Duffy,

2005; Strand, 1995). 이 체계는 근육활동을 통해 공기압을 만들어 그 기류를 말소리로 전환하는 일을 한다. 호흡체계는 복부 근육, 횡경막, 흉곽 근육으로 이루어져 있다(**그림 3-3**). 호흡 근육은 말 산출을 위해 폐로부터 호흡에 필요한 공기의 힘을 만들어내고 조절한다. 정상적인 화자는 재빨리 숨을 들이마셔 말을 산출하는 동안 공기가 천천히 조금씩 나갈 수 있도록 성문하압을 적절히 유지한다. Hodge와 Wellman(1999)은 말 산출을 위한 호흡의 힘은 목소리의 크기, 한 호흡당 산출되는 낱말 수, 낱말과 음절 강세, 말 산출시 한 호흡 간격의 길이를 결정한다고 하였다. 발성체계는 후두와 후두 근육으로 이루어져 있다. 후두는 호흡기를 통해 생성된 기류를 조절하는 근육 밸브이다. 성대의 움직임은 모든 유성성 진동의 원천이 되고, 성문파열음과 /h/기음, 속삭임을 만들어낸다. 여기에 더해 성대가 외전되

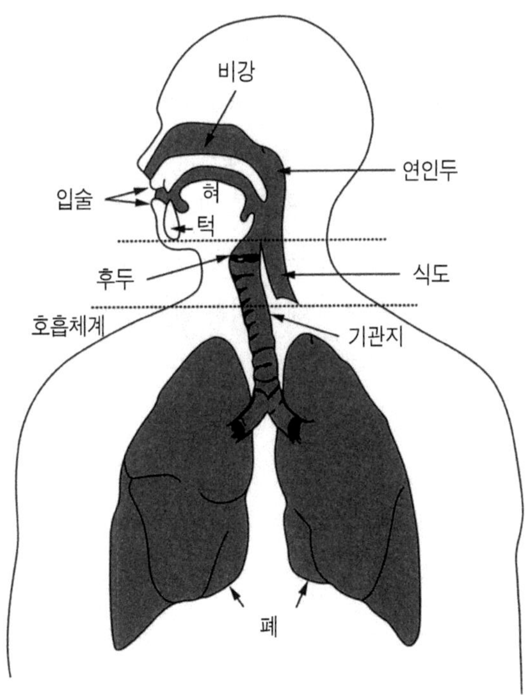

그림 3-3 ❋ 말 산출기관

출처: Bernthal JE, Bankson NW: *Articulation and phonological disorders*, ed 5, Boston, 2004, Allyn & Bacon.

면 무성음을 산출하는 것이다. 후두근육은 성대의 긴장과 길이를 조절하여 목소리의 질, 크기, 높낮이를 변화시킨다.

연구 노트 말에 있어 호흡의 힘은 말의 크기와 한 호흡당 산출되는 낱말 수와, 낱말과 음절 강세의 산출, 말 단위 사이에 있는 휴지의 길이를 결정한다.

Hodge와 Wellman, 1999.

인두강, 구강, 비강은 성도의 구성요소로 소리를 공명시킨다(Strand, 1995). 이 구조물의 각 근육을 다르게 움직여서 공명강을 지나는 음원(sound source)을 선택적으로 조정한다. 구강음은 인두강과 구강이 주요 공명 통로인 반면, 비(강)음은 비강이 주요 공명 통로가 된다. 조음체계는 우선 조음장소로 구분되는데 구강의 조음기관(입술, 혀, 턱)을 조정하여 소리를 산출한다. 언어치료사는 소리가 나는 장소를 알아야 하고 모음과 자음의 각 위치에 대해 설명할 수 있어야 한다. 말소리를 산출할 때 조음과 공명은 상호작용한다. 예를 들면 모음 산출은 성도에서 혀나 입술 혹은 둘 모두의 다른 조음 형태를 바꾸면 다른 소리가 된다. 마지막 체계는 말 산출시 언어적·감정적 자질을 표시하는 운율 체계이다. 운율 자질 혹은 초분절적 요소는 음절, 낱말, 문장 위에 얹히는 변인이다. 감정적 차이를 표현하거나 특정 부분을 강조하거나 낱말 강세와 같은 언어적 변인을 나타내기 위해 사용하는 음도(pitch), 크기(loudness), 시간(timing) 변인이 운율이다. 정상 화자들은 말을 산출할 때 음도, 크기, 시간 요인을 잘 변화시킨다. 호흡, 발성, 조음 체계가 말의 운율 자질을 산출하는 데 상호작용한다.

발달성 마비말장애 아동을 위해 시스템 접근을 채택할 때, 각 치료접근법은 한 개의 시스템에 혹은 복합적으로 여러 시스템에 접근한다(Hodge and Wellman, 1999). 예를 들면 다양한 형태의 바이오피드백을 사용하는 행동치료는 신경운동 기능의 정상화를 목표로 시행할 수 있다. 다양한 반복훈련과 말 훈련 기술은 생리적 기능을 증가시키기도 한다. 여러 가지 외과적 조치와 보철장치와 같은 보상적 치료로 기능을 향상시킬 수도 있다. 예를 들면 구개거상기는 말을 할 때 연인두 폐쇄부전을 개선하도록 만들어졌다. 마지막으로 속도 조절이나 조음동작의 과장과 같은 보상 전략을 사용하여 아동의 잠재적인 의사소통 수준에 상응하도록(commensurate) 말 명료도 수준을 높이기도 한다.

안정된 자세

어떤 경우에는 치료를 시작하기 전에 적절한 자세를 잡는 것이 먼저 필요하다. Hayden과 Square(1994)는 마비말장애 아동 치료의 첫 단계는 적절한 호흡을 촉진하기 위하여 상체의 위치를 잘 조절하게 하고 착석을 잘하게 해주고 구강 근육의 긴장도 문제를 최소화하는 것이라 하였다. 만일 자세 잡기가 문제가 된다면 언어치료를 시작하기 전에 물리치료사나 작업치료사와 같은 전문가의 도움이 필요하다. Solomon과 Charron(1998)은 올바른 자세란 등이 최대한 곧게 펴서 똑바로 앉고 엉덩이가 의자 바닥에 밀착되어야 하며 엉덩이가 의자의 바닥에 밀착되어 있어야 하며 엉덩이, 무릎, 발의 각도가 90°가 되도록 하는 것이라고 하였다. 안정되고 정확한 자세를 잡기 위해서는 팔의 지지도 중요하다. 안정된 자세로 팔을 미는 연습을 할 수 있도록 평평한 책상 판을 설치해 주는 것이 좋다. 팔로 밀어 지탱하며 가슴 근육의 운동이 촉진되어 말 산출시 높은 공기압을 만드는 데 도움이 된다. 팔로 밀기 전략은 후두내전의 문제가 있을 때 도움이 된다.

연구 노트

안정된 자세는 등을 최대한 곧게 펴서 똑바로 앉고, 의자에 엉덩이를 최대한 붙여 등과 엉덩이가 이루는 각도가 90°이고 무릎과 발이 이루는 각도도 90°인 자세를 말한다.

Solomon과 Charron, 1998.

호흡

Duffy(2005)는 문헌연구 결과를 정리하면서 마비말장애가 있는 사람들은 대부분 호흡을 위한 치료가 필요하지 않다는 결론을 내렸다. 호흡이 문제가 되는 경우 대체로 한 호기(expiratory breath group)당 산출하는 단어수가 적고, 단어의 길이에 맞게 호흡을 다양하게 조절하는 능력이 부족하며, 문장이 부적절하게 끊어진다.

글상자 3-6 **호기의 평가**

대상자가 5초 동안 최소한 5cm 수압을 만들 수 있다면 호흡 치료가 필요하지 않다.

1. 우선 유리관이나 비커에 물을 채우고 용기 밖에 줄자를 붙인다.
2. 빨대를 5cm 길이로 용기에 고정 클립을 이용해서 고정시킨다.
3. 대상 아동에게 빨대를 통해 불도록 하고 언어치료사는 얼마나 오래 지속적으로 불 수 있는지 기록한다.

출처: Hixon T, Hawley J, Wilson J: An around-the-house device for the clinical determination of respiratory driving pressure, *J Speech Hear Disord* 47:413, 1982.

만일 아동(혹은 성인)이 약 5초 내에 5cmH_2O의 호기압을 만들 수 있다면 이는 한 호기당 발화 산출 평균치에 해당하기 때문에 호흡 치료가 필요 없다.

Hixon과 동료들(1982)은 이러한 **호기 기능**(expiratory function)을 평가할 수 있는 간단한 검사를 고안했다(**글상자 3-6**). 언어치료사는 물병이나 비커에 물을 담고 바깥 표면에 쇠 눈금자를 붙인다. 그리고 용기 안에는 5cm 정도의 깊이로 빨대를 꽂고 클립으로 고정시킨다. 아동에게 빨대를 불게 하고 언어치료사는 시간을 잰다. 아동이 성공적으로 수행할 수 있는지 판단하기 위해 여러 번 시도한다. 이러한 훈련은 초기에 적절한 성문하압을 만들도록 돕기 때문에 치료 목적으로 활용할 수도 있다. 그러나 이 활동은 비구어 과제임을 기억해야 하고 훈련 특정적(issue of specificity of training)이라는 문제가 있음을 알아야 한다(Duffy, 2005). 치료 과제의 목표는 원하는 말 산출과 연관되어야 한다. 비구어 과제를 활용할 경우 언어치료사는 그것이 말을 잘 산출하는 목표와 밀접한 관련이 있음을 확신할 수 있어야 한다. 이 경우는 아동이 말을 산출할 때 적절한 성문하압을 생성하는 잠정적 능력에 대한 지표를 제공해 준다. 치료 과제로 어느 정도 유용해 보이지만, 아직 경험적으로 검증되지는 않았다.

아동의 호흡문제와 관련된 정보는 많지 않은 편이지만, Solomon과 Charron

(1998)은 뇌성마비 아동에게 활용 가능한 논문들을 검토하였다. 경직형 뇌성마비 아동은 움직임의 범위가 제한되고 힘이 약하며, 근육 긴장도가 높고 경직된 반사가 나타난다. 반대로 무정위운동형 뇌성마비 아동은 자세 조절과 조직적 움직임의 타이밍, 점진적인 움직임의 통제에서 문제를 보인다. 하위 유형별로 문제의 특징이 다른데, 같은 유형으로 분류된 아동들도 중증도에 따라 보이는 특징이 매우 다르다.

Solomon과 Charron(1998)은 비구어 근육강화 훈련을 통해 흉곽 기능을 향상시켜 성문하압을 높이고 목소리를 크게 내도록 만들 수 있다고 제안했다. 나아가 호흡 기능과 용량을 향상시켜 호흡당 산출 음절 수를 증가시킴으로써 말 산출 시간을 늘리고 후두, 연인두, 조음기관의 밸빙이 원활하게 이루어지도록 도울 수 있다는 것이다. 이 문헌연구의 저자들은 호기 근육의 힘을 강화시키는 여러 가지 비구어 기술법을 정리하여 소개했다. 예를 들면 Cerny와 동료들(1997)은 호기를 늘리기 위해 얼굴 마스크를 쓰고 하는 저항 훈련(resistance for expiratory airflow)을 6주간 시행했다. 호기를 길게 유지하는 이 훈련은 호흡 근육을 훈련하는 조건을 만들었고, 결과적으로 말을 산출하는 데 호흡조절력이 개선되었음을 보여 주었다. Baker와 동료들(2005)은 건강한 성인 집단에게 강화 훈련을 실시했는데 치료가 끝난 후 호기압이 최대치에 이른 것을 발견했다. 근육강화 훈련 적용은 훈련 조건을 증진시키기 위해 단순한 도구를 사용한다. 앞에서 논의한 바와 같이 이 훈련방법도 비구어 기법이기 때문에 훈련 특정적이라는 점을 유념해야 한다(Sapienza and Wheeler, 2006; Stathopoulos and Duchan, 2006).

연구 노트

비구어 근육강화 훈련으로 흉곽 기능을 향상시켜 성문하압을 높이고 목소리를 크게 낼 수 있게 만들 수 있다.

Solomon과 Charron, 1998.

Solomon과 Charron(1998)은 호흡 근육 간의 협응 향상을 위해 고안한 **흡기 확인법**(inspiratory checking)에 대해서도 소개했다. 아동에게 숨을 깊이 들이 마신 뒤 천천히 숨을 내쉬면서 말하도록 훈련한다. 이 기법의 이론적 전제는 깊은 흡기로 폐의 크기를 증가시켜 말 산출을 가능하게 하는 성문하압의 잠재력을 증진시킨다는 것이다. 환자가 이 기법을 어려워하면 처음에는 말을 하지 않는 방법으로 훈련하다가 호흡조절이 가능해지면 점진적으로 말 산출 과제를 도입할 필요가 있다.

마지막 호흡조절 기법은 나누어 말하기(speech phrasing)로 알려진 것인데, 짧게 말하기와 흡기를 번갈아 반복하여 공기의 흐름이 원활하도록 도와주는 방법이다(Love, 1992). 아동에게 숨을 들이 마시는 사이사이에 짧은 문장이나 단어를 말하도록 한다. 이런 경우 정상시보다 공기 흡입을 자주 하게 되어 아동은 더 많은 공기를 공급받는다. Love는 아동이 과제를 이해하고 흡기와 나누어 말하기를 교대로 하는 훈련을 해야 함을 강조했다. 이 방법은 말 속도를 늦추게 되는데, 이 역시 자연스럽게 호흡조절에 문제가 있는 아동들의 명료도를 높이는 효과를 가져 오게 된다. 어떤 경우에는 적절한 속도로 발화하도록 만들기 위해 박자판(pacing board)을 사용하기도 한다(Helm, 1979). 이 작은 박자판에는 일련의 경계표시(slot)가 있다. 아동의 정면에 판을 놓아주고 단어나 짧은 문장 산출시 손으로 경계표시를 치도록 한다. 판을 손가락으로 가볍게 두드리면서 발화하는 방법은 원하는 말속도를 유지하게 한다.

발성

Love(1992)는 문헌연구를 통해 마비말장애 아동의 발성 문제에 대해 논의했다. 치료에 대한 자료가 별로 없지만, 전문가들의 의견을 빌리면 음성 문제는 행동적으로 치료하기 어려운 문제이다. Love는 예후는 부정적이지만 음성치료가 특정 환자에게는 유익할 수도 있으므로 음성치료를 시도해 보라고 추천하고 있다.

Hodge와 Wellman(1999)은 발달성 마비말장애인에게는 후두의 유성성(voicing)을 산출할 때 호기의 협응 문제가 자주 생긴다고 지적했다. 아동이 적절한 성문하압으로 성대(vocal folds)가 내전될 때 유성성 산출이 가능하다. 성대 내전이 잘 안 되면 약한 숨소리가 난다. 따라서 탁자 위를 손으로 누르거나 의자 양 옆을 두 손으로 잡고 힘껏 밀며 버티는 훈련을 하면 성대의 근접과 진동을 증진시킬 것이다. 다른 기법으로는 양 손을 잡고 밖으로 미는 방법이 있다. 만일 적절한 성대

떨림이 확보되면 아동에게 적합한 수준의 훈련을 택하여 발성과 호흡조절로 확대하는 활동을 도입한다. 어떤 경우엔 아동이 밀기 방법과 함께 모음을 단독으로 훈련하기 시작하여 개별적인 기준에 달하면 이중모음, 음절, 단어, 문장, 연속 발화 수준으로 발전시킨다. 언어치료사는 매우 세심한 주의를 기울여 치료시 부적절한 보상적 움직임이 생겨 후두 손상이 나타나는 지 모니터링 해야 한다. 덧붙여서 Solomon과 Charron(1998)은 경직형 뇌성마비 아동에게 힘주어 폐쇄를 유도하는 활동을 할 경우 주의를 당부하였다. 만일 치료에 밀기 전략을 활용하고자 할 때는 근육을 늘리고 이완시키는 절차와 함께 사용해야 하며, 정상적인 움직임 패턴을 촉진해야 한다.

뇌성마비가 있는 일부 아동의 경우에는 성대가 과내전되어 음질이 거칠고 긴장되기도 한다(Academy of Neurologic Communication Disorders and Sciences, 2002). 전통적인 이완 기법으로 하품-한숨 접근법, 씹기, 챈팅(chanting)을 도입할 수 있다(Boon and McFarlane, 1994). 만일 성대이완 기법으로 과내전을 완화시켰다면 다음 단계로 모음부터 발성하기 시작하여 점진적으로 연속 발화 과제로 이어갈 수 있다.

공명

과다비성은 연인두 기제에 문제가 있는 아동에게서 가장 많이 나타나는 문제이다(Duffy, 2005). 이 문제는 모음과 구강 자음을 산출할 때 원하지 않는 비강공명이 발생하는 것이다. 연인두가 폐쇄되어야 할 부분이 제대로 기능하지 못하면 호흡과 후두 체계의 효율성이 떨어지게 되고, 이는 빈번한 흡기를 유발하여 말을 적절히 끊어 말하지 못하게 만든다. 뿐만 아니라 비강 기능이 저하되고 전체적으로 음성 강도도 약해지면서 비누출(조음 문제)로 인해서 명료도에 부정적인 영향을 미친다. 부적절한 연인두를 조절하게 하는 기법으로 불기, 빨기, 삼키기와 같은 비구어적 기법은 그리 효과적이지 못하다(Ruscello, 2004; Yorkstone et al., 2001). 현재까지는 단일의 치료법만이 말을 산출하는 데까지 이 힘을 미칠 수 있도록 발달시키는 목표를 달성했다(Kuehn, 1991, 1997; Kuehn et al., 2000; Liss et al., 1994). Kuehn과 동료들은 말을 산출하는 동안 연구개가 지속적으로 저항할 수 있는 힘을 촉진하기 위해 **지속적 양압제공법**(continuous positive airway pressure; CPAP)을 적용했다. CPAP 장치는 공기압을 생성하여(마스크를 이용하여) 비강으로 보낸다. 이렇게 외부에서 유입되는 압력과 성도를 통해 나오는 두 개의 압력으로 연인두 폐쇄가 이루어진다. 외부의 압력은 연구개가 저항하여 움직이는 상황을 마련해 준다. 따라서 아동은 연구개가 저항하는 동안 말을 산출하는 훈련을 할 수 있다. 이는 말을 산출하는 힘을 키우게 해준다(Clark, 2003; Duffy, 2005). 이 훈련을 위해 고안된 활동은 근육재활 프로그램의 목표를 확실하게 해준다. Kuehn과 동료들은 CPAP 치료를 받은 말운동장애 아동들이 향상되었음을 보고했다(Liss et al., 1994).

연구 노트 현재로서는 지속적인 양압제공(CPAP) 치료법만이 말을 산출하는 동안 연인두 구조의 기능을 강화할 수 있다.

Kuehn, 1991, 1997.

과다비성(공명)과 비누출(조음)의 조절에 문제가 있는 대부분의 아동들은 외과적 수술이나 **보철장치**(prosthesis)로 치료한다. Davison과 동료들(1990)은 Hodge와 Wellman(1999)을 인용하여 신경학적인 문제로 인해 연인두 기능에 문제를 보이는 16명의 아동에게 외과적 처치를 실시한 후 결과에 대해 보고했다. 각 대상들은 내시경을 통한 **인두성형술**(pharyngoplasty)을 받았다. 수술 후에는 호흡조절과 조음오류 향상을 위해 치료를 받았다. 중재 후의 말 산출에 대해 조사한 결과 대부분이 명료도가 개선되었다. 연구자는 수술 전 입술과 혀의 기능이 좋았던 아동일수록 더 성공적인 결과를 얻었다고 밝혔다. 하지만 마비말장애에는 일상적인 외과적 중재가 더 효과적이라는 증거가 충분하지 않다(Yorkston et al., 2001).

구개거상기는 연구개의 신경학적인 문제로 야기된 연인두 폐쇄부전의 치료에 있어서 역사적으로 매우 중요한 위치를 차지한다(Duffy, 2005). 보철과 전문의는 언어치료사와의 상담과 함께 이 보조장치를 만든다. 이 기구는 구개의 형태에 꼭 들어맞는 구개 부분과 윗니에 고정시킬 수 있는 걸쇠로 구성되어 있다. 상위 부분은 연구개에 닿아 연구개를 끌어 올려 구조물이 인두후벽과 인두측벽에 거의 닿도록 되어 있다(**그림 3-4**). 이 기구를 만들면 구개 부분은 보통 여러 번의 조정(피팅) 과정을 거치면서 늘려간다. Yorston과 동료들(2001)은 구개거상기는 다른 유형의 마비말장애보다 이완형 마비말장애 경우에 적용해 볼 만하다고 하였다. 마비말장애가 있는 아동에게 있어 구개거상기의 적용이 널리 검토되지는 않았다.

조음

일반적으로 조음치료는 발달성 마비말장애 환자에게 중요한 치료목표이다. 여러 가지 기법과 절차를 이용하여 말 산출 기술과 명료도를 향상시킨다. 조음치료에 대한 논의는 다음을 포함하는데, (1) 오류음의 직접 치료, (2) 음소대조를 통한 명료도 향상 반복 훈련, (3) 보조 기구의 사용, (4) 바이오피드백 치료, (5) 말 산출을 위한 노력이나 말속도 등의 변인 조작(**글상자 3-7**)이 그것이다. 이렇게 다양한 치료기법을 따로 제시하였지만 대개는 각 하위 체계의 치료법과 결합하여 적용한다. 개별 환자의 신경학적 손상의 정도나 부위에 따라 요구도 다양하기 때문이다.

Duffy(2005)는 마비말장애의 치료법은 다른 형태의 조음음운치료를 포함할 수 있다고 하였다. 지각되는 오류는 많은 경우 왜곡되는데 조음위치 자극법을 통해 아동이 목표음을 정확하게 산출하도록 도와줄 수 있다. 목표음을 독립음 혹은 음절 수준에서 정조음할 수 있게 되는 다른 문맥으로 옮길 수 있다. Duffy는 목표음을 유도하고 아동에게 적절한 피드백을 주는 통합적 자극법(Strand and Skinder, 1999; 이 장의 앞부분에서 논의하였음)을 사용해 볼 것을 추천하였다.

조음훈련에서 중요한 것은 근력 강화, 이완, 스트레칭과 같은 서로 다른 근육 훈련 기술의 적합성인데 이에 더해서 언어치료사가 선택한 치료를 구어 과제와 비구어 과제에서 할지 고려하는 것이다. Duffy(2005)는 말을 산출하는 동안 화자는 혀와 입술 근육의 최대 힘의 10~30%를 사용하고 턱 근육은 최대로 낼 수 있는 힘의 약 2%를 사용함을 지적했다. 운동학습에 관한 자료에 따르면 근육 치료목표는 훈련 문맥에서만 실현된다고 한다. 만일 말 산출 기술에 결함이 있는 경우라면 언어치료사는 말 산출 과제를 목표로 삼아야 한다. 예를 들어 말소리 반복연습은 짧은 시간 동안 조음위치를 유지하도록 시도해야 한다. 어두 초성 위치에서 양순음

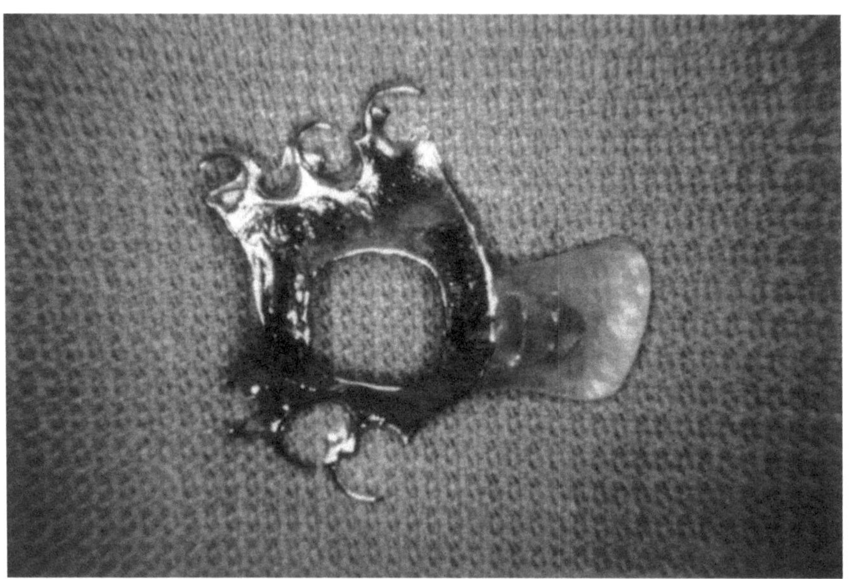

A

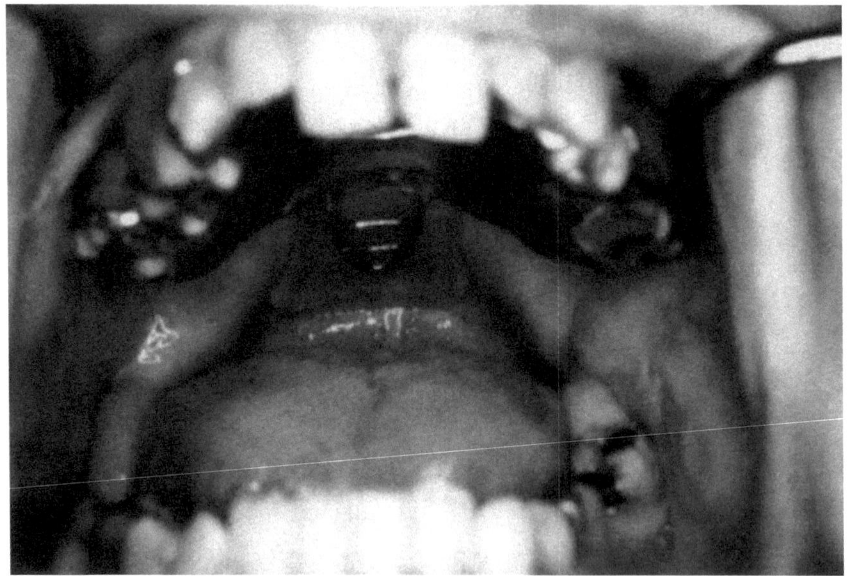

B

그림 3-4 ❋ 구개거상기.
구개 부분을 올리고 연장시키는 부분(A)과 보철기 장착 장면(B).

출처: Duffy JR: *Motor speech disorders: substrates, differential diagnosis, and management*, ed 2, St Louis, 2005, Elsevier.

글상자 3-7 **조음치료의 구성**

- 오류음에 대한 직접 치료
- 음소대조와 명료도 향상을 위한 반복연습
- 보조 기구의 사용
- 바이오피드백 치료
- 말 산출을 위한 노력이나 말속도 등의 변인 조작

(*pie*)은 파열하기 전에 순간적인 폐쇄를 유지해야 한다. 입술을 닫은 상태에서 저모음을 이용하여 턱을 벌리는 연습(*pam*)을 하고 다시 입술을 닫은 상태로 돌아가는 턱 열기 훈련은 과장될 수 있다. 이런 활동 예는 말 연습 과제 상황에서 근육을 강화하고 스트레칭하게 해준다. Duffy(2005)는 말하는 힘을 키우고 속도를 늦추도록 하는데, 그 이유는 이런 기법들이 조음동작을 좀 크게 하는 것을 돕기 때문이라고 했다. 언어치료사는 설명한 예들과 같이 과제들을 고안해낼 수 있다. 그러나 아동들이 과도하게 과장을 해서 원치 않은 보상행동들이 발생되지 않도록 주의해야 할 것이다.

연구 노트

말 산출시 화자는 입술과 혀 근육의 최대 힘의 10~30%를 사용하고 턱의 근육 힘은 약 2%를 사용한다.

Duffy, 2005

음소대조 반복훈련(contrastive drills)은 조음의 위치, 방법, 발성유형의 차이를 인식시키는 데 도움을 주기 위해서 사용하는 방법이다(Yorkston et al., 1999). 이 반복훈련의 목적은 특정한 음소 특징의 차이를 변화시키기보다는 말의 문제에 관한 내적 분석을 기본으로 해서 말을 수정하도록 하기 위한 것이다. 그러므로 이것은 대상의 입장에서 보면 탐험 단계로 스스로 상위음운론적 분석 기술을 사용해

보도록 하는 것이다. 언어치료사가 아동에게 필요한 정보를 제공하면 적절한 적응적 혹은 보상적 행동이 만들어질 수 있다. 예를 들면 조음치료를 받은 뫼비우스 증후군(Moebius syndrome) 아동의 경우를 연구한 DeFeo와 Shaefer의 연구(1983)가 있다. /m, p, b, f/ 소리를 설치음(linguadental)으로 산출하는 아동에게 양순음 산출에 대해 모델링을 해준다. 다음으로 언어치료사는 지금 설치폐쇄음으로 내는 소리와 치경폐쇄음의 차이에 대한 음소대조 훈련을 반복한다. 아동은 치조음인 /t/, /d/보다 조음에 힘이 더 들어가는 /p/, /b/를 산출해서 소리를 대조시킨다. 양순음을 내기 위한 입술 동작이 어렵기 때문에 아동은 명료도에 큰 영향을 주지 않는 보상음을 만들어냈다. 이것은 보조적인 치료 단계로 기존의 목표 위치에 새로운 목표 위치를 대비시키는 것이다. 비음인 /m/와 /n/도 역시 같은 방법으로 대조시킬 수 있는데 /m/도 역시 보상적 위치에서 산출할 수 있다.

Yorkston과 동료들(1999)은 환자의 명료도를 향상시킬 수 있는 새로운 치료활동을 구성했다. **명료도 향상을 위한 반복훈련**(intelligibility drills)이라고 하는데, 이는 음소 하나로 뜻이 달라지는 단어(beet, peat, meet, seat, sheet, cheat)끼리 짝을 지은 단어 세트를 반복연습하는 것이다. 이 단어들은 하나씩 카드에 쓰여 있고, 서로 섞여 있다. 읽기에 어려움이 있는 아동은 그림을 사용할 수 있다. 아동은 대조되는 항목을 차례로 이야기한다. 언어치료사는 아동이 무슨 카드를 선택하는지를 알 필요는 없지만 선택한 카드를 잘 산출했는지를 확인해야 한다. 만일 아동이 첫 번째 시도에서 정확하게 구별하여 산출하지 못하면 아동이 다시 목표 항목을 산출해 보도록 기회를 준다. 만일 반복 시에도 정확하게 산출하지 못하면, 언어치료사가 맞출 수 있게 아동이 제스처와 같은 추가적인 단서를 쓰도록 한다. Hodge와 Wellman(1999)은 목표단어들의 사진이나 그림판을 도입하는 방법으로 반복훈련을 수정했다. 아동이 목표음을 산출하면 언어치료사는 그것이 의미하는 판 위의 사진이나 그림을 지적한다. Yorkston과 동료들(1999)은 명료도 반복훈련이, 아동이 지각적으로 이해 가능한 말 산출을 위한 방법을 개발하고 실험적으로 검증해 보도록 촉진한다는 점에서 매우 유용한 훈련이라고 하였다. 반복훈련은 또한 언어치료사가 아동의 명료도 수준에 맞게 과제를 조정할 수 있는 기회를 준다. 끝으로 이 반복훈련의 좋은 점은 그들이 일상에서 발음 때문에 의사소통이 중단되지만 해결해야만 하는 그 상황에서 연습할 기회를 제공하는 것이다.

말 산출 보철장치나 보조 기구는 때때로 다양한 조음위치에서의 산출을 돕는 데 사용된다. 구개거상기(공명 부분에서 논의됨)는 그렇지 않지만, 일반적으로 다른 구강 내 삽입 보조 기구들은 마비말장애인을 위해 개발되었다(Light, 1995). 구개보조(palatal augmentation) 보철장치는 퇴행성 운동질환 환자들을 돕기도 한다. 기구들은 구강 내에 장착하는 것으로 저하된 혀의 운동 범위를 보상하도록 고안되었다. 이 보철기구는 삼킴과 말에 관여하는 혀 기능의 저하를 최소화하고 혀의 접착점을 알려주는 모양으로 만들어졌다. 발달성 마비말장애인을 위한 다른 기구로 **바이트블럭**(bite block)이 있다(Duffy, 2005). 이 장치의 재질은 아크릴이며 구강 내의 측면에 장착되어 기구가 위, 아래 치아와 닿도록 되어 있다. 아동에게 치료시간 동안 말할 때 이 장치를 끼도록 한다. 이 기구는 아래턱을 유지하고 방해 없이 혀와 입술의 움직임을 용이하게 해준다. 시도 초기에는 아동에게 적절한 것을 결정하기 위해 여러 가지 바이트블럭을 사용해 본다. 아래, 위 송곳니 사이 혓날에 장착한다. Netsell(1985)의 제안에 따르면, 아동의 혓날 넓이에 맞추어 약 5~8mm 정도로 다듬는다. 혓날에 두고 아동에게 살짝 다물도록 지시한다. 여러 가지 다른 음성적 환경에서 턱과 혀, 입술 조음동작의 안정성을 점검할 수 있다.

바이오피드백(biofeedback)은 조음장애 및 다른 말장애와 연하장애 치료까지 광범위하게 적용되어 왔다(Crary & Groher, 2000; McGuire, 1995; Volin, 1998). 수행에 대한 정보는 일반적으로 의식 수준에서 그냥 제공되기는 어렵고, 도구를 통해서 제공되는데, 이를 통해 학습자는 자신의 현재 수행을 수정할 수 있다. Davis와 Drichta (1980)은 바이오피드백을 신경 통제 하에서 특정 생리적 시스템에 대한 즉각적인 실시간 정보인데, 학습자들이 이를 정확하게 지각하지는 못한다고 하였다. 또한 이것은 학습자에게 모호한 감각 정보이기는 하지만 적절하게 수정하면 수행의 변화가 가능하게 만들 수 있는 것이기 때문에 매우 유용하다(바이오피드백 적용에 관한 논의는 제6장 참조).

연구 노트 바이오피드백은 신경 통제 하에서 특정 생리적 시스템에 대한 실시간 정보를 제공하지만 학습자가 정확히 지각하지는 못한다.

Davis와 Drichta, 1980.

말속도와 노력의 양 조절은 주로 발달성 마비말장애 치료시 목표로 잡는 산출 변인이다(Hodge & Wellman, 1999). 이것의 기저에 있는 목적은 아동의 명료도 향상이다. 말속도는 조음시간과 쉼으로 이루어져 있다. Yorkston과 동료들(1999)에 따르면 조음 산출시간은 화자 내에서는 어느 정도 일정하지만 쉼은 개인에 따라 매우 다양하다고 한다. 정상화자의 말속도는 특정 말 과제에 따라 다르다. 문단 읽기 과제에서 평균속도는 분당 160~170 낱말이고, 개별 문장 읽기 과제에서는 분당 190 낱말을 산출한다. 대화의 경우는 더 다양한데 녹음된 대화자료의 말속도는 분당 150~250 낱말이다. 말속도를 늦추는 것은 어떤 화자에게는 명료도 향상에 도움이 되지만 모든 화자에게 적용되는 것은 아니다(Yorkston et al., 1999). 속도를 변화시킬 때 고려해야 할 다른 요인은 말의 자연스러움이다. 어떤 경우엔 더 느려진 말의 속도가 자연스럽게 지각되는지 부자연스럽게 지각되는지는 화자의 말하는 방법에 따라서 매우 중요한 영향을 미친다.

비록 마비말장애인들은 대부분 말속도가 늦지만, Yorkson과 동료들(1999)은 과소운동형이나 운동실조형 마비말장애 환자들은 속도조절 치료법이 가장 필요한 대상이라고 생각한다. 치료대상자들은 말속도를 조절하면 자연스러움과 명료도에 어떤 효과를 보이는지 평가하기 위한 치료시험기간을 가져야 한다. 박자판(pacing board)이나 알파벳 판과 같은 다양한 박자 기법을 사용한다. 알파벳 판 기법의 경우 아동은 말하는 각 낱말의 첫 번째 글자를 확인하여 지적하도록 하는 것이다. **지연된 청각 피드백**(delayed auditory feedback; DAF)은 속도를 바꾸는데 사용했던 또 다른 방법이다. 이것을 사용하려면 이 기계가 있어야 한다. 끝으로 Yorkston과 동료들(1999)은 속도를 늦춰서 말의 자연스러움을 낮추는 문제를 최소화하는 방법을 개발했는데, 박자감 있게 단서를 제공하는 방법이다. 이 기법은 언어치료사가 읽을 문단에서 박자감 있게(조절된 속도로) 읽어야 할 부분만 지적하면서 속도를 조절한다. 언어치료사는 강조하고자 하는 낱말을 지적하여 발화하는 시간을 늘려, 각기 낱말속도를 다르게 하는 것이다. 쉼 시간 조정도 같은 방법으로 한다; 언어치료사는 적절한 쉼을 나타내기 위해 쉬어야 할 부분을 지적한다. 이 기술은 자연스러움을 유지하도록 도울 수 있지만 활자화된 문단에서만 할 수 있다. 박자감 있는 단서는 컴퓨터를 이용하여 말속도 조절의 한 부분으로 낱말 단서와 쉼 시간이 삽입되기도 하였다(Beukelman et al., 1997).

운율

Duffy(2005)는 운율치료가 중도의 환자에게 있어서는 명료도를 향상시킬 수 있고, 경도인 경우에는 말의 자연스러움을 유지시켜 준다고 했다. 운율은 화자가 언어적·정서적 자질을 표현할 수 있는 초분절적 요소이다. **초분절적 요소**(suprasegmentals)는 (1) 음절 강세, (2) 억양, (3) 속도와 박자 등을 말한다(Kehoe & Stoel-Gammon, 1997; Kent, 1998). **자연스러움**이란 화자가 사용한 운율이 적당한지 혹은 부적당한지를 지각적으로 묘사해 주기 위해 사용하는 용어이다. Yorkston과 동료들(1999)의 설명에 의하면, 화자의 말이 청자의 입장에서 내적으로 적절하다고 생각하는 속도, 억양, 강세, 박자와 일치하면 그것은 자연스럽다고 지각하게 된다고 한다. 생리적으로 음절 강세는 발화 내에서 다른 음절들과 비교할 때 힘을 더 들여서 산출한다. 이에 비해 억양은 호흡 혹은 후두의 활동(혹은 둘 모두)에 의해서 조절된다. 말속도와 박자는 말운동의 속도와 패턴을 보여 준다. 운율 특징은 언급했던 바와 같이 각기 다른 말 산출 시스템의 상호작용을 통해서 부호화된다.

연구 노트

화자의 말이 청자의 입장에서 내부적으로 적절하다고 생각하는 속도, 억양, 강세, 박자와 일치하면 그것은 자연스럽다고 지각하게 된다.

Yorkston 등, 1999.

일부 언어치료사는 대상자의 능력에 맞추어 호흡 그룹(breath group)을 알고 최대로 활용할 때 운율이 향상될 수 있다고 생각한다(Duffy, 2005). 호흡 그룹은 운율의 가장 주요한 구성요소로 기능한다. 정상 화자들에게 있어 원래 호흡 그룹은 호흡의 생리적 절차보다는 발화의 구문적인 면과 더 관련되어 있다. 호흡이나 후두조절에(혹은 둘 모두) 문제가 있는 화자는 운율에 문제가 있으며, 말을 위해 호흡과 발성체계의 조절을 개선할 필요가 있다(치료를 위한 지침들은 앞의 호흡과 발성 단락에 포함되어 있다). 호흡과 발성의 문제를 안고 있는 사람들은 그들의 제한된 호흡 그룹으로 적절한 구문적 경계에서 '한 덩이로 말하는 발화(chunk)'를 배울 필요가 있다. 만일 호흡이나 발성 혹은 둘 모두 문제가 지속된다면 중요한 구문적 경계에서 덩이로 말하는 발화의 보상적 전략을 가르칠 수 있다. 이런 지원은 청자가 메시지를 이해하고 대상자의 말을 더 자연스럽게 인식할 수 있도록 도움을 준다.

Duffy(2005)가 설명한 또 다른 운율과제는 **강세대조 훈련**(contrastive stress practice)이다. 발화는 분절적 특징에 따라서 의미가 변하지 않고 다른 운율적 양상을 대조시켜 변하게 하는 것이다. 예를 들면 언어치료사는 아동에게 "Jill은 Karen을 좋아하지 않는다."와 같은 강세반응문장(focal response)을 설정한다. 아동은 이 대답을 하기 전에 일련의 질문을 받는다. 질문은 "질은 카렌을 좋아하니?" 혹은 "카렌은 프레드를 좋아하니?" 등이다. 화자는 앞에서 연습한 강세반응문장을 사용할 수 있지만 질문에 따라 다른 음절을 강조하여 대답해야 한다. 강세반응문장은 억양을 목표로 할 수 있다. 아동은 억양의 변화에 따른 질문(발화의 끝을 올리는 톤)과 진술(발화의 끝을 내리는 톤)에 다르게 반응해야 한다.

참조적 말하기 과제(referential speaking tasks)를 이용하여 대상자의 운율을 지원하는데 이용할 수 있다(Duffy, 2005). 예를 들면 언어치료사는 특정한 목표로 강세가 많은 절이나 문장의 목록을 준비하고 아동은 무선적으로 그 내용을 전혀 알지 못하는 청자에게 읽어준다. 청자의 역할은 치료대상자가 읽은 목표 문장을 목록에서 찾아내는 것이다. 예를 들면 *a big green house**와 *a big greenhouse***와 같이 임의로 조작된 구를 읽도록 한다. 청자의 과제는 적절한 것을 구별하여 찾아내는 것이다. 문장의 경우도 같은데 강세, 억양, 끊어 말하기와 같은 다양한

* (역자 주) 초록색 집은 green과 house를 띄어 읽는다.

** (역자 주) 온실은 green과 house를 띄지 않고 읽는다.

운율을 목표로 확대할 수 있다. 예를 들면 이 훈련을 위하여 'the cow herd will move deer'와 'the cow heard Will move dear' 그리고 'the cow herd will move, dear' 같이 구성할 수 있다.

7. 요약

발달성 말운동장애 아동을 치료한다는 것은 언어치료사에게 매우 어려운 과제다. CAS는 운동계획의 문제로 생긴 것이며, 이와 비교하여 발달성 마비말장애는 운동 실행 단계의 문제이다. 전문가들도 이 장애들을 이해하기 시작한 지 얼마 되지 않았으며, 결과적으로 치료방법도 대부분 전문가의 의견과 제한된 사례 연구에 의존한 것이다. 그렇다고 장애를 가진 사람들에게 언어치료사가 치료를 제공하는 것을 막을 수 없는 일이고 또 막아서도 안 된다. 비록 이 장에서는 조음음운 문제를 우선적으로 다루었지만 언어와 읽고 쓰는 문제에 대한 위험도 있음을 언어치료사는 잘 알고 있어야 한다. 또한 일부 아동은 말소리 발달이 제한적으로만 완성될 수 있으며, 이런 아동들은 보완대체 의사소통 체계를 단독으로 혹은 말과 함께 사용하도록 해야 한다. 말 산출 목표를 위한 세심한 평가와 보호자의 개입이 치료대상자의 의사소통 기술을 최적화하는데 중요한 요인이다.

CAS임을 확정하는 것은 논란의 여지가 있는데, 많은 아동들이 매우 어린 나이에 CAS로 진단받고 있다. CAS의 결정적인 표식들이 명쾌하게 확인되지는 못하고 있지만, 몇 가지 증상이나 증상군이 이 장애의 진단을 내리고 치료를 하는 데 도움을 준다. 만일 언어치료사가 CAS 진단에 의심이 간다면, 진단적 치료 단계를 도입해야 한다. 이런 경우 언어치료사는 일단 진단을 내리지 말고, CAS가 적절한 진단인지 아닌지를 결정하기 위해서 짧은 시간의 진단적 치료기간을 갖도록 한다. 이 장에서 논의된 기법과 절차들은 말소리의 조음음운체계와 운율 치료를 위한 방법들이었다.

발달성 마비말장애 아동들은 신경 손상의 정도와 손상 부위의 기능에 따라서 말 산출 특성이 다르게 나타난다. 말소리와 함께 삼킴과 섭식 같은 비구어 행동들에도 어려움이 있다. 대상자들은 운율, 조음, 공명, 발성, 호흡에서 경도로부터 중도까지의 문제를 보이게 된다. 그러므로 진단과 치료 과정에서 각 시스템 별로 접근하는 방법을 채택하는 것이 중요하다. 이 장에서는 각 체계별로 다른 치료방법들을 논의하기는 하였으나, 실제로는 각 체계들이 알아들을 수 있는 말을 산출하기 위해 동시에 잘 움직여 주어야 한다. 결국 언어치료사는 각 대상자의 필요에 맞게 다양한 방법들을 잘 통합시킬 필요가 있다.

❀ 참고 문헌

Academy of Neurologic Communication Disorders and Sciences: *Practice guidelines for dysarthria: evidence for the behavioral management of the respiratory/phonatory system*, Tech Rep No 3, Minneapolis, 2002, Academy of Neurologic Communication Disorders and Sciences. Available at http://www.ancds.org/practice.html. Accessed July 24, 2006.

Albert M, Sparks R, Helm N: Melodic intonation therapy for aphasia, *Arch Neurol* 29:130–131, 1973.

American Speech-Language-Hearing Association: *Childhood apraxia of speech* [technical report], Rockville, Md, 2006, American Speech-Language-Hearing Association. Available at http://www.asha.org. Accessed February 5, 2007.

Bahr RH, Velleman SI, Ziegler MA: Meeting the challenge of suspected developmental apraxia of speech through inclusion, *Top Lang Disord* 19:19–35, 1999.

Baker S, Davenport P, Sapienza C: Examination of strength training and detraining effects in expiratory muscles, *J Speech Lang Hear Res* 48:1325–1333, 2005.

Bernhardt B: Phonological intervention techniques for syllable and word structure development, *Clin Commun Disord* 4:54–65, 1994.

Beukelman DR, Yorkston K, Tice R: *Pacer/tally rate measurement software*, Lincoln, Neb, 1997, Tice Technology Services.

Boone DR, McFarland S: *The voice and voice therapy*, ed 5, Englewood Cliffs, NJ, 1994, Prentice Hall.

Campbell TF: Functional treatment outcomes in young children with motor speech disorders. In Caruso A, Strand E, editors: *Clinical management of motor speech disorders of children*, New York, 1999, Thieme.

Caruso A, Strand E: Motor speech disorders in children: definitions, background and a theoretical framework. In Caruso A, Strand E, editors: *Clinical management of motor speech disorders of children*, New York, 1999, Thieme.

Cerny FJ, Panzarella KJ, Stathopoulos E: Expiratory muscle conditioning in hypotonic children with low vocal intensity, *J Med Speech Lang Pathol* 5:141-152, 1997.

Clark HM: Neuromuscular treatments for speech and swallowing: a tutorial, *Am J Speech Lang Pathol* 12:400-415, 2003.

Crary MA, Groher ME: Basic concepts of surface electromyographic biofeedback in the treatment of dysphagia: a tutorial, *Am J Speech Lang Pathol* 9:116-125, 2000.

Cumley GD, Swanson S: Augmentative and alternative communication options for children with developmental apraxia of speech: three cases studies, *Augment Altern Commun* 15:110-125, 1999.

Davis SM, Drichta CE: Biofeedback: theory and application to speech pathology. In Lass N, editor: *Speech and language advances in basic research and practice*, New York, 1980, Academic Press.

Davis BL, Jakielski KJ, Marquardt TP: Developmental apraxia of speech: determiners of differential diagnosis, *Clin Linguist Phon* 12:25-45, 1998.

Davis BL, Velleman SL: Differential diagnosis and treatment of developmental apraxia of speech in infants and toddlers, *Infant-Toddler Intervention* 10:177-192, 2000.

Davison P, Razzell R, Watson H: The role of pharyngoplasty in congenital neurogenic speech disorders, *Br J Plastic Surg* 43:187-196, 1990.

DeFeo AB, Schaefer CM: Bilateral facial paralysis in a preschool child: oral-facial and articulatory characteristics: a case study. In Berry W, editor: *Clinical dysarthria*, Austin, Tex, 1983, Pro-Ed.

Duffy JR: *Motor speech disorders: substrates, differential diagnosis, and management*, ed 2, St Louis, 2005, Elsevier.

Forrest K: Are oral-motor exercises useful in the treatment of phonological/articulatory disorders? *Semin Speech Lang* 23:15-26, 2002.

Hall PK: A letter to the parent(s) of a child with developmental apraxia of speech. IV. Treatment of DAS, *Lang Speech Hear Serv Sch* 31:179-181, 2000.

Hall PK, Jordon LS, Robin DA: *Developmental apraxia of speech: theory and clinical practice*, Austin, Tex, 1993, Pro-Ed.

Hayden D: Differential diagnosis of motor speech dysfunction in children, *Clin Commun Disord* 4:119-141, 1994.

Hayden DA, Square PA: Motor speech treatment hierarchy: a systems approach, *Clin Commun Disord* 4:162-174, 1994.

Helfrich-Miller KR: Melodic intonation therapy with developmentally apraxic children. In Perkins WH, Northern JL, editors: *Seminars in speech and language*, New York, 1984, Thieme-Stratton.

Helm NA: Management of palilalia with a pacing board, *J Speech Hear Disord* 44:

350–353, 1979.

Hixon T, Hawley J, Wilson J: An around-the-house device for the clinical determination of respiratory driving pressure, *J Speech Hear Disord* 47:413, 1982.

Hodge MM, Hancock HR: Assessment of children with developmental apraxia of speech: a procedure, *Clin Commun Disord* 4:102–118, 1994.

Hodge MM, Wellman L: Management of children with dysarthria. In Caruso A, Strand B, editors: *Clinical management of motor speech disorders of children*, New York, 1999, Thieme.

Hoffman PR, Schuckers GH, Daniloff RG: *Children's phonetic disorders*, Boston, 1989, College-Hill Press.

Jordan LS: *Gestures for cueing phonemes in verbal apraxia: a case study*. Paper presented at the Annual Meeting of the American Speech-Language-Hearing Association, Boston, 1988.

Kehoe M, Stoel-Gammon C: The acquisition of prosodic structure: an investigation of current accounts of children's prosodic development, *Languages* 3:113–144, 1997.

Kent RD: Prosody in the young child. In Yoder DE, Kent RD. editors: *Decision making in speech-language pathology*, Philadelphia, 1988, BC Decker.

Kent RD: Motor control: neurophysiology and functional development. In Caruso A, Strand E, editors: *Clinical management of motor speech disorders of children*, New York, 1999, Thieme.

Kuehn DP: New therapy for treating hypernasal speech using continuous positive airway pressure (CPAP), *Plast Reconstr Surg* 88:959–966, 1991.

Kuehn DP: The development of a new technique for treating hypernasality: CPAP, *Am J Speech Lang Pathol* 6:5–8, 1997.

Kuehn DP, Imrey PB, Tomes L et al: *Efficacy of continuous positive airway pressure (CPAP) in the treatment of hypernasality*. Paper presented at the Annual Convention of the American Cleft Palate-Craniofacial Association, Atlanta, 2000.

Lewis BA, Freebairn LA, Hansen AJ et al: School-age follow-up with childhood apraxia of speech, *Lang Speech Hear Serv Sch* 35:122–140, 2004.

Light J: A review of oral and oropharyngeal prostheses to facilitate speech and swallowing, *Am J Speech Lang Pathol* 4:15–21, 1995.

Liss JM, Kuehn DP, Hinkle KP: Direct training of velopharyngeal musculature, *J Med Speech Lang Pathol* 2:243–245, 1994.

Love RJ: *Childhood motor speech disability*, New York, 1992, Merrill.

Marquardt TP, Sussman HM: Developmental apraxia of speech: theory and practice. In Vogel D, Cannito MP, editors: *Treating disordered speech motor control*, Austin, Tex, 1991, ProEd.

McCauley R: Translating research into clinical action. In Shriberg LD, Campbell TF, editors: *Proceedings of thė 2002 Childhood Apraxia of Speech Research Symposium*, Carlsbad, Calif, 2002, The Hendrix Foundation.

McGuire RA: Computer-based instrumentation: issues in clinical applications, *Lang Speech Hear Serv Sch* 26:223-231, 1995.

Netsell R: Construction and use of a bite-block for the evaluation and treatment of speech disorders, *J Speech Hear Disord* 50:100-109, 1985.

Netsell R, Daniel B: Dysarthria in adults: physiologic approach to rehabilitation, *Arch Phys Med Rehabil* 60:502-508, 1979.

Robin DA: Developmental apraxia of speech: just another motor problem, *Am J Speech Lang Pathol* 1:19-22, 1992.

Robin DA: *Assessment and treatment of DAS*. Short course sponsored by Therapy Services LLC and the West Virginia Speech-Language Hearing Association, Morgantown, WV, 1998.

Rosenbek J, Lemme M, Ahern M et al: A treatment for apraxia of speech in adults, *J Speech Hear Disord* 38:462-472, 1973.

Ruscello DM: Considerations for behavioral treatment of velopharyngeal closure for speech. In Bzoch K, editor: *Communicative disorders related to cleft lip and palate*, ed 5, Austin, Tex, 2004, Pro-Bd.

Sapienza C, Wheeler K: Respiratory muscle strength training: functional outcomes versus plasticity, *Semin Speech Lang* 27:236-244, 2006.

Shriberg LD, Aram DM, Kwiatkowski J: Developmental apraxia of speech. I. Descriptive and theoretical perspectives, *J Speech Hear Res* 40:273-285, 1997.

Solomon NP, Charron S: Speech breathing in able-bodied children and children with cerebral palsy: a review of the literature and implications for clinical intervention, *Am J Speech Lang Pathol* 7:61-78, 1998.

Square PA: Treatment approaches for developmental apraxia of speech, *Clin Commun Disord* 4:151-161, 1994.

Square PA: Treatment of developmental apraxia of speech: tactile-kinesthetic, rhythmic, and gestural approaches. In Caruso A, Strand E, editors: *Clinical management of motor speech disorders of children*, New York, 1999, Thieme.

Stathopoulos E, Duchan JF: History and principles of exercise-based therapy: how they inform our current treatment, *Semin Speech Lang* 27:227-235, 2006.

Strand E: Treatment of motor speech disorders in children, *Semin Speech Lang* 16:126-139, 1995.

Strand E, Debertine P: The efficacy of integral stimulation intervention with developmental apraxia of speech, *J Med Speech Lang Pathol* 8:295-300, 2000.

Strand E, Skinder A: Treatment of developmental apraxia of speech: integral stimulation methods. In Caruso A, Strand E, editors: *Clinical management of motor speech disorders of children*, New York, 1999, Thieme.

Velleman SL: The interaction of phonetics and phonology in developmental verbal dyspraxia: two case studies, *Clin Commun Disord* 4:66–77, 1994.

Velleman SL: *Making phonology functional*, Boston, 1998, Butterworth

Velleman SL: *Childhood apraxia of speech: resource guide*, Clifton, NY, 2003, Thomson Delmar Learning.

Velleman SL, Strand C: Developmental verbal dysapraxia. In Bernthal JE, Bankson NW, editors: *Child phonology: characteristics, assessment, and intervention with special populations*, New York, 1994, Thieme.

Volin RA: A relationship between stimulability and the efficacy of visual feedback in the training of a respiratory control task, *Am J Speech Lang Pathol* 7:81–90, 1998.

Yorkston KM: Treatment efficacy: dysarthria, *J Speech Hear Res* 39:S46–S57, 1996.

Yorkston KM. Beukelman D, Strand EA et al: *Management of motor speech disorders in children and adults*, ed 2, Austin, Tex, 1999, Pro-Ed.

Yorkston KM. Spencer K, Duffy J et al: Evidence-based practice guidelines for dysarthria: management of velopharyngeal function, *J Med Speech Lang Pathol* 9:257–274, 2001.

Young E, Stichfield-Hawk S: *Motokinesthetic speech training therapy*, Stanford, Calif, 1955, Stanford University Press.

4

구조적 문제로 인한 조음장애 아동의 치료

<개 요>

1. 조음음운오류
   - 발달적 오류
   - 필연적 오류
   - 보상적 오류
   - 특정 음소 비누출
2. 치료
   - 일반적인 치료 개념
   - 보상적 오류의 치료
   - 말소리 체계 오류의 치료
   - 기타 구조적 결함: 치료적 고려사항
3. 요약

❀ 참고 문헌

<핵심용어>

감소된 구강내압
개방교합
경구개마찰음
교차교합
구비강 천공
구순구개열
구안지 증후군 I 유형
대설증
동족파열음
맹관공명
발달적 오류
베크위트-위드만 증후군
보상적 오류
비강 난기류

비강마찰음
비누출
설소대단축증
성문파열음
소설증(혀형성저하증)
소설증-소지증 연쇄
수동적 말 특성
순치마찰음
액주식 압력계
양순음
연구개마찰음
연구개음
연인두 폐쇄부전(연인두 기능장애)
오피츠 증후군
인두마찰음
인두파열음
(중설)경구개파열음
치경마찰음
치열 교합
특정 음소 비누출
필연적 오류
See Scape
X-염색체 연관 구개열

<학 습 목 표>

- ❑ 말소리를 산출할 때 나타나는 다음 4개의 오류 유형을 정의하고 그 예를 들 수 있다. (1) 발달적 오류, (2) 필연적 오류, (3) 보상적 오류, (4) 특정 음소 비누출.
- ❑ 구순구개열 아동들의 일반적인 치료 개념을 설명할 수 있다.
- ❑ 보상적 오류를 보이는 아동들을 위한 일반적인 치료 계획을 설명할 수 있다.
- ❑ 조음음운오류의 치료에 이용할 수 있는 수행 피드백의 유형에 대해 논하고 이 치료 과정에 포함되는 진전 단계의 개요를 설명할 수 있다.
- ❑ 구순구개열 외의 기타 구강 구조 결함에 대해 논하고 각 결함에 대한 치료시 고려 사항에 대해 논할 수 있다.

일부 조음음운장애 아동들은 구어 산출 기제에 이상이 있는 경우도 있다. 이러한 이상은 치아 결손과 같이 경미한 차이인 경우도 있고, 구개열과 같이 심한 문제인 경우도 있다. 이 아동들을 위한 치료는 개별화되어야 하는데, 이 장에서는 여러 구조적 문제와 관련된 특수 중재 프로토콜에 대해 제시하고자 한다.

****

구조적 문제로 인한 조음장애 아동들에 대한 치료 개념을 검토하기에 앞서 독자들

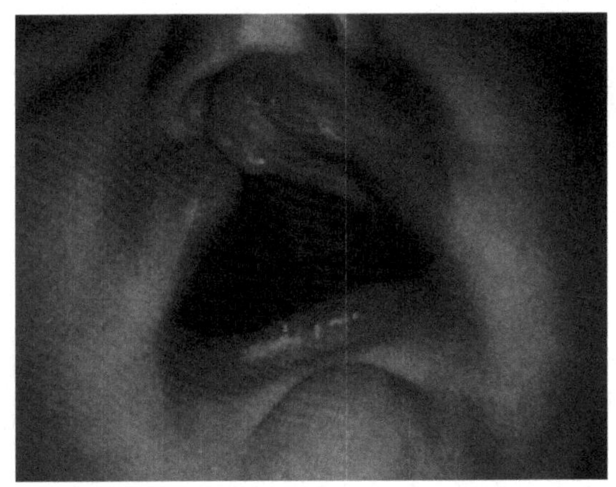

A

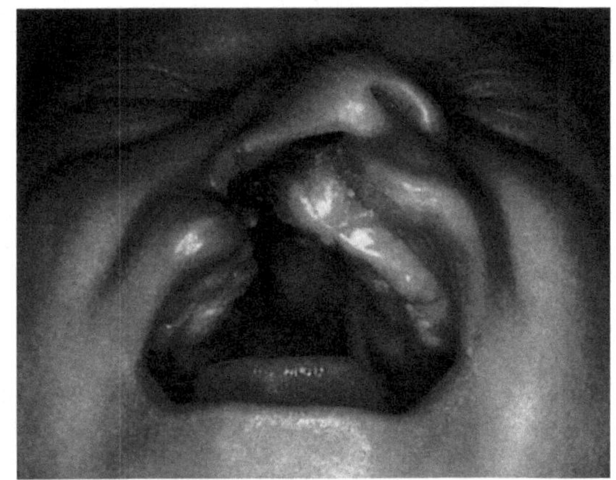

B

그림 4-1 ❋ 2명의 우측 완전 구순구개열 유아. **A:** 입술과 치조 부위의 파열 분절이 비파열 분절에 인접해 있으나 완전 파열에 해당됨. **B:** 서골이 유아의 좌측에 있는 이차구개 비파열 분절에 부착되어 있으나, 우측에는 부착되어 있지 않다. 우측 비익(콧날개, 콧구멍의 측면과 뿌리 부분)이 양측으로 심하게 벌어져 있음에 주목하라.

출처: Peterson-Falzone SJ, Hardin-Jones MA, Karnell MP: *Cleft palate speech*, ed 3, St Louis, 2001, Mosby.

은 아동의 말에서 나타나는 말소리 오류에 따라 치료가 달라짐을 이해하여야 할 것이다. 구조적 문제는 절치(앞니)가 빠져 있는 경우처럼 아주 사소한 문제일 수도 있고, **구순구개열**(cleft lip and palate)과 같이 매우 중대한 문제일 수도 있다. 이 장의 주된 목적은 구순구개열 아동들에 대해 다루는 것이지만(**그림 4-1**), 임상 현장에서 드물게나마 접하게 될 수도 있는 기타 구조적 문제의 아동들을 위한 치료적 권고사항도 제공하고자 한다. 해부학적(구조에서의) 차이(변이)는 말소리 산출에 관여하는 생리(기능)에 영향을 미칠 수 있다(Ruscello, 2001; St. Louis & Ruscello, 2000). 결론부터 말하자면 대상자의 말소리 산출을 분석하여 말소리 산출 오류를 유형별로 구분하여야 한다. Golding-Kushner(2001, 2004)는 전통적인 유성성, 조음위치 및 조음방법 자질에 근거한 분석을 통해 오류를 판정할 수 있는 매우 유용한 분석 체계를 제안하였다. 오류를 판정한 이후, 그 오류가 발달적 오류인지, 필연

표 4-1 구조적 문제로 인한 조음장애 아동들에게서 흔히 나타나는 조음음운오류

오류 유형	설명
발달적 오류	구조적 결함과 관련되어 있지 않은 말 산출 오류 아동이 더 이상 오류를 보이지 않을 수도 있고 치료가 필요한 경우도 있다(오류가 없어지지 않는 경우).
필연적 오류	구강 구조의 차이와 관련 있는 말 산출 오류 필연적 오류는 말 치료효과를 기대하기 어렵다. 수술, 치열교정술이나 치과적 치료를 통해 구조를 개선해 주면 대개는 오류가 자연적으로 해결되는 편이다.
보상적 오류	개별 말소리나 말소리 부류를 대치하는 데 이용되는 오류 산출 오류의 치료를 위해 말치료를 실시한다.

출처: Golding-Kushner KJ: *Therapy techniques for cleft palate speech and related disorders*, San Diego, 2001, Singular.

적 오류인지, 아니면 보상적 오류인지 구분한다. **표 4-1**에 오류 유형을 요약하여 제시하였다.

연구 노트 해부(구조)의 차이는 말소리 산출에 관여하는 생리(기능)에 영향을 미칠 수 있다.

Ruscello, 2001; St. Louis와 Ruscello, 2000.

1. 조음음운오류

발달적 오류

발달적 오류(developmental errors)는 영어 말소리 체계를 습득 중인 아동들에게서 정상적으로 관찰되는 차이를 말한다(Bernthal & Bankson, 2004). 그러므로 발달적 오류는 성도의 해부학적 측면에서의 차이가 작용한 결과로 나타나는 오류는 아니다. 발달기 이후에는 이러한 말소리 오류를 더 이상 보이지 않거나 계속해서 보일 수도 있는데, 오류가 남아 있는 경우에는 치료가 필요한 경우도 있다(Ruscello,

2003). 혀를 돌출시키거나 /s, z/를 **전방 설측음화**(frontal lisp)하여 산출하는 아동을 예로 들어 보자. 이 오류는 발달적 오류로, 성도의 구조적 결함과는 관련이 없다. 발달적 차이를 보이는 것으로 예상되는 기간을 지나서도 이 오류가 지속될 경우 음운 성숙을 기대할 수 있는 기간 동안 자발적으로 교정하지 못하기 때문에 초등학교 초기에 치료를 받아야 할 가능성이 높다.

필연적 오류

발달적 오류와는 달리 **필연적 오류**(obligatory errors)는 정확한 말소리 산출에 필요한 생리적 움직임에 영향을 미치는 구조적 문제의 결과로 나타나는 오류이다(Golding-Kushner, 2001; Ruscello et al., 1985; **그림 4-2**). 산출된 소리는 대개 지각적으로 말소리가 왜곡된 것처럼 들린다. Kummer(2001a)와 같은 일부 연구자들은 필연적 오류를 **수동적 말 특성**(passive speech characteristics)으로 칭하기도 하였다. 이러한 오류는 치과적 보철장치나 치열교정용 보철장치를 착용하고 있는 아동들에게서 관찰되기도 하는데, 교정장치가 조음위치를 방해하기 때문이다. 필연적 오류는 해부학적 차이의 결과로 나타나기 때문에 대개 행동적인 말소리 치료로는

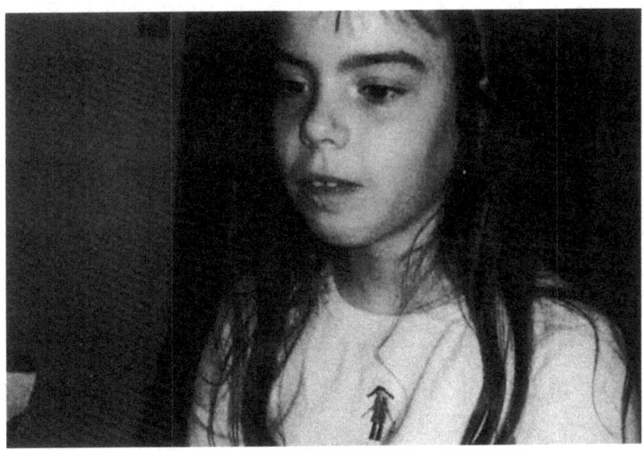

그림 4-2 ❋ 아동이 입술을 다물고 있는 동안에도 상악 중절치가 돌출되어 있다. 치아가 순측전위(입술을 향하여 나 있는 상태)되어 있다. 치경음 산출시 나타나는 혀의 돌출도 필연적 오류로 분류할 수 있다.

개선되지 않는다. 그러나 필연적 오류는 대개 구조적 교정이 이루어지면 저절로 해결되는 편이다(Kummer et al., 1989; Moller, 1994). 아래턱(하악)이 위턱(상악)에 비해 돌출되어 있는 제3형 부정교합 아동을 예로 들어 보자. 아동의 해부학적 결함이 필연적인 혀 돌출을 유발하였기 때문에 양순음, 순치음 및 치경음의 정확한 조음위치 산출에 문제가 생길 수 있다. 이 사례의 경우 언어치료사는 아동이 보이는 오류를 치료해서는 안 되고, 대신 구강외과 의사나 치열교정과 의사 등 치열 전문가에게 아동을 의뢰하여야 한다. 수술이나 치열교정 치료를 통한 교정 후에 말소리 산출 문제를 해결해야 한다. 구강 형태의 변화는 대개 구강 기능의 긍정적 변화를 유발한다(Ruscello et al., 1986; Vallino, 1990).

연구 노트 필연적 오류는 대개 구조적 결함을 교정하면 저절로 없어진다.

Kummer 등, 1989; Moller, 1994.

구강에 다양한 보철장치를 착용하고 있는 아동들도 구강 보철장치의 설치 효과로 인해 필연적 오류를 보이기도 한다. 대개는 아동이 보철장치에 적응하거나(Marino et al., 2005), 보철장치가 해부학적 결함을 교정하여 더 이상 착용할 필요가 없어 제거한 뒤에는 산출 오류도 해결되는 편이다. 필연적 오류는 치아 결손이나 비뚤어진 치아, 해부학적 변이, 경구개 또는 연구개 결함 등 기타 구조적 결함 때문에 나타나기도 한다(Peterson-Falzone, 1988; Peterson-Falzone et al., 2001; Ruscello et al., 2005; Van Borsel et al., 2000).

구순구개열 아동들의 말소리 산출 오류 중 일부는 필연적 오류인 경우도 있다. Kuehn과 Moller(2000)는 필연적 오류가 구순구개열군에서 볼 수 있는 복잡한 문제 중 일부라고 하였다. 연인두 기능장애와 구강 구조에서의 동반되어 있는 차이가 이러한 오류의 원인이 된다. 영어에서 모든 말소리(비음 제외)는 연인두가 폐쇄된 상태에서 산출된다. 연구개와 인두벽의 역동적인 운동은 구강과 비강을 서로 분리시켜 준다. 해부학적 결함으로 인해 연인두 기능장애가 생기면 필연적 오류가 나타날 수 있다.* Golding-Kushner(2001)는 과다비성, 비누출, 비강 난기류, 감소된 구강내압, 구비강 천공에 의한 왜곡도 필연적 오류에 포함시켰다. 과다비성은 공명장애(조음음운체계의 오류가 아닌 연인두 기능장애의 결과 중 하나임)의 일종이다. 이 장애는 모음과 반모음 등의 구강 유성음을 산출할 때 원하지 않는 비강 공명이 지각되는 것을 말한다.

연구 노트

과다비성, 비누출, 비강 난기류, 감소된 구강내압 및 구비강 천공에 의한 왜곡은 구개열군에서 나타나는 필연적 오류의 예이다.

Golding-Kushner, 2001.

비누출(nasal emission)은 파열음, 마찰음 및 파찰음과 같은 압력자음을 산출할 때 비강으로 기류가 새는 경우를 말한다(Peterson-Falzone et al., 2001). 비누출은 검사자가 지각할 수 있을 정도로 들리는 경우도 있고 들리지 않는 경우도 있다. 압력자음을 산출할 때 기류가 코로 갑자기 나가거나 지속적으로 방출된다. 비누출의 또 다른 형태는 **비강 난기류**(nasal turbulence)이다. 기류가 비강을 통과하면서 비강 조직을 진동시키거나 기류가 좁은 협착 부위(아마도 비강 폐색 때문에)를 억지로 통과하게 된다. 이렇게 통과한 기류는 비강마찰음이나 난기류 소음으로 지각된다. 일부 연인두 기능장애 아동들은 압력자음을 정확한 구강 내 조음위치에서 산출하기는 하지만, 구강내압이 감소된 채 산출하기도 한다. 기류를 구강에 가두려 시도하지만 연인두 기능장애로 인해 적절한 구강내압을 형성하지는 못한다. **감소된 구강내압**(reduced intraoral pressure)도 구비강 천공이 있는 아동들의 말에서 나타날 수 있다. **구비강 천공**(oronasal fistulae)은 입천장에 수술로 폐쇄한 부위의 조직이 분리되어(Kummer, 2001a) 비강으로 열린 통로가 생기게 되는 것이다. 작은 천공의 경우에는 증상이 없지만, 큰 천공은 압력자음의 산출에 부정적인 영향을 미친다. 구강내압이 감소되어 있는 사례의 경우 대개는 콧구멍을 막으면 압력자음의 산출에 필요한 구강내압을 형성할 수 있다. 필연적 오류의 소거를 위해

---

*연인두 기능장애는 제3장에서 자세히 다루었던 신경근육계 손상 때문에 나타날 수도 있다.

서는 일반적으로 수술이나 치과 치료가 필요하다.

사례 연구 4-1

필연적 오류: 조음 자극반응도 치료법

E.W.는 3세 3개월의 남아로 일차구개와 이차구개의 일측성 완전파열을 가지고 태어났다. 어머니의 보고에 따르면, 3개월에 입술 수술을 받았고 2세에 입천장 수술을 받았다. 보험 적용 문제로 입천장 수술을 늦게 받았다고 한다. 아동은 구개열 통합팀과 연계되어 있지 않은 성형외과 의사에게서 치료를 받았다고 한다. 말 평가시 경구개와 치조의 접합부에 전방 천공이 있는 것이 발견되었다.

아동의 말 산출에 대한 분석 결과, 모든 모음 및 이중모음과 더불어 파열음 /p, b, t, d/, 비음 /m, n, ŋ/, 유음 /l/, 활음 /j, w/가 자음 목록에 있는 것으로 나타났다. E.W.는 단순 음절 유형 모두를 산출할 수 있었다. 마찰음과 파찰음을 /h/로 대치하였고, /k, g/는 /n/로 대치하였으며, /r/ 대신 /w/로 산출하였다. 아동은 자신의 목록 내에 없는 말소리에 대해서는 자극반응도를 보이지 않았다. 아동은 성문파열음, 인두마찰음 또는 비강마찰음과 같은 보상적 조음은 산출하지 않았으며 치료를 위해 클리닉을 방문하기 전에는 말 평가나 치료를 받아본 경험이 전혀 없었다고 한다. 유성음 산출시 과다비성이 나타났다. 파열음을 산출할 때 청각적 소음을 동반한 비누출이 나타나는 것으로 지각되었다. 이 아동의 경우 중이 문제의 이력도 없고 순음청력 선별검사도 통과하였다. 언어치료사들은 아동이 구강음 산출에 필요한 조음위치를 달성할 수 있도록 시도적 치료 기간을 갖기로 결정하였는데, 여기에는 말 산출을 위한 연인두 폐쇄의 객관적 재평가와 천공의 영향 여부를 확인하기 위한 이차적인 목적도 있었다.

E.W.의 집이 클리닉과 꽤 떨어진 거리에 있기 때문에 강도 높은 치료를 받을 수 없다는 사실 때문에 치료 계획은 복잡해졌다. 50분 길이의 치료를 주 1회식 총 12주 실시하는 것으로 일정이 잡혔다. 아동의 음성 목록 확장을 위해 Miccio(2005)가 개발하고 제2장에서 논의하였던 자극반응도 프로그램을 적용하였다. 아동이 매우 어려서 아동이 관심을 보이고 적극적으로 참여할 수 있는 치료 환경도 제공하였다. 마찰음과 파찰음이 목록에서 빠져 있었기 때문에 마찰음과 파찰음을 발달시키는 것이 주된 목표였다. 치료 외에도 언어치료사와 아동은 목표 말소리를 산출할 때 손가락으로 콧구멍을 막기로 하였다. 이 기법은 아동이 압력자음을 산출하는 데 필요한 구강압력을 형성할 수 있게 해주었다. 평가 과정에서 비누출이 나타남이 확인되었기 때문에 언어치

료사는 이 방법이 반드시 필요하다고 보았다.

간단하게 말하면 자극반응도 프로그램은 독립음 또는 음절 문맥에서 자극반응도가 없는 말소리와 자극반응도가 있는 말소리를 목표로 한다. 각각의 말소리는 특정한 신체 움직임이나 손짓과 더불어 동물이나 사물의 특징과 연관시킨다. 아동이 성공할 수 있도록 자극반응도가 있는 말소리와 자극반응도가 없는 말소리 모두 도입한다. 앞에서 언급한 것처럼 E.W.는 이 프로그램에 매우 흥미를 보였고 참여 동기도 높였다. 어머니로 하여금 자극반응도 프로그램을 매일 20분씩 실시할 수 있도록 교육하였다. 일반화 검사 결과 CV 낱말에서 /f, v, s, k/뿐만 아니라 독립음 수준에서 /z, ʃ/의 자극반응도도 있는 것으로 나타났다. 자극반응도 프로그램은 아동에 초점을 맞추어 조음음운오류의 지속적인 치료와 천공과 연인두 기제에 미치는 영향을 모니터링하는 데 대한 기초도 제공해 준다.

해설

아동의 과다비성, 공명장애 및 비누출, 조음장애 및 음성 목록의 제한 문제는 지속되었으나 원하지 않는 보상적 오류는 발달시키지 않았다. 과다비성과 비누출을 보이는 대부분의 어린 아동들이 바람직하지 않은 보상적 오류를 발달시키는 것에 비하면 이러한 결과는 특이한 것이다. 일반적으로 이러한 지각적 특성은 연인두 폐쇄부전의 징후이다. 비누출은 필연적 오류 중 하나지만 치료실에서는 그에 대한 치료는 실시하지 않았다. 기계적 평가를 통해 연인두 폐쇄와 천공이 말 산출에 미치는 영향의 여부를 확인하기 전까지는 아동의 음성 목록을 계속 발달시키고 바람직하지 않은 보상적 오류를 발달시킬 가능성을 최소화시켜야 할 것이다. 이것이 자극반응도 치료 프로그램을 도입하는 이유이며, 압력자음 산출시 손가락으로 비강을 막아주는 방법도 이용할 수 있다. 이후의 치료 계획에는 기계적 평가가 포함되어야 하며, 운동기술 학습기반 접근법을 이용한 치료를 지속해야 할 것이다. 말 산출시 연인두 폐쇄를 향상시키기 위한 이차 수술도 필요할 수 있다. 그러나 그 전까지는 비강을 막아주는 방법으로 구강자음의 산출에 적절한 조음위치를 발달시키는 것을 목표로 해야 한다. 구개열을 가지고 태어난 아동들의 경우 발달 과정 동안 언어 기술도 모니터링할 필요가 있다(필요할 경우 치료도 시작해야 한다). 마지막으로 E.W.와 같은 아동들은 구개열 및 두개안면팀의 장기적인 관리를 필요로 하는데, 부모에게 추천하는 권고사항도 팀의 장기적인 관리 하에 제공되어야 하는 것이며 그들의 허락 하에 시행되어야 한다.

보상적 오류

Golding-Kushner(2001)는 **보상적 조음**(compensatory articulation)이 목표 말소리나 말소리 부류의 대치에 이용되는데, 능동적 말 특성(active speech characteristics)이라 칭하기도 한다고 설명하였다(Kummer, 2001a). 구순구개열의 경우 보상적 오류는 **연인두 기능장애**(velopharyngeal dysfunction)나 구비강 천공이 원인이 되어 나타난다(Peterson-Falzone et al., 2001). 아동이 구강과 비강이 연결되는 부위보다 뒤에서 기압을 형성하려 시도한다는 것이다. 보상적 오류에는 성문파열음, 비강마찰음, 연구개마찰음, 인두마찰음, 인두파열음 및 경구개파열음이 해당된다(**그림 4-3**). **성문파열음**(glottal stop)은 성대 수준에서 성도를 완전히 막아 압력을 형성하였다가 갑자기 터뜨리면서 조음된다. Trost-Cardamone(1990a)은 구강파열음 대신 성문파열음을 산출하기도 하며 치경마찰음과 파찰음 대신 산출하기도 한다고 지적하였다. **비강마찰음**(nasal snort)은 비강 통로로 기류를 직접 보내어 조음되는데, 마찰음 대신 산출되는 경우가 자주 있다. 언어치료사들은 아동이 말소리를 산출할 때 콧구멍을 막아줌으로써 비누출과 비강마찰음을 구별할 수 있어야 한다. 문제가 비누출인 경우에는 콧구멍을 막아주면 지각적으로 적절한 조음방법으로 말소리가 산출될 것이다. 문제가 비강마찰음인 경우에는 비강마찰음이 목표 말소리를 대치하기 때문에 구강에서 조음되는 소리가 전혀 없다.

연구 노트 성문파열음은 구강파열음 대신 산출되기도 하며 치경마찰음(lingual fricatives)과 파찰음 등 기타 압력자음을 대치하기도 한다.

Trost-Cardamone, 1990a.

Golding-Kushner(1995)는 **연구개마찰음**(velar fricative)이 연구개와 혓몸을 협착하여 산출된다고 설명하였다. 기류(혹은 유성음의 경우 후두음에 더해진 기류)가 마찰을 일으키면서 변화된다. 인두마찰음과 인두파열음은 혀의 뒷부분과 인두벽이 협착하면서 산출된다. 마찰음은 성도 내 좁은 협착 부위로 기류(또는 기류

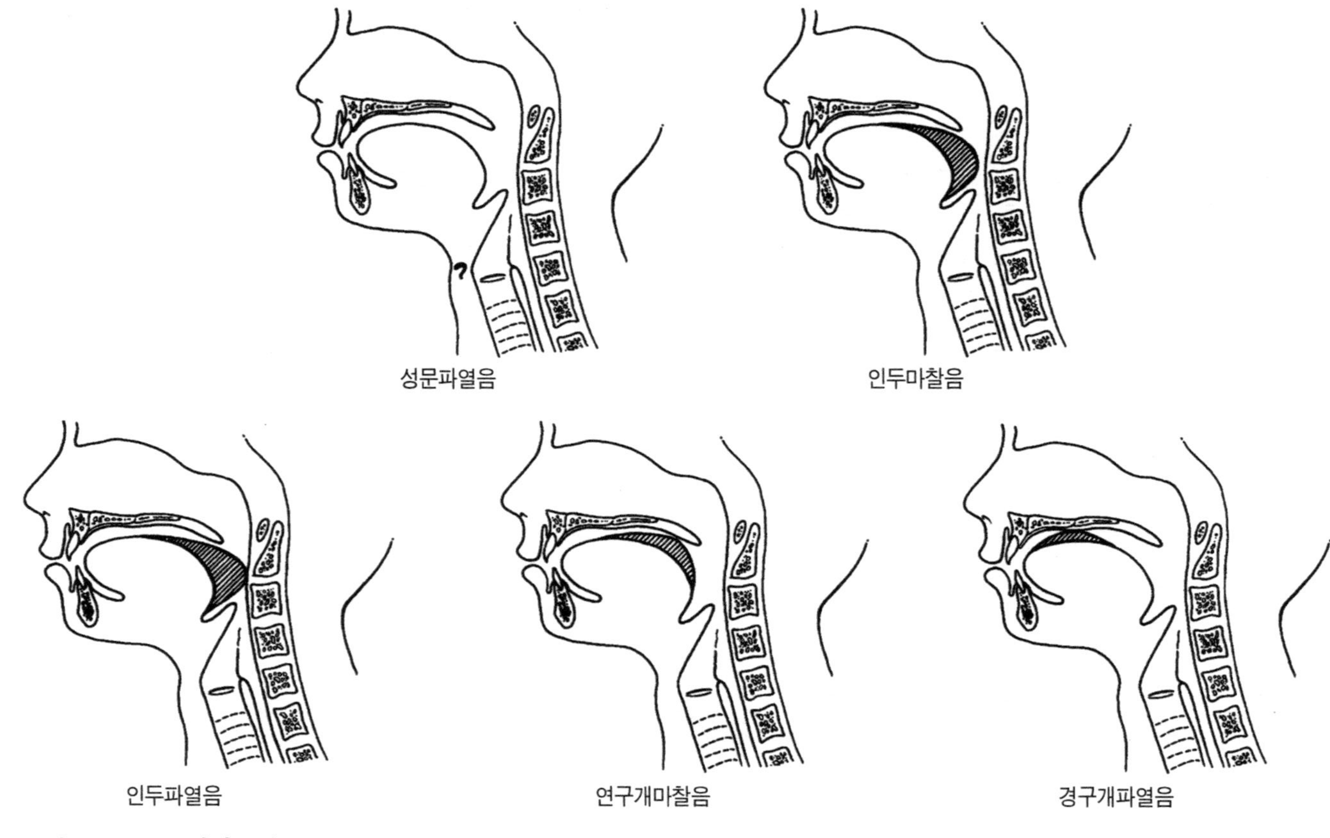

그림 4-3 ✽ 보상적 조음

출처: Trost JE: Articulatory additions to the classical description of the speech of person with cleft palate, *Cleft Palate J* 18: 193–203, 1981; Trost-Cardamone JE: *Speech compensatory misarticulations*, Proceedings of the American Cleft Palate-Craniofacial Association Preconference Symposium, New Orleans, 1997에서 수정 게재함. 더 많은 정보를 얻으려면 Peterson-Falzone SJ, Trost-Cardamone JE, Karnell MP et al: Effects of cleft and non-cleft VPI on speech in older children. In *The clinician's guide to treating cleft palate speech*, St. Louis, 2006, Mosby 참조.

및 음향 에너지)가 지나면서 산출되는 반면, 파열음은 완전한 폐쇄와 빠른 방출에 의해 산출된다. 연인두 기능장애나 구개 천공이 일부 대상자들이 산출하는 인두마찰음과 인두파열음의 원인이 된다. **인두마찰음**(phayngeal fricative)은 설마찰음과 파찰음을 대치하여 산출되고, **인두파열음**(pharyngeal stop)은 대개 연구개파열음 /k, g/를 대치하여 산출된다(Trost-Cardamone, 1990a).

보상적 조음의 마지막 유형은 **경구개파열음**(middorsum palatal stop)이다. 혓날과 경구개가 서로 닿으면서 성도가 완전히 폐쇄된다. 연구개파열음 /k, g/보다는 앞에서, 치경파열음 /t, d/보다는 뒤에서 폐쇄가 일어난다. 이러한 유형의 보상적 오류는 연인두 기능장애가 있는 사례에게서 나타나기도 하지만 구비강 천공이 있는 사례에게서 더 자주 나타난다. 보상적 산출 양상은 /t/와 /k/ 그리고 /d/와 /g/ 음소 경계의 지각을 모호하게 만드는 조음음운오류를 야기한다(Gibbon & Crampin, 2001; Trost, 1981).

최근의 한 연구에서 Hardin-Jones와 Jones(2005)는 구개열을 가지고 태어난 212명의 학령전기 아동들을 대상으로 공명과 말 산출 기술을 검사하였다. 연구 대상의 연령 범위는 2세 10개월부터 5세 6개월이었고, 이들의 평균 연령은 3세 6개월(남아 124명, 여아 88명)이었다. 각 아동에게 공식 낱말 검사를 실시하고 일상대화에 참여하게 하였다. 총 37%, 약 78명의 아동이 중등도에서 중도의 과다비성을 보이거나 비음성 감소를 위해 이차 수술이 필요한 것으로 평가되었다. 53명, 25%의 아동이 보상적 오류를 보였다. 가장 많이 나타난 보상적 오류는 성문파열음(25%), 성문마찰음 /h/(13%), 비음 대치(13%), 경구개파열음(7%), 인두마찰음(3%), 후비강마찰음(3%)이었다. 연구자들은 공명과 말 산출 결과는 학령전기 및 학령기 아동들을 대상으로 최근에 실시한 다른 연구의 결과와 유사하다고 하였다. 이 자료는 구개열 수술을 받은 아동들 중 상당히 많은 수가 말 치료를 필요로 하며, 여러 종류의 보상적 오류를 보임을 시사하는 것이다.

연구 노트

구개열을 가지고 태어난 학령전기 아동 212명을 대상으로 한 연구에서 약 25%가 보상적 오류를 산출한 것으로 나타났다. 보상적 오류의 유형과 빈도는 성문파열음(25%), 성문마찰음 /h/(13%), 비음 대치(13%), 경구개파열음(7%), 인두마찰음(3%), 후비강마찰음(3%)이었다.

Hardin-Jones와 Jones, 2005.

특정 음소 비누출

조음음운오류 중 마지막 유형은 **특정 음소 비누출**(phoneme-specific nasal emission)이다(Peterson-Falzone et al., 2001). 이 오류는 구조적 결함과 관련되지 않고, 오히려 학습오류(mislearning)에 해당된다. 아동은 문제가 없는 연인두 기제를 가지고 있으나 말소리나 말소리 부류를 비강마찰음으로 조음하는 것이다. 이러한 문제는 /s/나 다른 설마찰음 및 파찰음과 연관되어 나타나는 경우가 많다. 기타 압력자음은 정확하게 산출하며, 공명의 균형도 정상적이다. 구조적 문제가 전혀 없기 때문에 특정 음소 비누출은 말 치료로 쉽게 고칠 수 있다.

2. 치료

먼저 구순구개열 아동들의 일반적인 치료 개념에 대해 논의한 뒤에 성문파열음과 같은 보상적 조음 오류에 대한 특수 치료에 대해 설명하고자 한다. Golding-Kushner(2001)와 Peterson-Falzone과 동료들(2006)이 연인두 형성부전(velopharyngeal insufficiency; VPI)을 보이는 아동들의 말에서 나타날 수 있는 조음음운오류에 대해 훌륭한 논의를 제공하였다. 일부는 VPI 아동들의 조음음운오류를 음운적 기반의 오류로 보지만(Chapman, 1993; Pamplona & Ysunza, 1999), 그러한 오류 중 많은 오류의 기저에는 생리적 원인이 있음을 유념해야 할 것이다. 예를 들어, Golding-Kushner(2001)는 성문파열음은 생리적 원인으로 인한 오류이지 음운오류는 아니라고 하였다. 언어적 산출 수준에서의 오류라기보다는 운동적 산출에서 변화가 일어난 것이라 보는 것이다. Trost-Cardamone와 Bernthal(1993)은 다음과 같이 기술하였다.

> 구개열과 연관되어 나타나는 초기의 구강 구조 결함이 기저의 음운적 표상의 습득을 어느 정도로 방해하는지는 모르나, 보상적 대치를 보이는 아동은 표면 수준에서 장소 자질의 문제를 보인다. 이러한 이유 때문에 언어치료사는 파열음, 마찰음 및 파찰음에 대해 성도 내에서의 조음위치 대조 치료에 역점을 두어야 한다.

일반적인 치료 개념

글상자 4-1에 다음의 치료 개념을 요약하여 제시하였다.

1. 구순구개열 아동들은 3차 치료를 위해 구개열-두개안면 팀이 추적 관찰하며 자신의 지역 사회 내에서 1차 및 2차 치료를 받는다. 따라서 이들에게 질적인 치료를 제공하는 데 팀 구성원 간의 협력이 중요하다. Grames(2004)는 구순구개열 아동은 출생하면서부터 말-언어치료 서비스의 추적 관리를 받을 수 있으며 팀에 소속된 언어치료사가 말과 언어치료를 위한 권고사항을 결정하게 된다고 지적하였다. 많은 경우 치료 담당 실무자가 구개열 환자에 대한 경험이 풍부하지 않고 두 팀의 환자 치료 철학이 달라서 효율적인 협력이 방해를 받기도 한다. 협력에서 가장 중요한 요인은 언제든 의사소통할 수 있다는 열린 태도(open line of communication)를 유지하는 것이다. 그리고 두 집단이 효율적인 치료 모델을 개발하고 실행하는 데 협력해야 하는 상황도 생길 수 있다(Ruscello et al., 1995). 치료적 권고사항에 대해 의문점이 생기면 서비스 제공의 책임이 있는 실무자가 팀의 언어치료사와 상의하여야 할 것이다. 구개열 팀을 방문할 때 아동과 동행하는 것이 도움이 되기도 한다.
2. 아동이 18개월 전에 입천장 수술을 성공적으로 받은 경우라면 말은 대개 정상적으로 발달한다. Morris(1992)는 입천장 수술을 받은 아동들의 약 75%가 정상적인 말을 발달시킨다고 하였다.

3. 많은 경우 최초의 입천장 수술 이후 연인두 기능장애를 보이는 아동들은 인두 피판술이나 인두괄약근성형술과 같은 이차 수술을 받거나 말 보조장치를 착용해야 한다(Kummer, 2001b). 보상적 조음을 산출하는 것으로 판단될 경우에는 수술이나 보철치료 이후로 치료를 미뤄서는 안 된다. 치료의 유형은 아동의 생활 연령과 발달 수준에 따라 달라진다. 보상적 오류의 소거가 연인두 운동에 긍정적인 영향을 미침을 입증한 일부 연구도 있다(Henningsson & Isberg, 1986). 즉, 구강음의 조음위치를 정확하게 잡아주면 말을 산출할 때 연인두 폐쇄가 촉진될 수 있으나, 과다비성과 비누출은 어느 정도는 계속 남아 있기도 한다. 과다비성은 공명장애의 일종이고 비누출은 조음장애의 일종인데, 둘 모두 VPI 때문에 필연적으로 나타나는 오류이다.
4. 말 치료를 받고 있고 이차재건수술을 받는 아동들은 의료적 처치가 끝난 이후 말 치료를 다시 받아야 할 수도 있다. 언어치료사는 수술 이후 오랫동안 치료를 미룰 필요는 없다(Golding-Kushner, 2001).
5. 대부분의 구개열 아동들은 근육 약화가 없는데도 필연적 오류 또는 보상적 오류를 보이거나 둘 모두 보일 수 있다. 불기, 빨기, 입술이나 혀의 힘을 향상시키기 위한 특정 저항운동 등 구강운동 치료법은 권하지 않는다. 더욱이 구강운동 치료를 통해 연인두 기능을 향상시키려는 목적으로 이루어진 연구는 전혀 성공적이지 않는 것으로 나타났다(Tomes et al., 2004). 최근의 연구 결과에 따르면, 매우 제한된 수의 연인두 기능장애 환자들만이 연구개 근육의 근력 훈련에 역점을 둔 훈련을 통해 이득을 볼 수 있는 것 같다(Tomes et al., 2004). 그러나 말을 산출하는 동안에 근력 훈련을 실시해야지 비구어 구강운동을 하는 동안에 훈련해서는 안 된다(Ruscello, 2004).
6. 구개열 아동들은 중이염과 청력 손실을 보이기 쉽다(McWilliams et al., 1984). 언어치료사는 이러한 잠재적 문제를 인지하여 아동의 부모, 교사 및 기타 보호자와 협력하여 아동이 적절한 의료 및 청각 서비스를 받을 수 있도록 해야 할 것이다.
7. 구개열 아동들은 언어발달 지연을 보일 위험이 높다(Peterson-Falzone et al., 2001). 학령전기 동안 최초 평가와 정기적인 추적 관리가 이루어져야 한다. 필

글상자 4-1 구순구개열 아동의 치료를 위한 일반 개념

- 질적인 치료의 제공에는 협력이 중요하다.
- 18개월 전에 성공적인 입천장 수술을 받은 아동들은 대체로 정상적인 말을 발달시킨다.
- 최초의 입천장 수술 이후 연인두 기능장애를 보이는 아동들이 이차수술이나 말 보조장치를 필요로 하는 경우가 많다.
- 대부분의 구개열 아동들은 근육 약화를 보이지 않지만 필연적 오류나 보상적 오류(또는 둘 모두)를 산출할 수 있다. 비구어 구강운동 기법은 치료효과가 없다.
- 구개열 아동들은 중이염과 청력 손실을 보이기 쉽다.
- 구개열 아동들은 언어발달 지연을 보일 위험이 높다.

요하다면 치료를 시작한다.

연구 노트 18개월 전에 입천장 수술을 받은 아동들의 약 75%가 정상적인 말을 발달시킨다.

Morris, 1992.

보상적 오류의 치료

보상적 오류의 치료는 운동기술 학습 원리를 이용하는데, 치료의 틀은 제1장과 제2장에서 논의하였다. 낱말 검사와 자발화 검사를 포함한 평가 결과를 토대로 치료목표를 수립한다. 다음으로는 검사 과정에서 판정된 조음음운오류를 **발달적 오류**, **필연적 오류** 또는 **보상적 오류**로 구분한다. 발달적 오류는 대상 아동의 연령에 따라 잠정적 치료목표가 되는 경우도 있고, 되지 않는 경우도 있다. 필연적 오류는 대개 구조적 문제가 작용하여 나타나기 때문에 치료목표로 삼지 않는다. 구조적 문제의 교정을 위해서는 그에 맞는 의사나 치과 전문가에게 의뢰하는 것이 필요하다. 치과적·의학적 치료가 끝난 뒤에 말-언어 평가를 실시해야 한다. 그러나 구조적 변화로 인해 정확한 기능을 수행할 수 있게 되는 경우가 많다(Moller, 1994; Ruscello et al., 1985). 이와는 반대로, 보상적 오류가 확인되면 치료목표로 삼아야 한다. 앞에서 논의하였듯이 보상적 오류에는 성문파열음, 비강마찰음, 연구개마찰음, 인두마찰음, 인두파열음, 경구개파열음이 해당된다. 목표는 정확한 말소리 산출(현재는 더 뒤쪽에서 조음되는 소리로 대치되고 있는 말소리들의)이기 때문에 치료 과정과 가정에서 강도 높은 연습을 하는 것이 치료의 성공에 가장 중요하다.

Golding-Kushner(2001)는 /**h**/의 도입으로 시작하여 전방 조음위치에서 산출되는 자음부터 시작하여 점차 후방에서 산출되는 자음을 도입시키는 치료법을 제안하였다. 목표음에서 자극반응도가 있는 경우, 아동이 목표음으로 선정될 가능성이 없는 일부 구강음을 산출할 수 있는 경우, 또는 아동이 권고된 훈련 순서에 들어 있지 않는 말소리나 말소리 부류를 습득한 경우에는 훈련 순서를 조정할 수 있다. 예를 들어, Golding-Kushner는 치경음 훈련 전에 양순음을 도입할 것을 제안하였다. 그러나 치경음에서 자극반응도가 있으면 치경음을 먼저 목표로 할 수도 있다. **표 4-2**에는 추천하는 말소리 부류의 훈련 순서를 제시한 것이다. 언어치료사가 적용하는 말소리 훈련 기법에는 여러 가지가 있는데, 이러한 기법은 구순구개열 아동들이 구강음의 정확한 조음위치 대신 후방에서 조음하기 때문에 개발되었다. 그러한 훈련 기법을 지지할 수 있을 정도로 실증적인 자료가 충분하지 않으나, 구순구개열 화자들에 대한 임상 경험이 풍부한 실무자들에 의해 개발된 것임을 알아야 할 것이다.

말소리 체계 오류의 치료

수행 피드백

많은 구개열 아동들이 목표음의 정확한 조음위치를 달성하는 데 문제를 보일 수 있다. 보상적 오류는 몸에 깊이 베여 모방 모델에 반응하지 않을 수도 있다. 따라서 치료를 실시하는 동안 대상 아동에게 추가적으로 수행에 대한 피드백이나 도움을 제공해 주어야 한다(**글상자 4-2**). Trost-Cardamone(1990a)은 조음위치의 관

표 4-2 조음위치에 따른 자음 훈련 순서

조음위치	음소
1군	
후두음	/h/
2군	
양순음 순치음	/m, p, b/ /f, v/
3군	
치경음 설치음 치경음	/t, d, n/ /θ, ð/ /s, z/
4군	
연구개음	/k, g, ŋ/
5군	
경구개음 경구개음	/ʃ, ʒ/ /tʃ, dʒ/

출처: Golding-Kushner KJ: *Therapy technique for cleft palate speech and relaed disorders*, San Diego, 2001, Singular.

찰에 거울을 이용하거나 조음기관 단면도를 이용하여 조음기를 명확하게 알 수 있게 해줄 수도 있다고 제안하였다. 이러한 기법은 특히 말 습득 초기에는 산출 시도에 대한 대상자의 청각적 모니터링 능력에 문제가 있을 수도 있으므로 효과가 있는 경우가 많다. 사용할 수 있는 또 다른 기법은 콧구멍을 막는 것이다. 이 기법의 목적은 구강내압을 형성할 수 있게 해주고 구강 압력 자음을 산출할 때 비누출이 일어나는 것을 방지하기 위한 것이다. 이는 또 바람직하지 않은 기류나 음향에너지가 코를 통과하는지에 대한 피드백을 제공해 주기도 한다(**그림 4-4**). **맹관기법**(**콧구멍 폐쇄 기법**, cul-de-sac technique)도 언어치료사나 아동이 콧구멍을 막게 하는 방식으로 적용할 수 있다. 아동 스스로 콧구멍을 막을 경우 추가로 촉각적 피

글상자 4-2 치료 과정에 이용할 수 있는 수행 피드백 유형

- 조음위치 관찰을 위한 거울
- 조음기관 단면도
- 콧구멍 폐쇄(맹관기법)
- 코집게
- 청취관
- See Scape
- 액주식 압력계(수주 압력계)
- 빨대
- 바람 갈퀴(air paddle)
- 기계적인 음향 및 생리 수행 지표

드백이 될 수 있다(Kummer, 2001b). 반복연습활동을 하려면 손가락으로 막는 것 대신 코집게를 사용할 수도 있다. 또 다른 피드백 기법은 기류의 비누출을 감지하기 위한 '청취관(listening tube)'을 이용하는 것이다. 청취관은 투명한 플라스틱 관

그림 4-4 ❋ 특정 음소 비누출을 보이는 아동이 /s/ 음소 산출을 연습하면서 스스로 콧구멍을 막고 있다.

으로 한쪽 끝은 콧구멍에 끼우고 반대쪽 끝은 귀에 가까이 댄다. 청취관을 이용하면 아동이 바람직하지 않은 비누출을 감지할 수 있게 된다.

연구 노트 조음위치를 관찰할 수 있는 거울과 조음기관의 단면도는 대상자의 수행에 대한 피드백을 제공하는 데 도움이 된다.

Trost-Cardamone, 1990a.

See Scape(Pro-Ed, Austin, Tex.)도 피드백 제공의 목적에 이용할 수 있는 상업적으로 제작된 장비이다. 유리로 된 피스톤에 튜브가 연결되어 있다. 유리 피스톤 안에는 기류에 반응하는 작은 스티로폼 조각이 들어 있다. 튜브 끝에 있는 올리브형 코마개를 한 쪽 콧구멍에 꼭 들어맞게 끼운다. 피스톤 안에 있는 스티로폼이 움직이면서 바람직하지 않은 비강 기압이 감지된다. See Scape는 구강 압력에 대한 시각적 피드백을 제공할 때에도 이용할 수 있다. 이 경우 코마개를 입술 사이에 두고 파열음 /p, b/ 등의 말소리 산출시 구강 기압이 방출되는지에 대한 시각적 피드백을 제공해 줄 수 있다. **액주식 기압계**(water manometer)는 기압의 측정에 이용할 수 있는 장비의 일종으로 구강 기압이나 비강 기압을 확인하는 데 See Scape처럼 이용할 수 있다. 빨대도 같은 방법으로 이용할 수 있다. 입술 사이에 물면 구강으로 방출된 기류가 빨대를 통과하면서 청지각을 가능하게 하여 아동이 구강에 초점을 맞출 수 있게 해주는 데 도움이 된다. 또 다른 피드백 도구는 바람 갈퀴를 이용하는 것인데, 바람 갈퀴는 구강음을 산출할 때 대상자의 코 아래에 대주는 작은 종잇조각을 말한다. 바람직하지 않은 비누출이 나타나면 바람 갈퀴가 움직인다. 기류역학 장비(Peterson-Falzone et al., 2001)와 같은 복잡한 도구도 피드백의 목적에 이용할 수 있지만, 많은 실무자들이 충분한 수의 구개열 환자들을 접하지 못하므로 그러한 장비에 접근할 수 있는 기회가 별로 없는 경우가 많다.

조음음운오류 치료의 세부내용

/h/를 도입하는 이유는 대상 아동에게 성문파열음 산출과 생리적으로 양립하지 않는 말소리를 산출하게 하는 것이다. /h/를 음절, 그 다음으로는 낱말 안에 포함시

켜 산출하도록 훈련시키는 것은 보상조음을 소거하는데 매우 중요한 첫 번째 단계이다. 대개는 언어치료사가 시범을 보여 주고 아동이 모방하게 하는데, 시범으로 들려줄 때에는 속삭이는 것처럼 연장하여 산출해 준다. 정확하게 산출할 수 있게 되면 목표 말소리를 다양한 낱말 위치(초성 및 어중 초성)와 음절, 낱말, 구, 문장과 같은 훈련 수준에 포함시켜 산출을 유도한다. 예를 들어, 처음에는 음절 수준의 초성에서 /h/ 산출을 훈련할 수 있다. 대상 아동이 적절한 반응정확도 기준을 달성할 수 있게 되면 다양한 낱말 위치나 구, 문장 및 대화와 같은 훈련 수준으로 이동한다.

성문파열음 패턴이 없어지고 /h/를 정확하게 산출할 수 있게 되면 다른 말소리를 도입하는 데 필요한 동시조음 음소로도 이용할 수 있다. 즉, 언어치료사는 이 말소리를 오조음되는 다른 말소리를 산출하기 위한 기초로 이용할 수 있다. Golding-Kushner(2001)도 오류음과 목표음을 구분시키는 데 심상을 이용할 것을 추천하였다. 예를 들면, 언어치료사는 성문파열음 산출은 **기침소리**(coughing sound)로 명명하고, 목표음은 **입소리**(mouth sound)나 **상쾌한 소리**(breezy sound)로 명명할 수도 있다. 이러한 명명은 아동이 목표음을 지각하고 후방 조음 패턴을 없애는 데 도움을 주기 위해 고안된 것이다. 언어치료사는 정확한 산출과 오류를 확인하여 대상 아동에게 적절한 피드백을 제공해 준다. 예를 들면, "아니야, 지금 낸 소리는 기침소리야. /p/하고 터지는 소리를 내봐"라고 할 수 있다.

오류음과 목표음 구분에 심상을 이용하면 조음음운오류의 치료에 도움이 된다. **연구 노트**

Golding-Kushner, 2001.

정확한 /h/ 산출을 달성한 이후에는 **표 4-2**에 제시한 말소리 부류로 치료를 전환한다. 첫 번째 말소리 부류에는 **양순음**(bilabials) /m, p, b/가 포함된다. 대개 아동이 비음은 산출할 수 있으나, /m/가 아동의 목록 내에 포함되어 있지 않으면 훈련할 필요가 있다. 아동에게 입술을 다물게 하고 콧노래를 부르게 지시하는 것도 하나의 기법이다(Golding-Kushner, 2001). 이 기법은 흔히 /m/ 산출을 가능하게 해준다.

이 부류의 다른 말소리는 **동족파열음**(또는 **파열동족음**, plosive cognates) /p, b/이다. 이 말소리는 압력음으로 적절한 구강내압을 만들어야 한다. 성문파열음은 흔히 양순파열음을 대치하여 산출된다. 동족음을 치료할 때에는 무성음 먼저 치료한다. Golding-Kushner(2001)는 아동으로 하여금 /h/를 연장하다가 입술을 다물었다 열면서 /p/ 소리를 산출하게 할 것을 제안하였다. 일부 아동들의 경우 콧구멍으로 기류가 새는 것을 방지하기 위해 콧구멍을 막아줘야 한다. 요약하여 제시한 다른 피드백 기법도 구강에 초점을 맞출 것을 강조하거나 원치 않는 비누출을 확인하는 데 이용할 수 있다. 입술 뒤에 가둔 공기를 폭발시키거나 방출시키는 것이 목적이다. Kummer(2001b)는 아동에게 /p/와 인접한 모음을 속삭이며 산출하도록 지도할 것을 권하였는데, 속삭임 소리는 성대가 내전하는 것을 막아주기 때문이다. Riski(2006)가 추천한 또 다른 방법은 대상 아동으로 하여금 뺨을 부풀리게 하여 /p/ 소리를 내도록 지도하는 것이다. 동족음 /b/의 정확한 산출은 아동에게 /p/와 비슷한 소리를 내되 성대를 진동시키라고(또는 아동에게 /m/를 산출하게 한 뒤 콧구멍을 막아줘서 /b/ 소리가 산출되도록 할 수도 있음) 지시함으로써 유도할 수 있다. 일단 정확한 소리가 산출되면 앞에서도 논의한 바와 같이 목표음을 여러 낱말 위치와 훈련 수준에 포함시켜 유도한다.

연구 노트 동족 양순파열음의 치료에서는 입술 뒤에 가둔 공기를 방출시켜 폭발을 증가시키는 것이 목적이다. 아동에게 /p/와 인접한 모음을 속삭이며 산출하라고 지시할 수 있는데, 속삭임은 성대의 내전을 방지해 주기 때문이다. 다른 기법을 이용하여 아동에게 뺨을 부풀려 /p/ 소리를 내라고 지시할 수도 있다.

Kummer, 2001b; Riski, 2006.

양순음을 도입한 이후에는 **순치마찰음**(labiodental fricatives) /f, v/를 목표로 한다. 목표음을 인두마찰음으로 대치하는 경우가 자주 있다. 이 경우 아동에게 /h/를 연장하게 하였다가 아랫입술과 윗니로 목표음을 산출하라고 지시해야 한다.

Golding-Kushner (2001)는 아동에게 "입술을 깨물어라"는 구어적 지시로 말소리 산출을 유도할 때 주의할 것을 당부하였는데, 이렇게 하면 입술과 치아가 서로 마찰하는 것이 제한되는 결과를 낳기 때문이다. 치료의 초기 단계에서는 아동이 목표음을 산출하는 동안에는 대개 기류가 비강 통로를 향해 나가므로 언어치료사가 손가락으로 아동의 콧구멍을 막아준다. 아동이 기류를 구강으로 내보낼 수 있고 정확한 조음위치에서 산출할 수 있게 되면 더 이상은 손가락으로 콧구멍을 막아주지 않아도 된다. 동족유성음 /v/는 아동에게 순치음을 산출하면서 성대를 진동시키게 훈련한다. "벌처럼 윙윙거려봐. 아니면 콧노래처럼 내봐"라는 구어적 심상 단서도 성대진동을 촉진하는 데 이용할 수 있다. 필요할 경우 콧구멍을 막아주는 것도 동족유성음 산출에 도움이 된다.

연구 노트

순치마찰음을 훈련할 때 /h/ 소리를 연장하였다가 아랫입술과 윗니를 서로 근접시켜 목표음을 산출할 수 있게 해야 한다. 언어치료사는 "입술을 깨물어라"라는 구어적 단서를 제시해 주는 것은 피해야 하는데, 이렇게 지시할 경우 입술과 치아의 마찰이 줄어드는 결과가 생길 수 있기 때문이다.

Golding-Kushner, 2001.

그 다음으로 훈련해야 할 말소리 부류는 순치음과 치경음이다. 마찰음 쌍 /θ, ð/는 순치마찰음과 조음위치 단서는 다르지만 같은 조음방법으로 산출하도록 지도할 수 있는 시각적 정보가 있는 말소리이다. 대개는 아동에게 "혀끝을 치아 사이에 놓고 입에서 바람이 나오게 만들어봐"라는 지시를 한다. 목표음 치료의 초기 단계에서 필요한 경우 콧구멍을 막거나 다른 피드백 기법을 이용해도 된다. Golding-Kushner(2001)는 /θ, ð/가 마찰음 /s, z/의 산출을 촉진할 수 있으므로 정확한 조음위치 배치가 다른 압력자음의 도입에 도움이 된다고 하였다. 아동이 정확하게 산출하지 못할 경우 그 다음으로 치경음 /t, d, n/를 도입한다. 먼저 비음 /n/를 지도한다. 아동에게 "입을 약간만 벌리고 혀를 윗니 뒤에 갖다 대. 그 다음에 혀를 앞으로 내밀어"라고 지시한다. /n/는 소리 에너지가 코로 나온다는 점에서 /m/

와 비슷함을 알려줘야 한다. /n/를 도입한 뒤에 파열음 /t, d/를 도입한다. Golding-Kushner(2001)는 /p, b/의 말소리 유도 기법을 /t, d/의 유도에도 이용할 수 있다고 하였는데, 이 모든 소리가 파열음이기 때문이다. 즉, 아동은 /h/를 연장하다가 혀끝을 치경에 대었다가 마찰을 일으키며 기류를 방출하도록 훈련하여야 한다. 이 기법은 아동에게 시범을 보여 주며 산출에 필요한 청각적·시각적 정보를 제공해 주어야 한다(/hhhhhhtʌ/). 파열음이 경구개파열음처럼 산출되면 조음위치를 앞으로 이동시켜 치조 위치에 오게 해야 한다. 조음기관 단면도와 시범 등의 조음 정보가 적절한 위치나 조음을 발달시키는 데 유용하다.

치경마찰음(alveolar fricatives) /s, z/는 구개열 아동들이 흔히 문제를 보이는 말소리로, 처음에는 콧구멍을 막고 훈련해야 한다. Riski(2006)는 독립음 수준에서 정확한 산출을 유도할 수 있는 여러 지도 전략을 제안하였다. 그 중 하나는 아동에게 /θ/를 산출하면서 혀를 앞니 뒤로 움직여 /s/의 조음위치와 비슷하게 옮기게 하는 것이다. 아동에게 "/θ/ 소리를 계속 내면서 혀를 미끄러지게 해서 앞니 바로 뒤로 옮겨봐. 혀가 앞니 뒤로 갈 때 나는 소리의 차이를 잘 들어봐"와 같은 단서를 제공해 줄 수 있다. 또 다른 전략은 아동에게 /t/를 산출하다가 그 소리가 /s/가 되도록 방출하게 하거나, 아동으로 하여금 /tttttsssss/처럼 /t/를 반복하게 하다가 /s/ 산출로 전이해가도록 가르치는 것이다. Golding-Kushner(2001)는 종성에 /t/가 오는 낱말을 /s/ 산출을 유도하는 데 이용할 수 있다고 제안하였다. 아동에게 /pɛt/ 같은 낱말을 산출하도록 자극하다가 낱말의 끝에서 /t/를 연장하라고 지시한다. 이 전략은 목표음 /pɛts/를 유도하는 경우가 자주 있다. /z/는 아동에게 /s/를 연장하여 산출하다가 "말소리 모터를 켜서" /z/가 /ssssssszzzzzz/로 나게 하라고 단서를 줌으로써 유도할 수 있다. 치경마찰음의 정확한 산출은 구순구개열 아동들에게 매우 중요한 목표이다.

다음의 목표 말소리 부류는 **연구개음**(velars) /ŋ, k, g/이다. Golding-Kushner (1995)에 의하면, 연구개음의 조음위치는 성도의 뒷부분이므로 이를 목표음으로 산출하고자 할 때 일부 아동들은 인두파열음 또는 성문파열음으로 대치할 수 있기 때문에 연구개파열음 /k, g/를 정확하게 산출하는 것이 어려울 수도 있다고 하였다. 일부 아동들의 경우에는 연구개파열음을 전방화하여 경구개파열음처럼 산출하기도 한다. Peterson-Falozone과 동료들(2006)은 경구개파열음의 산출이 치경파열음과 연구개파열음의 지각적 경계를 불분명하게 한다고 언급하였다. 청자들은 /t-k/와 /d-g/의 변별을 어려워할 수도 있다. 결과적으로 비음 /ŋ/을 먼저 훈련할 것을 권한다. /ŋ/은 낱말 내의 모음과 모음 사이에서, 그리고 종성에서는 산출되나 초성에는 오지 못하는 소리이다. /ŋ/에 대한 동시조음 책략은 아동으로 하여금 이 말소리를 모음 /i/ 사이에 병치하여(/iŋi/) 산출하도록 하는 것이다. Golding-Kushner (2001)는 이 책략은 전설고모음 문맥이기 때문에 더 후방에서 조음될 가능성을 낮춰준다고 보았다. /ŋ/을 정확하게 산출할 수 있게 되면 연구개유성파열음 /g/의 산출을 촉진하는 데 이용할 수 있다. /g/ 산출을 유도하기 위해서는 아동에게 "혀의 뒷부분으로 소리를 만들어 코를 잡고 있던 손을 놓을 때까지 길게 내 봐"라고 지시한다. 그 다음으로 언어치료사는 아동이 따라 말하도록 /iŋgi-iŋgi-iŋgi/ 연쇄를 시범으로 들려준다. 이후 아동의 콧구멍을 막아주고 아동으로 하여금 이 문맥 자극어를 따라 말하게 한다. 정확하게 산출하면 콧구멍을 막아주고 /iŋgi-gi/의 동시조음 자극으로 이동해간다. /g/를 정확하게 산출할 수 있게 되면 콧구멍을 막지 않은 상태에서 음절이나 낱말 자극으로 이동하여 연습한다. 그 다음으로는 /k/를 도입하여 아동에게 "/g/ 소리를 내는데, 이번에는 말소리 모터를 켜지 말고 내봐. 소리를 낼 때 그냥 바람이 나오게 해봐"라고 지시한다. 대개는 무성음-유성음의 순서로 가르치지만 여기서는 유성파열음을 먼저 가르친다. 이렇게 훈련 순서를 바꾸는 이유는 구개열 아동들이 /g/를 습득하는 것이 덜 어렵고 /ŋ/은 /g/ 산출에 동시조음의 영향을 촉진하기 때문이라는 임상적 가정에 근거한 것이다.

연구 노트

일부 아동들은 연구개파열음 /k, g/의 정확한 산출을 습득하는 데 문제를 보이는데, 이 말소리의 정확한 조음위치는 다소 뒤쪽의 성도에 해당되어 이 말소리를 산출하려고 하면 경구개파열음, 인두파열음 또는 성문파열음 대치를 유발할 수 있기 때문이다.

Golding-Kushner, 1995.

마지막 목표 말소리 부류는 **경구개마찰음**(palatal fricatives) /ʃ, ʒ/와 경구개파찰음 /tʃ, dʒ/이다. 이 말소리들도 압력자음으로 구개열 아동들이 자주 오조음한다. /ʃ/를 유도하는 일부 책략에는 아동에게 "/s/ 소리를 내면서 혀를 약간 뒤로 당기면 /ʃ/ 소리가 날 거야."라는 지시를 주는 것도 포함된다. /s/에서부터 /ʃ/ 산출로 이동해 가는 것은 일부 아동들에게 촉진적인 문맥이 되는 경우가 흔히 있다(Riski, 2006). 필요하면 아동의 콧구멍을 막아서 적절한 기류가 형성되도록 도와줄 수도 있다. Kummer(2001b)는 아동에게 이를 다물고 입술을 동그랗게 한 상태에서 "큰소리로 한숨 소리를 만들어 보라"고 지시할 것을 권하였다. 아동에게 "속삭이는 소리 /ʃ/를 낼 수 있을 때까지 혀를 움직여봐"라는 단서를 주고 아동이 이 책략을 사용하게 할 수도 있다. 정확한 /ʃ/의 조음위치를 습득한 뒤에는 "말소리 모터를 켜서 /ʒ/ 소리를 내봐"와 같이 유성음 산출을 위한 단서를 이용해도 된다. /ʃ/ 산출 훈련 시와 마찬가지로 /ʒ/ 산출 훈련에서도 콧구멍을 막아줘야 한다. 낱말 수준에서는 /ʒ/ 소리를 모음 사이와 종성에 포함시켜 훈련한다. 파찰음은 파열음과 마찰음의 산출 특성을 둘 모두 가지고 있는 소리이다. 성도를 완전히 폐쇄한 뒤에 지속적인 방출이 뒤따라 일어난다. 촉진적 책략 중 하나는 아동에게 /ttttt/를 산출하게 하다가 혀끝을 경구개 부위로 옮겨 /tʃ/를 산출하게 하는 것이다. 또 다른 산출 유도 기법은 처음에는 아동에게 입을 다문 상태에서 재채기를 하라고 하였다가 /tʒ/를 산출하도록 하는 것이다(Kummer, 2001b). 동족유성음 /dʒ/는 /ʒ/와 같은 방법으로 형성할 수 있다. **글상자 4-3**에 치료 요소를 요약하여 목록으로 제시하였다.

연구 노트 경구개마찰음의 정확한 조음위치는 아동에게 치아를 다물고 입술을 동그랗게 만들어 "큰 소리로 한숨소리를 내다가 속삭이는 소리 /ʃ/가 날 때까지 혀를 움직여" 라고 지시함으로써 달성될 수 있다.

Kummer, 2001b.

글상자 4-3 구순구개열 아동의 치료 요소

- 오류음과 목표음의 산출 자질을 인식시키는 데에는 다양한 유형의 피드백이 필수적이다.
- 언어치료사는 오류음과 목표음 간의 내적 대조가 가능해지도록 하기 위해 구어적 심상을 도입하여야 한다.
- 말소리 치료는 필요할 경우 /h/로 시작하고, 전방 조음위치의 말소리부터 시작하여 후방 조음위치의 말소리로 진행하면서 목표음을 도입하여야 한다.
- 목표음의 유성성, 조음위치, 조음방법 자질을 개발하는 데 말소리 촉진 기법을 이용한다.

치료와 관련된 그 외 중요사항

많은 구개열 아동들이 (설)마찰음과 파찰음을 설측음화한다. Trost-Cardamone(1990b)은 측면 교차교합이 있는 구순구개열 아동은 (설)마찰음, 파찰음 또는 모두 다 설측음으로 산출할 수 있다고 하였다(치열 및 교합 문제 참조). 설측음화는 기류가 중앙으로 흐르지 않고 혀의 측면으로 벗어나 흐르면서 산출되는 오류로, 발달적 오류가 아닌(비발달적) 구강 왜곡 조음오류이다. 그러나 이러한 오류는 연인두 폐쇄부전이 없는 아동들도 보이기도 한다.

부정교합이 있을 때의 설측음화는 현재의 치열 상태에 의해 야기되는 필연적 오류일 수 있다. 그러나 저자는 현재의 부정교합에 대한 치열 교정이나 치과적 교정 이후 설측음화 오류가 자연적으로 사라짐을 입증한 문헌을 알고 있지 못하므로 이러한 문제를 교정하는 데에는 치료가 필요하다고 본다. Riski(2006)는 앞에서 설명한 바와 같이 /t/ 산출을 이용하여 /s/ 산출을 유도할 것을 권하였다. 현장에 있는 일부 언어치료사들도 목표음 산출의 촉진을 위해 동시조음 문맥을 이용할 것을 권하였다. 예를 들면, 아동에게 '*get you*'라는 구를 반복하도록 요구한 뒤 점차적으로 두 낱말을 연결시켜 /tʃ/가 산출되도록 유도할 수 있다.

구강 반모음 /w, j, l, r/는 유성 개방음으로 구강 내압을 만들 필요가 없기 때문에 이에 대한 특정 훈련 기법에 대해서는 논의하지 않겠다. 이 말소리들은 과다비성 공명으로 산출되기도 하나, Trost-Cardamone(1990a)은 일부 구개열 아동들에게서 /l, r/가 연구개음의 조음위치에서 산출되는 경우도 있음을 지적하였다(즉, /l/→/L/, /r/→/R/). 현장 전문가들은 이 말소리가 더 후방의 조음위치에서 산출될 가능성도 있으나, 이 두 반모음의 후방음화 또한 연인두 폐쇄부전이 없는 아동들의 말에서도 나타날 수 있다고 주의를 당부하였다. 만약 이 말소리의 후방음화가 확인되면 치료를 실시해야 한다.

기타 구조적 결함: 치료적 고려사항

다음에서는 언어치료사가 접할 수 있는 기타 구조적 결함에 대해 논의하고자 한다. 이러한 구조적 차이는 특정 조음장애를 유발하고 유지하는 원인이 되는 경우도 있고 그렇지 않은 경우도 있다. 그러한 구조적 차이가 원인으로 판정되는 경우는 대개 다양한 치열 및 의학 전문 영역의 치료를 요하는 필연적 오류와 연관되어 있다. Trost-Cardamone(1990b)은 구조적 결함과 그러한 결함이 말소리 산출에 미치는 영향에 대한 문헌이 제한되어 있으므로 모든 지침은 "융통성 있게 숙고하여 적용하여야" 할 것이라고 주의를 당부하였다. 언어치료사의 역할은 다양하지만 항상 아동의 보호자를 포함시켜야 하는데, 보호자에게 충분한 정보를 제공하여 아동의 치료에 대해 적절한 의사결정을 내릴 수 있게 도와주어야 할 것이다. 때때로 현장 실무자가 의뢰인이 되기도 하며, 또 다른 경우에는 구조적 문제가 의사소통과 섭식에 미치는 잠재적 영향에 대해 다른 전문가들에게 정보를 제공해 주는 자문가의 역할을 할 수도 있다. 두 경우 모두 현장 실무자가 치과적·의학적 치료 전후에 아동의 말 산출 기술을 평가하여 의사소통 중재가 필요한지 여부를 판정하여야 한다.

혀 문제

혀는 말소리 산출과 삼킴 동작에 핵심적인 구강 구조이다(Daniloff, 1973; Logemann, 1998; Perkins & Kent, 1986; Perlman & Christensen, 1997). Kier와 Smith (1985)는 혀가 **근육 누수방지장치**(muscular hydrostat)의 특징을 갖는다고 하였는

데, 혀의 이러한 특징 때문에 골격의 지지는 받지 않는다. 근육 누수방지장치의 핵심적인 특징은 용적의 변화없이도 다양한 모양을 취할 수 있다는 것이다. 혀를 지지하고 움직이는 데에는 내부 근육과 외부 근육이 중요한 역할을 담당한다. 해부학적으로 혀는 혀끝, 혓날, 혓몸, 혀뿌리로 구분된다(Daniloff, 1973). 대개는 8세까지 대부분의 혀 성장이 이루어지고 12세 이후에는 거의 성장하지 않는다.

연구 노트

혀는 근육 누수방지장치의 특징을 갖는데, 이러한 특징 때문에 골격의 지지를 받지 않는다. 근육 누수방지장치의 핵심적인 특징은 용적의 변화 없이도 다양한 모양을 취할 수 있다는 것이다.

Kier와 Smith, 1985.

혀는 구강 공간 안에 위치하고 상악과 하악의 경계가 되기 때문에 혀의 상대적인 크기에 대한 판단은 언어치료사에게 달려 있다. **대설증**(macroglossia)은 특이하게 큰 혀를 말하며, **소설증**(혀 형성저하증, hypoglossia) 비정상적으로 작은 혀를 말하는 용어이다. 피에르-로빈 증후군(Pierre-Robin sequence) 사례에서처럼 매우 커 보이는 혀도 하악의 크기가 작아서 그렇게 보일 뿐 실제로는 정상적인 크기일 수 있다(Shprintzen, 1997). Shprintzen과 Witzel(1993)은 혀 기형은 구개 기형보다 자주 나타나지는 않으나 일부 증후군의 경우 혀 기형의 특징을 보이기도 한다고 언급하였다. 예를 들면, 대설증은 **베크위트-위드만 증후군**(Beckwith-Wiedemann syndrome)과 흔히 연관되어 나타나며, 소설증은 **소설증-소지증 연쇄**(hypoglossia-hypodactyly sequence) 사례에서 흔히 나타난다. 혀의 파열이나 소엽형 혀는 흔치 않은 상태지만 이는 **구안지 증후군 I 유형**(oral-facial-digital syndrome, type I)과 같은 수많은 증후군과 연관되어 나타나기도 한다(Jung, 1989; Shprintzen, 1997, 2000; Shprintzen & Bardach, 1995).

Gasparini와 동료들(2002)은 대설증의 징후로 휴식할 때 혀끝과 혓날이 치조궁을 벗어나 돌출되거나 혀의 가장자리에 치아의 자국이 생기는 것을 들었다. Van Borsel과 동료들(2000)은 대설증 아동들의 조음 패턴을 처음으로 분석하고 면밀하

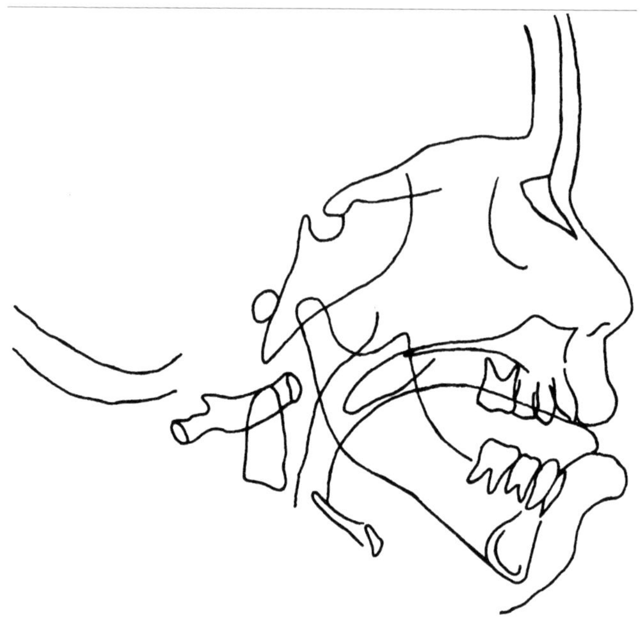

그림 4-5 ❋ 대설증 아동이 /s/를 독립음소 수준에서 산출할 때 촬영한 측면 두부계측 방사선 검사의 투사도. 전방을 향하는 혀의 위치와 혀끝이 입술 사이로 돌출되어 있는 모습에 주목하라.

게 기술하였다. 가장 빈번하게 나타나는 오류는 조음위치가 다소 전방화되어 자음을 산출하는 것이라고 언급하였다. 가장 지배적인 오류는 왜곡으로 양순음, 순치음, 치경음, 경구개음에서 왜곡이 나타났다(**그림 4-5**). 예를 들면, 양순음은 두 입술이 접촉하는 대신 윗입술과 아랫입술이 돌출된 혀와 접촉하면서 산출되었다. /s, z, t, d, n, l/와 같이 혀끝과 치조로 조음하는 말소리는 혓날과 치조가 협착하여 산출되었다. 요약하면 조음방법은 지켜지지만 조음위치가 정상적인 조음위치에 비해 전방 이동한 것이다.

연구 노트 대설증의 징후는 (1) 휴식시 혀끝이나 혓날이 치조궁을 벗어나 돌출되어 있고, (2) 혀의 가장자리에 치아의 자국이 남는 것으로 알 수 있다.

Gasparini 등, 2002.

Murthy와 Laing(1994)은 통합 팀 접근에 의한 관리가 필요하고 적절한 의학 및 치과 전문가와 함께 언어치료사가 포함될 필요가 있음을 언급하였다. 일부 대설증 영유아의 초기 관심사는 침 통제를 포함하여 기도 확보의 문제와 삼킴장애의 가능성이다. 기도 상태와 구강 섭식 기술을 판정하는 데에는 평가가 필요하다. 문제가 발견되면 언어치료사는 의료 전문가의 자문과 함께 치료적 권고사항을 결정하여야 한다. 그리고 보호자는 팀으로부터 현재의 문제, 추천된 중재법, 아동이 이후에 겪을 수 있는 잠재적 문제에 대한 정보를 필요로 할 것이다. 베크위트-위드만 증후군처럼 특수한 요구가 있는 아동들에 대한 지원 단체도 있는데, 부모에게 큰 도움이 된다(Weng et al., 1995).

아동이 발달함에 따라 말소리, 휴식 시의 혀 위치, 치아골격 발달은 통합 팀이 주의 깊게 관찰해야 하는 변인이다. 일부 사례의 경우 아동과 가족이 미용에 대해 걱정하기 때문에 상담 서비스가 필요해질 수도 있다. 언어치료사는 말할 때와 휴식 시의 혀 위치를 평가하고, 의학 및 치과 전문가는 치아골격 성장을 모니터할 필요가 있다. 평가 이후에는 아동에 맞게 보호자의 자극을 포함한 치료 계획을 개발해야 한다. 많은 경우 치료 계획에는 혀 절제술이 포함되기도 하는데, 비대한 혀가 치아골격 성장에 부정적인 영향을 미치기 때문이다. 수술적 중재가 추천된 경우 언어치료사는 수술 후와의 비교를 위해 조음과 휴식 시의 혀 자세에 대해 기초선 평가를 실시하여야 한다. 수술 후 회복되고 난 이후 혀의 해부와 생리가 변화되었기 때문에 조음치료가 필요해질 수도 있다.

소설증 아동들을 대상으로 한 사례 연구는 일반적으로 하악의 크기가 제한되어 있음을 보고하고 있다(Peterson-Falzone, 1988). 하악의 크기가 더 작은 경우를 소하악증(micrognathia)라고 한다. 말 산출 기술과 관련해서는 소설증 아동들은 명료한 말을 발달시키는 것으로 기술되고 있다.

설소대단축증(anklyoglossia/tongue-tie)은 자주 나타나지는 않으나 언어치료사가 이 아동들을 만나게 될 수도 있다(Lalakea & Messner, 2003). 설소대단축증이 있다고 해도 특정 환자에게는 문제가 안 될 수도 있고 문제가 될 수도 있는데, 여아보다 남아에게서 더 자주 나타난다(약 3:1의 비율). 설소대단축증이 있다고 해서 뚜렷한 문제가 나타나는 것은 아니다. 대개는 단일의 해부학적 차이로서만 나타나는 경우가 많으나 산모가 코카인을 사용한 이력이 있거나 **오피츠 증후군**(Opitz syndrome), 구안지 증후군, **X-염색체 연관 구개열**(X-linked cleft palate)이 함께 있는 신생아에게서 자주 나타난다. 소수의 사례에게서 설소대단축증으로 인해 모유 수유가 문제가 되는 경우도 있으나 젖병 수유나 고형식 음식의 경우에는 문제가 없는 것으로 보고되었다.

문헌에 따르면 말소리 산출 기술에 부정적인 영향을 미치는 설소대단축증이 있는 사람들은 치경음(/t, d, s, z, n, l/)을 산출하는 데 문제를 보일 수 있다고 하였다(Lalakea & Messner, 2003). 그리고 설소대단축증이 있는 나이든 아동과 성인들은 입술 적시기, 목관악기 연주, 키스와 같은 일부 기계적인 기능 수행의 문제를 호소하는 경우가 자주 있다. 설소대단축증의 진단은 설소대가 혀끝이나 혀끝 가까이에 부착되어 있는 경우로, 혀의 움직임이 제한될 것으로 예상되는 경우이다. 설소대가 제한되어 있으므로 혀를 내밀 때 중심선이 당겨져 하트 모양의 외관을 띠게 된다. 단정할 수는 없지만 혀 내밀기, 절치간 거리(interincisal distance)와 같은 변인이나 기타 혀 크기와 같은 변인을 측정하기도 한다(Fletcher & Meldrum, 1968; Williams & Waldron, 1985). 혀 내밀기 범위는 아동에게 혀를 내밀게 하여 하악 절치의 바깥쪽 표면에서 혀끝부터 혓날까지의 밑면 거리를 측정하여 평가한다. 절치간 거리는 아동이 혀끝을 상악 중절치 뒤에 대고 입을 완전히 벌렸을 때 상악 절치와 하악 절치 간의 거리를 말한다. Lalakea와 Messner(2003)는 설소대단축증 환자의 경우 이 두 측정에서 15mm 이하의 범위를 보이고, 정상 환자의 경우 20~25mm 이상의 범위를 보임을 발견하였다. 언어치료사는 측정 절차를 이용할 수 있고 말소리 산출 기술과 기타 동반 문제가 나타날 경우 이것도 고려하여야 한다. 말소리 문제가 전혀 없는 경우(특히 치경음)나 기타 혀 기능의 문제가 없는 경우에는 설소대 절제술이 필요하지 않다.

연구 노트 연구에 따르면 말소리 산출 기술에 부정적인 영향을 미치는 설소대단축증이 있는 사람들의 경우 치경음(/t, d, s, z, n, l/)의 산출에 어려움을 보일 수 있다.

Lalakea와 Messner, 2003.

연구 노트

절치간 거리는 환자가 혀끝을 상악 중절치 뒤에 대고 입을 완전히 벌렸을 때 상악 절치와 하악 절치 간의 거리를 말한다. 연구에 따르면 설소대단축증 환자의 경우 15mm 이하의 범위를 보이며, 정상의 경우 20~25mm 이상의 범위를 보인다고 한다.

Lalakea와 Messner, 2003.

사례 연구 4-2

필연적 오류: 치료의 지연

S.U.는 출생시 대설증 진단을 받았고 3세 6개월 경에 언어치료사를 처음 만났다. 이 아동을 지방의 학령전 프로그램에서 보았던 한 언어치료사가 추가적 평가를 위해 아동을 본 클리닉에 의뢰하였다. 사례력 조사 결과 아동이 말소리 산출 오류를 보이고 있고 휴식 시에 습관적으로 입을 벌리고 혀를 내밀고 있는 것으로 나타났다. 어머니는 전반적인 발달사에 특이사항이 없는 것으로 보고하였다. 어머니는 말소리 발달과 휴식 시의 혀 위치에 대해 염려하였다. S.U.의 어머니에 따르면, 출생시 아동의 혀는 매우 컸고 입 밖으로 나와 있었으나, 혀의 크기와 혀의 돌출이 섭식이나 수면을 방해하지는 않았다고 한다. 이 아동은 유전학 평가를 포함하여 다양한 의학적 진단 절차를 거쳤지만, 대설증의 원인을 알아내는 데에는 실패하였다.

조음검사를 실시하고 자발적인 대화 표집을 통해 말 산출 기술을 평가하였다. 양순음, 순치음, 치음, 치경음 및 경구개음이 오조음되는 것으로 판단되었다. 아동은 조음방법과 유성성 및 무성성 자질은 유지하였으나 대설증과 필연적인 혀 돌출 때문에 조음위치는 유지되지 못하였다. 양순음 /p, b, m/가 설순음(linguolabial)처럼 조음되었다. 설치마찰음 /θ, ð/는 적절한 조음위치에서 산출되었으나, 치아에 접촉하는 부위는 혓날(혀끝이 아님)이었다. 치경음과 경구개음 /t, d, n, l, s, z, ʃ, ʒ, tʃ, dʒ/는 혓날 설치음으로 산출되었는데, 혓날이 상악치와 접촉하였다. 연구개파열음 /k, g/는 정확하게 조음되는 것으로 판단되었다. 그 외 발달적 오류로 보이는 조음음운오류는 낱말의 초성과 모음 사이에서 /r/를 /j/로 산출하는 것이었다.

생략 오류는 어린 아동들에게서 흔히 나타나는 오류로 검사 과정에서 확인되지는 않았다. 오류 양상은 음운적 오류라기보다는 운동이나 음성적 기반의 오류로 나타났다. S.U.는 조음위치는 지키고 있었으나 필연적인 혀의 위치 때문에 지각적으로 왜곡오류를 보이는 것으로 판단되었다. 음소배열에 있어서 S.U.는 자발적으로, 그리고 검사 상황에서 단순한 음절 구조와 복잡한 음절 구조 모두를 산출하였다.

대상자의 명료도 평가를 위해 낱말 수준의 명료도 검사를 실시하여 녹음하였다. 대상 아동을 모르는 학생 언어치료사 2명이 녹음된 테이프를 평가한 결과, 평균 74%의 말 명료도를 얻었다. 이러한 결과는 한 낱말 수준에서의 말 명료도가 중등도의 장애에 해당됨을 의미하는 것이다. 자극반응도 검사를 실시하였으나, S.U.는 목표 자극어를 모방하지 못하였다. 표현언어와 수용언어 선별검사를 실시한 결과 정상 범위에 해당되는 것으로 나타났다. S.U.는 순음청력 선별검사도 통과하였다.

말 기제의 구조 및 기능 검사를 위해 구강검사를 실시하였다. S.U.는 일차 치열기에 해당하였고 전방 개방교합과 함께 제3형 부정교합을 보였다. 즉, 하악이 상악보다 약간 앞쪽으로 돌출되어 있었다. 상악과 하악의 대구치를 다물었을 때 상악과 하악의 앞니 사이가 열려 있는 것도 나타났다. 휴식 상태에서 혀는 구강 밖으로 돌출되었다. 혓날이 아랫입술 위에 닿았고, 혀끝이 아랫입술을 넘어 약간 앞으로 나와 있었다. 아동이 습관적으로 입을 벌린 자세를 보였으나 구강 검사시 침흘림은 나타나지 않았다.

말-언어 평가 결과 소아 치과의사, 치열교정과 의사, 구강외과 의사, 언어치료사, S.U.의 부모와 함께 하는 통합 자문 일정이 예약되었다. 치과 전문의는 휴식시 입을 벌리고 있고 혀가 돌출되는 자세와 제3형 부정교합 및 전방 개방교합을 확진하였다. 치열교정과 의사는 혀의 위치와 입을 벌린 자세는 치열 부정교합과 궁극적으로 영구치를 발치하는 결정을 내리게 하지는 않았다고 언급하였다. 혀 절제술도 논의되었는데, 이는 대개 대설증 환자 치료의 일부분이기 때문이다.

해설

말소리 오류가 필연적인 것으로 확인되었기 때문에 조음치료를 실시하면 안 된다. 아동은 대설증과 개방교합을 가지고 있다. 이러한 구조적 상태는 양순음, 순치음, 치음, 치경음 및 경구개음의 정확한 조음위치 산출을 방해한다. 복잡한 구조적 상태 때문에 S.U.에게는 적절한 전문가들과 함께 통합적인 치료 계획이 필요하다. 구조적 상태가 교정되면 언어치료사는 치료가 필요한지 여부를 판정하기 위해 재평가를 실시하여야 한다. S.U.는 혀 절제술, 상악과 하악 정렬, 개방교합의 교정과 같은 치료 과정을 거치게 된다. 많은 사례의 경우 구조의 변화가 긍정적인 기능 변화를 이끈다. 즉, 구조적 문제가 제거되면 말 치료가 필요 없을 수도 있는데, 구강 구조의 교정이 오류를 보이는 말소리의 정확한 조음위치를 촉진하기도 하기 때문이다.

치열 및 교합 문제

치열을 검사해 보면 치아가 손실되어 있거나 회전되어 있거나, 치아가 제 위치에 나 있지 않는 아동들을 볼 수도 있는데, 말소리 문제가 아동이 현재의 치열 상태 때문에 나타나는지 여부를 판정해야 한다(St. Louis & Ruscello, 2000). Bernthal과 Bankson(2004)의 문헌 검토에 의하면 회전치아와 과잉치아는 대개 말소리 산출 기술에 영향을 미치지 않으나 손실된 치아는 조음 기술에 영향을 미칠 수도 있다. 즉, 치아, 특히 상악 중절치와 측절치가 손실되어 있는 일부 사례의 경우 순치음, 설치음 및 치경마찰음의 산출에 다양한 영향을 미칠 수 있으나 언어치료사는 그러한 구조적 문제를 보이는 환자들 중 많은 사람들이 정상적인 조음 산출 기술을 보인다는 것을 유념해야 한다. 잠재적인 영향은 사례별로 평가해야 할 것이다.

연구 노트

언어치료사는 여러 치열 상태가 말소리에 미치는 잠재적 영향에 대해 개별적으로 평가할 필요가 있다.

Bernthal과 Bankson, 2004.

개방교합(open bite)은 상악과 하악의 전방 치아 사이가 열려 있는 경우를 말한다(Peterson-Falzone et al., 2001). 연구자들은 개방교합이 일관된 구강 호흡과 엄지손가락 빨기의 결과로 나타난다고 보았다. 아마도 언어치료사들은 전방 개방교합에 익숙하겠지만 측면 개방교합을 보이는 아동들도 있다. 이는 상악과 하악 대구치와 쌍두치 사이가 벌어져 있는 치열 상태를 말한다(**그림 4-6**). 전방 개방교합이 있는 아동들은 혀가 돌출되거나 /s, z/의 설측음화가 나타날 수 있다. Trost-Cardamone(1990b)은 측면 개방교합을 보이는 아동들은 설측음화 오류를 보일 수 있다고 언급하였다. 교차교합(cross bite)은 상악치가 하악치에 비해 혀 쪽으로 이동해 있는* 또 다른 상태를 말한다(Peterson-Falzone et al., 2001; **그림 4-7**). 전방 교차교합이 있는 아동은 한 개의 상악 절치가 맞닿는 하악 절치보다 더 뒤로 이

* (역자 주) 설측 전위되어 있는

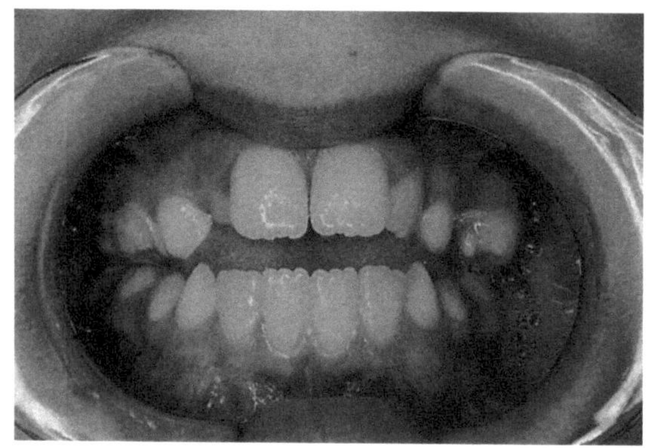
A

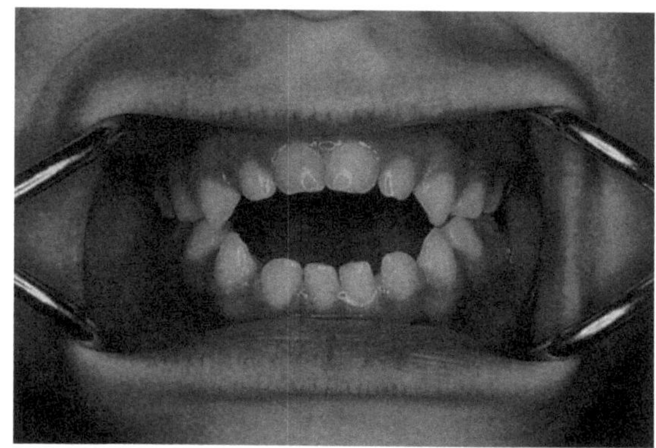
B

그림 4-6 ❋ 서로 다른 중증도를 보이는 2명의 전방 교차교합 사례

출처: Peterson-Falzone SJ, Hardin-Jones MA, Karnetll MP: *Cleft palate speech*, ed 3, St Louis, 2001, Mosby

동해 있는 수준에서부터 하악 절치들과 멀리 떨어져 있는 수준에 이르기까지 다양한 문제를 보일 수 있다. 협측 또는 측면 교차교합은 치아가 협측 공동(cavity) 또는 뺨 가까이에 올 정도로 측방으로 이동해 있는 경우를 말한다. 편측성이나 양측성으로 나타날 수 있다.

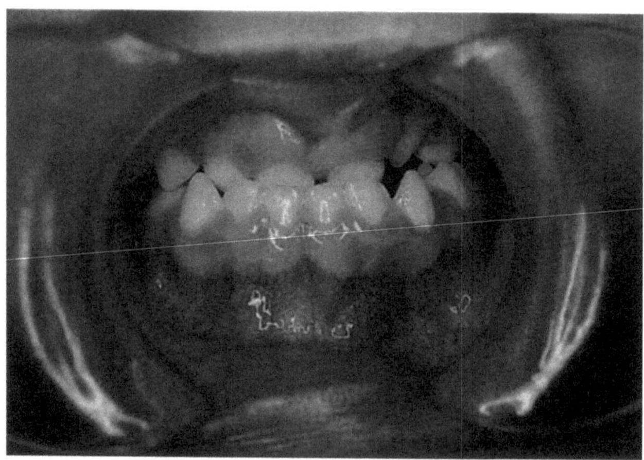

그림 4-7 ❋ 전방 교차교합 사례

출처: Peterson-Falzone SJ, Hardin-Jones MA, Karnetll MP: *Cleft palate speech*, ed 3, St Louis, 2001, Mosby

Peterson-Falzone(1998)은 전방 교차교합이 치경음 오류와 관련될 수 있다고 하였는데, 하악이 겹쳐지는 결과로 치조가 후방으로 이동하여 혀와 갖는 정상적인 관계에 영향을 미치기 때문이다. 협측 또는 측면 교차교합은 설측음화를 유발할 수 있다(구순구개열 아동의 치료에서 논의한 바와 같음).

전방 교차교합이 있는 사례의 경우 치경음의 오조음 가능성이 높다. **연구 노트**

Peterson-Falzone, 1988.

치열 교합(dental occlusion)은 상악 치조궁과 하악 치조궁의 관계를 말한다(Zemlin, 1998). 정상적인 교합(제1형)의 경우 하악 제1대구치의 교두가 상악 제1대구치와 맞물리며, 하악 대구치는 상악 제1대구치에 비해 교두의 1/2이 앞쪽으로 그리고 안쪽으로 위치한다. 제1형 부정교합은 대구치의 관계는 정상적이지만 전방의 일부 치열 변형이 관찰되는 경우를 말한다. 제2형 부정교합은 하악 대구치의 교두가 상악 대구치보다 뒤와 안쪽으로 물러나 있는 경우를 말한다. 제2형 부정교합은 부정교합 사례에게서 가장 많이 관찰된다. 하악의 제1대구치가 상악의 제1대구치보다 앞으로 가 있는 경우라면 제3형 부정교합에 해당된다. 하악이 상악에 비해 앞쪽으로 돌출되어 있기 때문에 환자의 턱이 돌출되어 보인다. 제2형 부정교합은 /s/ 산출 오류와 연관되고, 일부 사례의 경우 양순음 산출에 필요한 입술의 폐쇄가 어려운 것으로 보고된 경우도 있다. 제3형 부정교합 환자의 경우 양순음, 순치음, 치경음의 조음위치에 문제를 보이는데, 하악이 상악보다 돌출되어 있기 때문이다. **그림 4-8**은 Angle의 분류체계에 따른 정상교합과 부정교합을 그림으로 나타낸 것이다.

Peterson-Falzone(1988)의 문헌 연구에 따르면 손실된 치아, 구부러진 치아나 자리를 잘못 잡아 난 치아, 개방교합이나 교차교합과 같은 여러 구조적 상태는 대상 아동의 조음에 영향을 미칠 수도 있고, 미치지 않을 수도 있다. 제2형 부정교합은 조음위치 오류와 연관될 수 있는데, 부정교합이 심하게 나타난 경우에는 특히 더 그렇다. 조음위치 오류는 주로 제3형 부정교합 사례에게서 자주 나타난다.

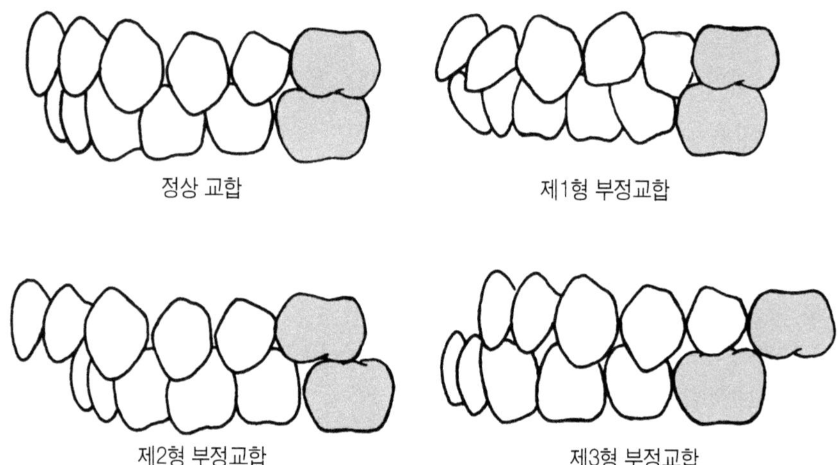

그림 4-8 ❋ Angles의 분류체계에 따른 정상교합과 부정교합

출처: Rroffit WR: *Contemporary orthodontics*, ed 3, St Louis, 2000, Mosby.

환자가 치열교정 과정, 치과적 처치나 수술을 받으면서 나타나는 구조적 변화가 말 산출 기능의 변화를 촉진하는 경우도 자주 있다(Corcoran, 2001).

3. 요약

일부의 경우 말소리 오류와 구조적 결함을 함께 보이기도 한다. 구조적 문제는 손실된 치아에서부터 완전 구순구개열에 이르기까지 광범위하다. 이러한 사례의 경우 그들의 말소리 오류를 **발달적** 오류, **필연적** 오류, 혹은 **보상적** 오류로 범주화하는 것이 유용하다. 발달적 오류는 구강 구조의 결함과 관련 없는 오류이다. 대상 아동이 그 말소리를 자발적으로 습득하거나 기대되는 발달기 내에 습득하지 못할 경우 치료를 필요로 할 수도 있다. 필연적 오류는 구조적 결함과 관련되어 있는 오류로 행동적인 말 치료는 대개 효과가 없다. 목표음을 왜곡하여 산출하는 경우가 많다. 필연적 오류가 나타나면 구조적 문제의 교정을 위해 치과와 의료 전문가에게 의뢰하는 것이 필수적일 수 있다. 구조적 결함을 보이는 아동들의 말에서는 보상적 오류도 관찰되는데 한 개의 말소리를 대치하거나 한 말소리 부류 전체를 대치하여 산출되기도 한다. 구순구개열 아동의 보상조음 중재에 운동기술 학습 관점의 특수 기법이 적용된다. 그 외 구조적 결함에 대해서도 논의하여 치료에 관한 권고사항을 요약하여 제시하였다.

❀ 참고 문헌

Bernthal JE, Bankson NW: *Articulation and phonological disorders*, ed 5, Boston, 2004, Allyn & Bacon.

Chapman K: Phonologic processes in children with cleft palate, *Cleft Palate Craniofac J* 30:64-71, 1993.

Corcoran J: Orthognathic surgery for craniofacial differences. In Kummer AW, editor: *Cleft palate and craniofacial anomalies: the effects of speech and resonance*, San Diego, 2001, Singular.

Daniloff RG: Normal articulation processes. In Minifie FD, Hixon TJ, Williams F, editors: *Normal aspects of speech, hearing, and language*, Englewood Cliffs, NJ, 1973, Prentice-Hall.

Fletcher SC, Meldrum JR: Lingual function and relative length of the lingual frenulum, *J Speech Hear Res* 11:382-390, 1968.

Gasparini G, Saltarel A, Carboni A et al: Surgical management of macroglossia: discussion of 7 cases, *Surg Pathol Oral Radiol* 94:566-571, 2002.

Gibbon FE, Crampin L: An electropalatographic investigation of middorsum palatal stops in an adult with repaired cleft palate, *Cleft Palate Craniofac J* 38:96-105, 2001.

Golding-Kushner KJ: Treatment of articulation and resonance disorders associated with cleft palate and VPI. In Shprintzen RJ, Bardach J, editors: *Cleft palate speech management: a multidisciplinary approach*, St Louis, 1995, Mosby.

Golding-Kushner KJ: *Therapy techniques for cleft palate speech and related disorders*, San Diego, 2001, Singular.

Golding-Kushner KJ: Treatment of sound system disorders associated with cleft palate speech, *SID 5 Newsletter* 14:16-19, 2004.

Grames LM: Implementing treatment recommendations: role of the craniofacial team speech-language pathologist in working with the client's speech-language pathologist, *SID 5 Newsletter* 14:6-9, 2004.

Hardin-Jones MA, Jones DL: Speech production of preschoolers with cleft palate, *Cleft Palate Craniofac* J42:7-13, 2005.

Henningsson GE, Isberg AM: Velopharyngeal movements in patients alternating between oral and glottal articulation: a clinical and cineradiographical study, *Cleft Palate*

J 23:1–9, 1986.

Jung JH: *Genetic syndromes in communicative disorders*, Boston, 1989, College–Hill Press.

Kier WM, Smith KK: Tongues, tentacles and trunks: the biomechanics of movement in muscular–hydrostats, *Zool J Linn Soc* 83:307–324, 1985.

Kuehn DP, Moller KT: Speech and language issues in the cleft palate population: the state of the art, *Cleft Palate Craniofac J* 37:348–1–348–35, 2000.

Kummer AW: Perceptual assessment. In Kummer AW, editor: *Cleft palate and craniofacial anomalies: the effects of speech and resonance*, San Diego, 2001a, Singular.

Kummer AW: Speech therapy for effects of velopharyngeal dysfunction. In Kummer AW, editor: *Cleft palate and craniofacial anomalies: the effects of speech and resonance*, San Diego, 2001b, Singular.

Kummer AW, Strife JL, Grau WH et al: The effects of Le Fort I osteotomy with maxillary advancement on articulation, resonance, and velopharyngeal function, *Cleft Palate J* 26:193–199, 1989.

Lalakea ML, Messner AH: Ankyloglossia: does it matter? *Pediatr Clin North Am* 50:381–397, 2003.

Logemann JA: *Evaluation and treatment of swallowing disorders*, ed 2, Austin, Tex, 1998, Pro–Ed.

Marino VCC, Williams WN, Wharton PW et al: Immediate and sustained changes in tongue movement with an experimental palatal "fistula": a case study, *Cleft Palate Craniofac J* 42:286–296, 2005.

McWilliams BJ, Morris HL, Shelton RL: *Cleft palate speech*, Philadelphia, 1984, BC Decker.

Miccio AW: A treatment program for enhancing stimulability. In Kamhi AG, Pollock KB, editors: *Phonological disorders in children*, Baltimore, 2005, Paul H Brookes.

Moller KT: Dental–occlusal and other oral conditions and speech. In Bernthal J, Bankson N, editors: *Child phonology: characteristics, assessment, and intervention in special populations*, New York, 1994, Thieme Medical.

Morris HL: Some questions and answers about velopharyngeal dysfunction during speech, *Am J Speech Lang Pathol* 1:26–28, 1992.

Murthy P. Laing MR: Macroglossia, *Br Med J* 26:1386–1387, 1994.

Pamplona M, Ysunza A: A comparative trial of two modalities of speech intervention cleft palate children: phonologic vs. articulatory approach, *Int J Pediatr Otorhinolaryngol* 49:2–27, 1999.

Perkins WH, Kent RD: *Functional anatomy of speech, language, and hearing*, San Diego, 1986, College–Hill Press.

Perlman AL, Christensen J: *Topography and functional anatomy of the swallowing structures*. In Penman AD, Schulze-Delrieu D, editors: *Deglutition and its measurement*, San Diego, 1997, Singular.

Peterson-Falzone SJ: Speech disorders related to craniofacial structural defects. In Lass NJ, McReynolds LV, Northern JL et al, editors: *Handbook of speech-language pathology and audiology*, Philadelphia, 1988, BC Decker.

Peterson-Falzone SJ, Hardin-Jones MA, Karnell M: *Cleft palate speech*, ed 3, St Louis, 2001, Mosby.

Peterson-Falzone SJ, Trost-Cardamone JE, Karnell M et al: *The clinician's guide to treating cleft palate speech*, St Louis, 2006, Mosby.

Proffit WR: *Contemporary orthodontics*, ed 3, St Louis, 2000, Mosby.

Riski JE: *Managing speech disorders: improving your clinical competence with articulation disorders related to cleft lip/palate and craniofacial disorders*, Atlanta, 2006, Children's Healthcare of Atlanta. Available at: www.choa.org/default.aspx?id = 761. Accessed November 8, 2006.

Ruscello DM: The oral examination. In Ruscello DM, editor: *Tests and measurements in speech-language pathology*, Boston, 2001, Butterwonth-Heinemann.

Ruscello DM: Residual phonological errors. In Kent R, editor: *Encyclopedia of communication disorders*, Boston, 2003, MIT Press.

Ruscello DM: Considerations for behavioral treatment of velopharyngeal closure for speech. In Bzoch K, editor: *Communicative disorders related to cleft lip and palate*, ed 5, Austin, Tex, 2004, Pro-Ed.

Ruscello DM, Douglas C, Tyson T et al: Macroglossia: a case study, *J Commun Disord* 38:109-122, 2005.

Ruscello DM, Tekieli ME, Van Sickels JE: Speech production before and after orthognathic surgery: a review, *Oral Surg Oral Med Oral Pathol* 59:10-14, 1985.

Ruscello DM, Tekieli ME, Jakomis T et al: The effects of orthognathic surgery on speech production, *Am J Orthod* 89:237-241, 1986.

Ruscello DM, Yanero D, Ghalichebaf M: Cooperative service delivery between a university clinic and school system, *Lang Speech Hear Serv Sch* 26:273-277, 1995.

Shprintzen RJ: *Genetic syndromes and communicative disorders*, San Diego, 1997, Singular.

Shpnintzen RJ: *Syndrome identification for speech-language pathology*, San Diego, 2000, Singular.

Shpnintzen RJ, Bardach J: *Cleft palate speech management*, St Louis, 1995, Mosby.

Shprintzen RJ, Witzel MA: *Reference guide—delineation and diagnosis of craniofacial syndromes: effect on case management*, Rockville, Md, 1993, American Speech-

Language-Hearing Association.

St. Louis KO, Ruscello DM: *Oral speech mechanism screening examination—revised*, Austin, Tex, 2000, Pro-Ed.

Tomes LA, Kuehn DP, Peterson-Falzone SJ: Research considerations for behavioral treatments of velopharyngeal impairment. In Bzoch K, editor: *Communicative disorders related to cleft lip and palate*, ed 5, Austin, Tex, 2004, Pro-Ed.

Trost JE: Articulatory additions to the description of the speech of persons with cleft palate, *Cleft Palate J* 18:193-203, 1981.

Trost-Cardamone JE: The development of speech: assessing cleft palate misarticulations. In Kernahan DA, Rosenstein SW, editors: *Cleft lip and palate*, Baltimore, 1990a, Williams & Wilkins.

Trost-Cardamone JE: Speech: anatomy, physiology, and pathology. In Kernahan DA, Rosenstein SW, editors: *Cleft lip and palate*, Baltimore, 1990b, Williams & Wilkins.

Trost-Cardamone JE: *Speech compensatory misarticulations*. Proceedings of the American Cleft Palate-Craniofacial Association Preconference Symposium, New Orleans, 1997.

Trost-Cardamone JE, Bernthal JE: Articulation assessment procedures and treatment decisions. In Moller KT, Starr CD, editors: *Cleft palate: interdisciplinary issues and treatment*, Austin, Tex, 1993, Pro-Ed.

Vallino LD: Speech, velopharyngeal function, and hearing before and after orthognathic surgery, *J Oral Maxillofac Surg* 48:1274-1281, 1990.

Van Borsel J, Morlion B, Van Snick K et al: Articulation in Beckwithsyndrome, *Am J Speech Lang Pathol* 9:202-213, 2000.

Weng EY, Mortier GR, Graham JM: Beckwith-Wiedemann syndrome, *Clin Pediatr (Phila)* 34: 317-330, 1995.

Williams WN, Waldron CM: Assessment of lingual function when ankyloglossia (tongue-tie) is suspected, *J Am Dent Assoc* 110:353-356, 1985.

Zemlin WR: *Speech and hearing science: anatomy and physiology*, ed 4, Boston, 1998, Allyn & Bacon.

5

청각장애 아동의 치료

<개 요>

1. 청력 손실
2. 말 명료도
   - 조음음운오류
   - 모음과 자음 산출
3. 요약

❀ 참고 문헌

<핵심용어>

감각신경성 청력 손실
경구개마찰음
긴장/이완 쌍
난청
농
듣기
말 명료도
말소리 강도
모음 전이
반(反)공명
반(半)모음
발성시작시간
분절 오류
비강소음
슬릿마찰음
역동 범위
운율 자질
유음
음압
이중모음

전음성 청력 손실
주파수
주파수 정보
중이염
증폭
지속시간 정보
치간마찰음
치경마찰음
파열음
파찰음
폐쇄음
포먼트
혼합성 청력 손실
활음
후설모음

<학 습 목 표>

- ❑ 아동 청력 손실의 원인과 중증도(severity)에 대해 논의할 수 있다.
- ❑ 말 명료도를 정의하고 말 명료도가 청력 손실에 의해 어떻게 영향 받는지 설명할 수 있다.
- ❑ 조음음운오류와 청력 손실 간의 관계를 설명할 수 있다.
- ❑ 환경적·문맥적인 고려사항들을 포함하여 조음음운오류에 대한 기본적인 치료를 개괄할 수 있다.
- ❑ 모음과 자음의 산출과 음성적·음운적 기술의 교수법에 대해 논의할 수 있다.

청각장애는 말소리 산출에 분명한 영향을 줄 수 있는 요인이다. 여러 연구들을 통해 청각장애와 말소리 산출 간의 관계가 밝혀졌다. 연구 결과, 조음음운장애와 청력 손실의 유형 및 중증도 사이에 일대일의 관계가 없었다. 그럼에도 불구하고, 어떤 치료 변인들은 청각장애 아동들을 위한 치료계획을 개발할 때에 중요하다.

****

듣기(audition)는 말과 언어 기술의 발달에 결정적이다(Northern and Downs, 2002). 언어치료사가 청각장애 아동들의 치료가 어렵다고 느끼는 이유는 언어 이전과 이후 말 발달에 부정적인 영향을 주는 문제가 있기 때문이다. 정상 아동들은 언어 이전과 이후 말 발달이 순차적으로 진행된다. 그러나 청각장애 아동들의 발달 단계는 명확하지 않다. 연구 결과들은 정상 청력 아동들이 첫 낱말을 산출하기 전에 여러 언어들의 다양한 말소리들을 변별할 수 있다는 것을 보여 주고 있다 (Owens, 2005). 정상 청력 아동들은 모국어의 음운을 습득하고 발달시킬 때, 그 특정 모국어의 일부분인 음소들을 사용하고 변별한다. Northern과 Downs(2002)는 상당한 양의 개별적인 학습이 청각적 과정을 통해 일어나며, 결과적으로 청력 손실은 아동의 의사소통 발달과 학습 전반에 중대한 영향을 미친다는 점을 지적했다. 치료에 대해 논의하기 전에, 본 절에서는 이전 연구들을 고찰하고 치료의 기초를 다지기 위해 치료와 관련된 개념들을 간단히 요약하고자 한다.

연구 노트

연구 결과, 정상 청력 아동들은 첫 낱말을 산출하기 전에 여러 언어들의 다양한 말소리들을 변별할 수 있음을 알게 되었다.

Owens, 2005.

1. 청력 손실

청력 손실은 단일 원인에 의해 일어나지 않는다. 그보다는 몇 가지 가능한 원인들(예를 들어, 유전, 감염, 질병, 외상)이 청력 기제에 다양하게 영향을 미친다고 할 수 있다(Northern and Downs, 2002). 청력 손실의 유형과 정도는 개인의 말 지각과 산출 능력에 영향을 끼친다(Ross et al., 1991). 손실의 양 또는 정도는 일반적으로 경도, 중등도, 고도 또는 심도로 분류된다. 경도, 중등도 또는 고도의 범주로 분류되는 청력 손실을 가진 아동들을 일반적으로 **난청**(hard-of-hearing)이라 하고, 심도 범주의 아동은 보통 **농**(deaf)이라고 한다. **표 5-1**은 Northern과 Downs(2002)의 연구를 인용한 것으로, 증폭기를 쓰지 않고 조기중재를 하지 않은 경우, 다양한 청력 손실의 정도에 따라 말소리 지각에 미치는 영향을 요약한 것이다. 청력 손실이 심해짐에 따라 말 지각에 미치는 영향은 심해져서, 들려오는 말소리를 지각할 수 없을 정도까지 이르게 된다. 청력 손실은 아동의 말소리 산출과 지각에 중대한 영향을 끼친다(Bernthal and Bankson, 2004).

표 5-1 말 지각에 미치는 청력 손실 정도의 영향

평균 청력 수준(dB)*	청력 손실 정도	원인	말소리 지각의 영향
25~30	경도 (mild)	전음성 또는 감각신경성	무성음과 작은 강도를 가진 음을 지각하지 못함
30~50	중등도 (moderate)	전음성 또는 감각신경성	정상대화에서 대부분의 말소리를 놓침
50~70	고도 (severe)	감각신경성 또는 혼합성	정상 대화에서 말소리 지각을 못함
70 이상	심도 (profound)	감각신경성 또는 혼합성	말소리와 다른 소리를 지각하지 못함

출처: Northern JL, Downs MP: *Hearing in children*, ed 5, Philadelphia, 2002, Lippincott Williams & Wilkins.

청력 손실의 유형은 전음성, 감각신경성, 혼합성으로 나눌 수 있다. **전음성 청력 손실**(conductive hearing loss)은 외이도에서 내이(inner ear)로 소리를 전달하는 것이 어려운 경우를 말한다. 내이는 정상적으로 기능하지만, 몇 가지 문제가 와우(cochlea)까지의 공기 전도 경로에 불리한 영향을 끼친다. Roberts와 Clarke-Klein (1994)은 중이염이 가장 흔한 아동기 질병들 중의 하나이고, 청력에 부정적인 영향을 끼칠 수 있다고 지적하였다. **중이염**(otitis media)은 중이에 염증을 일으키며, 명백한 징후들이 나타나지 않을 수도 있다. 급성 중이염(acute otitis media)은 중이에 갑작스러운 염증이 발생한 상태를 말하며 통증, 발열, 고막의 발적 등의 증상이 동반된다. 삼출성 중이염(otitis media with effusion)은 중이에서 분비액이 유출되는 것이다. 많은 아동들이 급성 중이염과 삼출성 중이염에 번갈아 걸릴 수 있으며, 귀의 동통, 팽창감, 또는 중이의 문제를 동반하는 이루(otorrhea)와 같은 뚜렷한 증

---

* (역자 주) **표 5-1**과 **표 5-3**의 청력 손실의 중증도 분류표는 정확한 표시가 되어 있지 않으나 수치상으로 보면 dB SPL로 기술된 반면, 본문 중의 중증도 기준은 dB HL을 기준으로 기술되어 있어 독자들에게 혼란의 여지가 있다. 즉, 표에서 경도(25~30), 중등도(30~50), 고도(50~70), 심도(70 이상)는 본문에서 경도(25~45), 중등도(45~65), 심도(65~90), 고도(90 이상)이다. 일반적으로 dB 뒤에 세부 단위 표시가 없는 경우 dB HL로 해석된다.

상이 나타나지 않을 수 있다. 중이염으로 인한 청력 손실은 일반적으로 경도부터 중등도의 범위에서 나타나며 의학적 처치가 필수적이다.

> 중이에 염증을 가져오는 중이염은 가장 흔한 아동기 질병 중 하나이다. 중이염에 걸린 아동은 뚜렷한 증상이 나타나지 않을 수도 있다. **연구 노트**

Roberts와 Clarke-Klein, 1994.

감각신경성 난청(sensorineural hearing loss)은 와우의 유모세포나 청신경의 손상 때문에 발생된다. 감각신경성 손실은 비가역적인 영구적 청력 손실의 보편적인 유형이다(Bess and Humes, 2003). Paterson(1994)은 경도에서 중등도의 감각신경성 손실을 가진 아동들의 관리는 청각 보조 기기(assistive listening devices), 개별화된 교육 프로그램 및 말-언어 중재를 포함한다고 하였다. 고도에서 심도 장애 아동들은 같은 유형의 도움뿐만 아니라 집중적인 언어 및 조음음운 치료가 부가적으로 필요하다. **혼합성 청력 손실**(mixed hearing loss)은 전음성과 감각신경성 요소가 모두 청력 손실에 기여하기 때문에 두 가지 요소를 모두 포함한다. 혼합성 청력 손실의 관리는 각 요소의 기여 정도에 따라 달라질 것이다.

> 경도에서 중등도의 감각신경성 손실을 가진 아동들의 관리는 청각 보조 기기(assistive listening devices), 개별화된 교육 프로그램 및 말-언어 중재를 포함한다. 고도에서 심도 청력 손실 범주의 아동들은 같은 유형의 도움에 더하여 집중적인 언어 및 조음음운 치료가 필요하다. **연구 노트**

Paterson, 1994.

2. 말 명료도

말 명료도(speech intelligibility)는 청자에 의해 구어가 이해될 수 있는 정도를 평가하는 지표로서, 강도, 주파수 및 시간의 복잡한 기능이다(Flexer, 1994). 청력 손실을 가진 사람은 저하된 명료도를 보이는데, 이는 청력 수준의 감소 때문이다. 독자들은 이러한 경향 (이 장의 후반부에서 논의됨)이 절대적인 것은 아니라는 것을 기억해야 한다. 특정 조음음운장애가 항상 특정 유형의 청력 손실에 대응되는 것은 아니다.

대화 중 평균 말소리 강도는 화자의 입으로부터 약 1m 떨어져 있을 때 대략 65~70dB 정도이다(Flexer, 1994, Northern and Downs, 2002, Tye-Murray, 2004). **말소리 강도**(speech intensity: 음압)는 가장 작은 소리부터 가장 큰 소리까지의 차이가 약 46~85dB이다. 강도(음압)는 대개 음원과 수신자(receiver) 사이의 거리가 두 배가 될 때마다 6dB씩 감소한다. 각 말소리의 강도는 가장 강한 소리(모음)와 가장 약한 소리(슬릿 마찰음) 간에 대략 20dB 정도의 차이를 보인다. 소리 강도는 모음, 이중모음, 공명음, 유성폐쇄음과 유성마찰음, 무성폐쇄음과 무성마찰음의 순서로 작아진다.

연구 노트 평균 말소리 강도는 화자의 입으로부터 약 1m 떨어져 있을 때 대략 65~70dB 정도이다.

Flexer, 1994; Northern과 Downs, 2002; Tye-Murray, 2004.

주파수(frequency)와 관련하여 강도를 살펴보면, 500Hz 이하의 주파수에 말소리 강도의 60%가 분포하지만 명료도에는 단지 5%만 기여한다(Northern and Downs, 2002). 1,000Hz 이상의 주파수는 말소리 강도에 5%만 기여하지만 명료도의 60%를 담당한다(**표 5-2**).

연구 노트 500Hz 이하의 주파수에 말소리 강도의 60%가 분포하지만 명료도에는 단지 5%만 기여한다. 또한 1,000Hz 이상의 주파수는 말소리 강도에 5%만 기여하지만 명료도의 60%를 담당한다.

Northern와 Downs, 2002.

표 5-2 주파수, 말소리 강도, 말 명료도 간의 관계

주파수(Hz)	강도(%)	명료도(%)
62～125	5	1
125～250	13	1
250～500	42	3
500～1000	35	35
1000～2000	3	35
2000～4000	1	13
4000～8000	1	12

출처: Northern JL, Downs MP: *Hearing in children*, ed 5, Piladelphia, 2002, Lippincott Williams & Wilkins.

이전에 살펴보았듯이, 말소리는 대략 100～8,000Hz의 주파수 범위에 에너지가 분포하며 대부분의 말소리 강도는 1,000Hz 이하에 있다. 정상적인 명료도를 유지하기 위해 모든 주파수가 필요하지는 않다. 실험 결과 1,600Hz 이하의 주파수를 모두 제거했을 때 또는 1,600Hz 이상의 주파수를 모두 제거했을 때, 명료도에서 중간(moderate) 정도의 감소만 나타났기 때문이다(Northern and Downs, 2002). Ling(1976)은 주파수, 강도, 그리고 시간의 상호 작용을 이해해야 하기 때문에 개별 말소리가 명료도에 기여하는 정도는 매우 복잡한 내용이라고 지적했다. 게다가 동시조음의 존재는 이미 복잡한 문제를 더 복잡하게 만든다. 변이성(variability)은 예외라기보다는 규칙이다. 결과적으로 청력 손실의 영향은 개별적인 기초를 가지고 검토되어야 한다.

조음음운오류

청력 손실을 가진 아동들은 말소리 산출 특징의 측면에서 이질적인 집단이며, 언어치료사는 이런 다양성을 인지하고 있어야 한다(Elfenbein et al., 1994). Tye-Murray(2004)는 상당히 많은 학령기 아동들이 경도와 중등도 청력 손실이 있으며,

이러한 청력 손실의 원인은 중이 질병이나 소음에의 노출을 반영하는 것으로 보인다고 지적하였다. 가장 흔하게 관찰되는 집단 중 하나는 중이 질병을 가진 아동들이다. 이 아동들은 청력 손실의 양에 따라 경도에서 중등도 손실의 범위에서 변동형(fluctuating) 청력 손실을 보일 수 있다.

많은 연구들이 중이염과 삼출성 중이염 사이의 잠재적인 관련성에 대해서 조사하였다. 그러나 실험 설계, 대상자 요인과 같은 요인들을 포함한 방법론적인 다양성 때문에 결과의 해석과 일반화가 제한된다(Roberts and Clarke-Klein, 1994; Shriberg et al., 2000). 방법론적인 문제점에도 불구하고, 보고된 결과들은 재발하는 삼출성 중이염을 앓는 학령전기 아동들은 말 발달 지연의 위험 요소를 가지고 있음을 제안한다(Shriberg et al., 2000). 증가된 위험 요소가 청력 손실에 의해 야기된 것인지, 함께 발생한 질병, 알러지, 또는 이들의 복합적인 효과에 의한 것인지는 분명하지 않다. 어떤 경우라도 연구자들은(Roberts and Clarke-Klein, 1994; Tye-Murray, 2004) 이 집단의 조음음운오류 특징은 마찰음과 파찰음 오류, 종성자음 생략, 자음군 감소, 연구개음과 유음의 오조음(misarticulation)이라고 지적하였다.

연구 노트 보고된 결과들은, 재발하는 삼출성 중이염을 앓는 학령전기 아동들이 말 발달 지연의 위험 요소를 가지고 있음을 제안한다. 마찰음과 파찰음 오류, 종성자음 생략, 자음군 감소, 연구개음과 유음의 오조음(misarticulation) 등의 조음음운장애가 발견된다.

Roberts와 Clarke-Klein, 1994; Shriberg 등, 2000; Tye-Murray, 2004.

Paterson(1994)은 고도에서 심도 청력 손실 아동들이 보이는 조음음운오류를 요약하였다. **분절적 오류**(segmental errors)의 전형적인 패턴은 모음과 자음 모두에 관련이 있다. 모음 오류는 인접한 모음들의 긴장과 이완 대치(substitution), 중성모음(schwa)처럼 근접시키는 중립화(neutralization), 조음위치(예: 전설 대 후설)를 심하게 다르게 하는 대치, 단모음-이중모음 대치, 산출하고자 하는 모음의

표 5-3 청력 손실 정도에 따른 조음음운오류의 요약

평균 청력 수준(dB)	청력 손실의 정도	원인	조음음운오류
25~30	경도 청력 손실	전도성 또는 감각신경성 손실	마찰음, 파찰음, 종성 자음 생략, 자음군, 그리고 /r/, /l/ 오류
30~50	중등도 청력 손실	전도성 또는 감각신경성 손실	위의 오류와 유사함
50~70	고도 청력 손실	감각신경성 또는 혼합성 손실	모음 대치, 왜곡, 생략과 과대비성; 자음 대치, 왜곡, 생략과 비누출, 운율 오류
70 이상	심도 청력 손실	감각신경성 또는 혼합성 손실	위의 오류와 유사함

출처: Paterson MM: Articulation and Phonological Disorders in hearing-impaired school-aged children with severe and profound secsorineural losses. In Bernthal J, Bankson N, Editors: *Child phonology: characteristics, assessment, and intervention with special populations*, New York, 1994, Thieme Medical.

왜곡(distortion), 모음 생략(omission)을 포함한다. 이에 더하여, 몇몇 연구자들은 모음 산출에 과대비성이 동반된다고 보고하였다. 대부분의 경우 공명 문제는 청력 손실 때문에 나타나는 연인두 조절의 결함이지 연인두 폐쇄의 문제가 아니다. 연인두 폐쇄의 문제는 수술적 또는 보철이 요구된다(Ling, 1976). 자음 조음 오류는 유성음과 무성음, 비음과 구강음, 마찰음과 폐쇄음을 혼동하여 대치하거나, 어두(prevocalic)와 어말(postvocalic) 자음을 생략, 과대비성이나 비강 누출과 같은 왜곡으로 나타난다. **표 5-3**은 경도에서 심도에 이르는 아동의 청력 손실과 관련하여 조음음운오류를 요약하였다.

분절적 오류에 더하여, 고도에서 심도 청력 손실 아동들은 초분절적 자질 또는 운율에 문제를 보인다(Ling, 1976). **운율 자질**(prosodic features)은 단어, 구, 문장에 얹히는 것(superimposed)으로 말소리 산출의 흐름 또는 구조를 제공한다. 운율 자질에는 음도, 강도, 강세, 지속시간, 음질이 포함된다. 연구자들은(Paterson, 1994) 청각장애 인구에서 부적절한 호흡 조절, 휴지(pause)의 부정확한 사용, 음도

변화나 음질이 나쁜 발성 오류(예: 기식성, 거친 음성), 강세와 비강세 음절의 지속 시간 문제, 음절 산출 속도와 같은 다양한 문제들을 밝혀냈다.

조음음운오류의 치료

청각장애 아동들을 위한 치료 프로그램은 정확한 말소리 습득을 촉진할 수 있는 변인들을 포함해야 한다(Ling, 2002). 프로그램을 시행할 때는 환경적·맥락적·치료적 변인들을 통합시켜야 한다. 환경적 변인들은 청각장애 아동을 위한 치료실 및 교실의 상태를 말한다. 맥락적·치료적 변인들은 치료 중심적이며 잔존 청력의 활용을 최대화하도록 목표 자극의 구조화와 실제로 가르치는 내용을 다루는 것이다. 언어치료사는 의사소통 중재 과정에서 아동의 교육청각사, 교사, 주양육자와 밀접하게 일할 필요가 있다.

환경적인 고려사항. 언어치료사는 치료 조건을 최적화해야 한다(**글상자 5-1**). Flexer(1994)는 청각장애 아동들을 위해 듣기 기술을 최적화하는 것이 필요하다고 지적했다. 즉, 아동이 적절한 증폭을 받고 있는지, 귀와 관련된 의학적 문제가 관리되고 있는지, 학습 맥락에 관련 없는 외부 소음이 조절되고 있는지 반드시 확인

글상자 5-1 청각장애 아동을 위한 환경적인 치료 고려사항

치료 전 고려사항

- 아동은 적절한 증폭을 받고 있는가?
- 귀와 관련된 의학적 문제들이 관리되고 있는가?
- 가정과 학교에서 외부 소음을 최소한으로 통제하고 있는가?

치료시 고려사항

- 언어치료사는 얼굴이 아동에게 잘 보이는지 확인해야 한다.
- 언어치료사는 중간 정도의 속도로 말한다.
- 언어치료사는 발화의 정보적인 경계에서 가볍게 쉬어 주어야 한다.
- 언어치료사는 말하기 전에 아이의 주의집중을 얻어야 한다.

해야 한다. 치료의 핵심은 치료 대상자가 적절히 기능하는 청각 보조 기기를 착용하고 조용한 환경에서 치료를 받고 있는가이다. Ling과 Ling(1978)은 언어치료사가 매 치료 회기를 시작하기 전에 5음 검사(Five Sound Test)를 시행할 것을 권고했다(이 장의 후반부에 있는 추가적인 교수 활동 참조). 연습시 소리 강도는 주변 소음 수준보다 약 30dB 커야 한다. 이것은 중요한 고려점인데, 말소리들 사이의 강도 차이가 대략 20dB 정도이기 때문이다. 방안의 주변 소음이 50dB이라면, 가장 큰 말소리는 70dB 가량 되어야만 가장 작은 말소리가 주변 소음보다 크게 들릴 수 있다. 아동을 치료할 때 언어치료사의 얼굴이 아동에게 잘 보이는지, 껌을 씹는 것 같은 시각적 방해가 없는지 확인해야 한다(Tye-Murray, 2004). 손은 얼굴에서 떨어져 있어야 하고, 시각적인 산출 단서가 제공될 수 있도록 중간 속도로 말해야 한다. 언어치료사의 말속도가 너무 빠르거나 너무 느리면 혼동될 수 있다. 충분한 처리 시간을 주기 위해 구와 문장의 경계에서 쉼(pausing)이 사용되어야 한다. 일상적인 발화에서 사람들은 문법적 경계에서 쉬므로 언어치료사는 치료에 이러한 점을 포함시켜야 한다. 마지막으로, 아동에게 말하기 전에 아동의 관심을 끌어야 한다. 언어치료사는 또한 말속도, 강도, 메시지의 명확성과 같은 변인에 대한 피드백을 아동에게 받아야 할 뿐 아니라, 그날의 치료를 시작하기 전에 아동이 어떤 문제라도 가지고 있는지를 알고 있어야 한다.

맥락적 고려사항. 언어치료사는 치료 대상자의 잔존 청력을 사용하기 위해 말소리 신호의 음향학적 자질들을 이해해야 한다(DeFilipo and Clark, 1993). Revoile (1999)는 청각장애인들은 중요한 말소리 강도와 주파수 정보의 지각에 한계가 있다고 지적했다. 치료서비스를 제공할 때 언어치료사는 이러한 한계를 인식하고 사용 가능한 음향적 정보를 최대로 이용하는 치료 자극을 개발해야 한다. 즉, 언어치료사는 반드시 치료 대상자의 잔존 청력을 이용해야 한다(Ling, 2002). **글상자 5-2**는 맥락적 고려사항들을 요약한 것이다.

각 대상자들은 모두 다르지만, Revoile(1999)는 말 지각에 미치는 청력 손실의 영향을 이해하는 것을 돕기 위해 가상의 자료를 제시했다. 대략 90~115dB의 청력 수준을 보이는 심도 청각장애인은 음향학적 정보의 지각에 한계가 있다. 이러

글상자 5-2 청각장애 아동의 말 지각에 청력 손실이 미치는 영향

맥락적 고려사항

심도 청각 손실

- 주파수와 강도 정보가 매우 제한적이다.
- 약간의 시간적인 정보는 지각될 수 있다.

고도 청각 손실

- 자음 산출방법의 지각을 위한 주파수 정보가 대부분의 말소리군들에서 이용 가능할 수 있다.
- 여러 가지 조음방법에 대한 조음위치는 변별하기 어려울 수 있다.

중등도 청각 손실

- 자음의 산출방법과 발성유형의 단서는 지각할 수 있다.
- 조음위치의 지각은 문제가 있을 수 있는데, 특히 폐쇄음과 마찰음에서 그러하다.

한 경우 대부분 시각적 단서의 도움 없이 말소리들을 변별할 수 없으며 독화(lip-reading)와 병행하여 **증폭**(amplification)을 사용해야 한다(DeFilipo and Clark, 1993). **주파수 정보**(spectral information)는 매우 제한적이나, **시간적 정보**(durational information)는 사용 가능할 수 있다. 이는 말소리 산출의 조음방법이나 발성유형 단서가 증폭을 했더라도 지각하기 어려울 것이라는 점을 의미한다. 몇몇 대상자들은 모음의 길이에 근거하여 어말 폐쇄음과 마찰음의 변별이 가능할 수 있다(즉, 모음이 무성 자음 앞에 올 때보다 유성 자음 앞에 올 때 더 길게 산출된다). 폐쇄음이 어두에 오는 경우와 어중에 오는 경우 발성유형이 달라지는 것 또한 **발성 시작시간**(voice onset time; VOT)에 근거하여 변별 가능할 수 있다. **파열음**(plosive)을 조음할 때, 폐쇄 후 폭발(burst)과 모음의 시작 사이에 시간적인 차이가 존재하는데, 이는 파열음이 유성음인지 무성음인지에 따라 달라진다. 무성파열음은 폭발의 시작과 모음의 발성 시작 사이의 시간이 더 길다.

연구 노트

대략 90~115dB의 청력 수준을 보이는 심도 청각장애인은 음향학적 정보의 지각에 한계가 있다. 이러한 경우 대부분 시각적 단서의 도움 없이 말소리들을 변별할 수 없으며, 독화(lip-reading)와 병행하여 증폭을 사용해야 한다.

De Fillipo와 Clark, 1993; Revoile, 1999.

65~90dB의 고도 청력 손실을 가진 대상자들은 역동 범위의 다양성을 포함한 여러 가지 요인들 때문에 말 지각 능력이 매우 다양하게 나타날 수 있다(Revoile, 1999). **역동 범위**(dynamic range)란 소리의 역치 수준과 불쾌하게 느껴지는 소리 강도 사이의 강도 차이를 말한다(Tye-Murray, 2004). 제한적인 역동 범위를 가지고 있으면 사용할 수 있는 증폭의 정도도 제한된다. 저주파수 정보는 대부분 사용 가능하여 몇몇 활음과 비음, 발성유형 단서를 지각할 수 있다. 또한 저주파수 정보의 사용 가능성에 따라 활음 대 폐쇄음과 마찰음의 변별이 가능할 수도 있다. 조음방법 범주들 내에서 조음위치는 지각이 어려울 수 있다.

연구 노트

65~90dB의 고도 청력 손실을 가진 대상자들은 말 지각 능력이 매우 다양하게 나타날 수 있다. 이는 역동 범위의 제한 때문인 경우가 있는데, 역동 범위란 소리의 역치 수준과 불쾌하게 느껴지는 소리 강도 사이의 강도 차이를 말한다.

Revoile, 1999; Tye-Murray, 2004.

Revoile(1999)는 중등도의 청력 손실을 가진 대상자들(45~65dB 청력 수준)은 전형적으로 증폭에 부정적 영향을 주는 역동 범위 문제를 가지고 있지 않다고 지적했다. 많은 경우에, 청력 손실 형태가 수평형(flat configuration)이라면 증폭된 말소리가 정상적인 청력 수준으로 들릴 수 있다. 고주파수로 갈수록 손실이 증가되는 점경형(sloping configuration) 청력 손실은 고주파수 정보의 지각을 방해하고, 따라서 청각장애를 가진 청자들이 사용 가능한 많은 음향적인 단서들을 감소시킨다. 일반적으로 조음방법과 발성유형 단서는 중등도 장애를 가진 청자들이 들을 수 있으나 조음위치 단서는 어려울 수 있다(특히 마찰음과 파열음).

청력 손실은 말 지각에 부정적인 영향을 주며, 언어치료사들은 치료 맥락을 적절하게 구조화할 수 있도록 이러한 제한을 인식하고 있어야 한다. Ling(1976, 2002)은 맥락적 변인들을 주의 깊게 고려하여 치료에 사용될 수 있는 가이드라인 시리즈를 개발했다. 그러나 말소리 산출 기술을 가르치는 데에 대상자의 잔존 청력을 사용하기 위한 맥락을 제공하기 위해서는 모음과 자음 산출의 음향학적인 고찰이 반드시 필요하다.

모음과 자음 산출

모음과 이중모음은 복합적이고 비주기적인 성대 소리(sound source; laryngeal tone)가 구강을 통과하는 동안 선택적으로 증폭되어 산출되는 유성음이다(Ling, 1976). 성도는 입술과 혀의 움직임의 결과로써 1차적으로 어떤 형태를 취하게 되는데, 이러한 결과는 **포먼트**(formant), 또는 특정 주파수 영역에 소리 에너지의 띠(band)를 생성하게 된다. 청자들은 포먼트를 청각적으로 지각함으로써 서로 다른 모음들과 이중모음들을 판별한다. 청자들은 일반적으로 모음들 사이의 차이를 변별하는데, 이는 제1, 제2 모음 포먼트를 지각했을 때 가능하다. 모음들은 또한 **모음 전이**(vocalic transition)를 보이는데, 이는 모음 포먼트 에너지의 변화를 말한다. 음향적인 변화들은 인접한 자음으로 또는 자음으로부터의 모음 움직임의 생리학적 결과이다. 모음 전이는 청자에게 이웃한 자음 소리들의 지각에 중요한 단서들을 제공한다. 모음은 성도에서 혀가 협착되는 지점(전설, 중설, 후설), 협착의 정도와 혀의 높이(고, 중, 저), 입술의 원순성이 있는지 없는지에 따라 분류된다. 이중모음은 하나의 모음에서 다른 모음으로 움직이거나 미끄러져 감으로써 산출된다. 모음 산출에 있어서 영어 화자들 간에 매우 큰 변이성이 존재하며, 또한 모음 산출의 차이는 종종 방언 변이성을 반영한다는 것에 주의해야 한다.

전설모음은 /i, I, e, ɛ, æ/이고 이것들은 혀의 높이에 따른 차이점을 갖는다(Shriberg and Kent, 1995). 또한 이 모음들을 조음할 때 입술이 약간 펴진다. 화자가 /i/로 시작하는 모음을 독립적으로 산출하고 혀의 앞부분을 움직이게 되면, 혀가 아래로 내려가면서 턱이 약간 벌어지는 것을 느낄 수 있다. 또한 여러 가지 전설모음들을 산출할 때 혀의 긴장이 달라지는 것을 느낄 수 있다. 모음 쌍 /i, I/와 /e, ɛ/는 상대적으로 비슷한 조음점에서 조음된다. 그러나 /i/와 /e/를 산출하는 동안에는 혀의 근육적 긴장이 존재한다. 산출시 근육적 긴장의 결과로 이완음(lax counterpart)에 비해 강도는 더 커지고 길이(duration)는 더 길어진다. 음향학적으로 전설모음의 제1 포먼트는 1,000Hz 이하이고 제2 포먼트는 일반적으로 1,000Hz 이상에 위치한다. 이는 1,000Hz 이상에 잔존 청력이 거의 없는 대상자들의 경우에는 자극의 구조화가 중요한 고려점이다.

Shriberg와 Kent(1995)는 혀의 몸(dorsum) 부분에서 협착이 일어나면 **후설모음**(back vowels)이 산출된다고 하였다. 후설모음의 다른 중요한 산출 자질은 입술의 원순성과 함께 산출된다는 것이다. 원순 자질의 산출은 성도의 길이를 늘이는 역할을 하고, 음향학적으로는 제1, 제2 포먼트를 낮추는 결과가 된다. 혀가 높은 데서 낮아지는 순서에 따라 후설모음을 배열하면 /u, ʊ, o, ɔ, ɑ/이다. 혀가 내려감에 따라 원순성의 정도도 감소한다. 모음 쌍 /u, ʊ/는 **긴장/이완 쌍**(tense/lax pair)이다. 제1 포먼트는 1,000Hz 이하에 있고, 제2 포먼트는 1,000Hz 부근이나 그 이상에 있다. 후설모음의 음향학적인 특성은 1,000Hz 이상에 잔존 청력이 거의 없는 대상자들이 지각할 수 있다는 것이다.

연구 노트

후설모음들은 혓몸의 위치에 따라 산출된다. 원순성은 성도를 길어지게 하는 역할을 하는데, 이는 또한 후설모음들의 자질이다.

Shriberg와 Kent, 1995.

중설모음들 /ə, ʌ, ɚ, ɝ/은 거의 구강의 중간에 혀를 위치하여 산출한다. Shriberg와 Kent(1995)는 혀의 높이는 이 모음들 사이에 크게 다르지 않다고 지적했다. 모음 /ʌ/는 전형적으로 다른 중설모음들보다 혀를 좀 더 아래로 그리고 더 뒤로 위치시켜 산출한다. r 음색을 지닌 모음 /ɚ, ɝ/은 긴장/이완 쌍이다. 강세(stress)와 돗들림(prominence)은 여러 가지 중설모음의 지각에 역할을 한다. 모음 /ʌ, ɝ/은 강세음절에 사용되는 반면 모음 /ə, ɚ/는 제1 강세를 받지 않는 음절에 사용된다. 단어 *ruckus*/ˈrʌkəs/는 두 중설모음 /ʌ, ə/가 문맥에서 강세를 받을 때와 받지 않을 때의 예이다. 중설모음의 포먼트 값은 전설모음의 포먼트와 유사하다. 제1 포먼트는 1,000Hz 이하에 있는 반면, 제2 포먼트는 1,000Hz 이상에서 나타난다.

한 모음 위치에서 다른 위치로 미끄러져가면서 **이중모음**(diphthongs)이 산출된다. 느리게 미끄러져 가는 움직임 또는 하나의 모음점(onglide: 활음시작점)에서 다른 모음점(offglide: 활음종결점)으로 이동하는 모음전이가 발생한다. 영어 이중모음은 활음시작점에서 활음종결점 위치로 이동할 때 혀가 올라간다. 이중모음은 /ɑɪ, ɑʊ/와 /ɔɪ/를 포함한다.

자음은 모음과 여러 가지 측면에서 다르다(**글상자 5-3**). 생리적으로 자음은 성도의 완전한 또는 부분적인 폐쇄로 만들어진다(Kent, 1997). 음향학적으로 자음은 소리들 간의 강도 차이가 크고 지속시간과 주파수 특성에 있어서도 상당한 차이를 보인다. 이러한 차이들은 청각장애 아동들을 치료할 때 언어치료사에게 어려움을 준다. 이 장의 목표는 자음을 조음방법, 조음위치, 발성유형의 산출 자질들과 관련하여 논의하는 데에 있다. 자음들이 성도의 폐쇄-개방의 연속선에 위치한다는 것을 개념화해 보면, 그 순서는 폐쇄음, 파찰음, 마찰음, 비음, 반(半)모음이다.

폐쇄음(stop sounds)은 성도를 완벽하게 폐쇄시켜 산출한다. 폐쇄가 그대로 유지되다가 소음 폭발(noise burst)을 동반하며 터진다(Borden et al., 2006). 폐쇄음은 (조음장소에 따라) 양순음 /p, b/, 치경음 /t, d/, 그리고 연구개음 /k, g/로 이루어져 있다. 음소가 아니지만 영어에는 성문폐쇄음 /ʔ/도 존재한다. 때때로 성

글상자 5-3 자음 대 모음

자음은 아래의 세 가지 측면에서 모음과 다르다.

1. 생리적으로 자음은 모음 성도의 완전한 또는 부분적인 폐쇄로 만들어진다.
2. 음향학적으로 자음들마다 소리 강도의 차이가 크다.
3. 자음은 지속시간과 주파수 특성들에서 큰 차이를 보인다.

문폐쇄음은 단어의 첫 부분에서 모음을 시작하기 위해 사용되고, 어떤 방언에서는 /t, d/의 변이음으로 사용된다. 성문폐쇄음은 성문(glottis)에서 기류를 막았다가 그 에너지를 방출함으로써 산출된다. 성문파열음은 무성음이다. 음향학적으로 묵음 구간(silent period)이 폐쇄음을 위한 성도의 폐쇄를 표시한다. 그러나 유성 폐쇄음 /b, d, g/는 묵음 구간의 일부에서 혹은 전체 구간 동안 성대진동(기본주파수)이 나타난다. 폐쇄가 풀리는 순간 소음 폭발이 일어나는데, 이는 매우 순간적이며 강도가 다양하게 나타나면서 넓은 범위의 주파수 대역에 걸쳐 나타난다. 양순 폐쇄음의 소음 폭발은 대략 500~1,500Hz에서 나타나는 반면, 치경음은 500Hz 부근에 부수적인 에너지의 집중과 함께 일반적으로 4,000Hz 이상에서 폭발이 일어난다. 연구개 폐쇄음은 소음 폭발이 후행 모음의 제2 포먼트 주파수에 영향을 받아 다양하게 나타나지만, 소음 폭발 에너지는 일반적으로 1,500~4,000Hz에 존재한다.

연구 노트

폐쇄음은 성도의 완전한 폐쇄로 산출된다. 폐쇄는 그 상태를 유지하다가 소음 폭발을 발생시키며 풀리게 된다.

Borden 등, 2006.

파찰음(affricates) /tʃ, dʒ/는 완벽한 폐쇄(폐쇄음과 같은)와 점차적인 개방(마찰음과 같은)으로 산출된다. Borden과 동료들(2006)은 성도의 완벽한 폐쇄는 후치조(posterior alveolar) 부근에서 발생하고 이후 혀의 뒷부분이 경구개를 향하여 점차적으로 개방된다고 하였다. 파찰음의 음향학적인 특징은 개방을 동반한 소음 폭발과 이후 점진적인 개방에 상응하는 마찰소음의 구간이다. 파찰음을 지각하기 위해 1,000Hz까지와 그 이상의 청력이 필요하다.

연구 노트

영어 파찰음의 산출에서, 성도는 후 치경 부근에서 완전히 폐쇄되고, 이후 혀의 뒷부분이 경구개를 향해 점차적으로 개방된다.

Borden 등, 2006.

성도 내에서 좁은 협착을 통해 기류를 밀어내는 것은 마찰음의 비주기적인 소리 생성의 특징을 만들어낸다(Borden et al., 2006). 유성과 무성의 호흡기류(breathstream)를 통해 난류 소음(turbulent noise) 또는 마찰이 생성된다. 영어에서 마찰음을 위한 협착의 지점은 순치, 설치, 치경, 경구개, 성문을 포함한다. 조음점에 대응되는 말소리는 /f, v, ɵ, ð, s, z, ʃ, ʒ, h/이다. 음향학적으로, /f, v, ɵ, ð/는 **슬릿마찰음**(slit fricatives)이라고 하는데, 이는 소리 산출을 위한 협착이 둥근 모양이라기보다는 타원형이기 때문이다. 이 형태는 난류 소음 음원에서 발생되는 것이 아니고 조음지점 앞쪽으로 공명강이 존재하지도 않는다. 그 결과 매우 낮은 주파수 에너지나 혹은 1,500~7,500Hz 범위의 넓은 주파수 대역에 걸쳐 강도가 퍼지게 된다. **치간마찰음**(interdental fricatives)도 이와 비슷하게 1,000Hz 주변에서 낮은 주파수 에너지가 시작되어 더 높은 주파수로 확장된다. **치경마찰음**(alveolar fricatives)과 **경구개마찰음**(palatal fricatives)은 더 둥근 구멍에서 만들어지고, 조음점 앞쪽으로 공명강이 존재한다. 치경음의 소리 에너지의 대부분은 3,000Hz 이상에 있는 반면, 경구개음의 소리 에너지는 2,000Hz 부근에 집중된다. 성문음 /h/는 호흡기류를 근접한 성대근육 사이로 밀어냄으로써 생성된다. 일반적으로 /h/를 조음할 때, 성도는 /h/ 산출 다음에 오는 모음의 모양을 취한다. 말소리 에너지가 주파수 대역에 퍼져 있더라도 /h/를 조음하는 동안 1,000Hz와 1,700Hz 부근에 에너지가 집중된다.

비음 /m, n, ŋ/은 유성음으로 영어에서 비강공명을 사용하는 유일한 소리들이다(Shriberg and Kent, 1995). 구강은 폐쇄되고 비강을 사용한다. 구강폐쇄가 입술에서 일어나면 /m/, 치경에서 일어나면 /n/, 연구개에서 일어나면 /ŋ/이 된다. 생리학적으로, 인두공명, 맹관공명, 비강공명에 따라 독특한 산출 특성이 나타난다. 음향학적인 특성으로는 비강소음, 감쇠(damping), 반(反)공명이 있다. **비강소음**(nasal murmur)은 주로 저주파수 공명이나 비성 포먼트가 있는 것을 말한다. 부가적으로 모든 포먼트가 감쇠되거나 전반적인 에너지가 감소된다. 이 감쇠 현상 때문에 넓은 주파수대를 가진다. 마지막으로 **반공명**(antiresonances)이 있는데, 이는 비강공명으로 인해 매우 약화된 주파수 대역을 말하는 것으로, 비음의 주파수 영역에서 관찰된다. 비음은 일반적으로 3,000Hz 이하에서 증대된 에너지를 보이고, 반공명은 500Hz 부근, 포먼트 사이의 감소는 1,000Hz와 2,500Hz 사이에서 나타난다.

비음 /m, n, ŋ/은 유성음이며 영어에서 비강 공명을 사용하는 유일한 소리들이다. **연구 노트**

Shriberg와 Kent, 1995.

Borden과 동료들(2006)은 반(半)모음은 포먼트 구조가 모음, 이중모음과 매우 유사하기 때문에 붙여진 이름이라고 하였다. **반(半)모음**(semivowels)은 /w, j, l, r/로(다른 자음과 유사하게) 개방되거나 음절에 붙지만, 음절핵으로 기능하지 못한다. 말 산출에 관한 많은 자료들이 /w, j/를 **활음**(glides)으로, 그리고 /r, l/를 **유음**(liquids)으로 본다. 이러한 말소리들의 특징적인 자질은 조음점에서 짧은 안정 구간이 나타나고, 안정 구간으로부터 느리게 움직인다. /w/는 입술을 둥글게 하고 설경구개의 움직임이 있어야 산출된다. 성도의 모양은 거의 모음 /u/와 유사하다. /j/는 **경구개활음**(palatal glide)으로 분류되며, 성도의 형태는 /i/와 유사하다. /w/와 /j/의 제1 포먼트는 낮고 짧은 안정 구간은 대략 250~300Hz에서 나타난다. 제2 포먼트는 다른데, /w/는 600Hz 부근에서 시작하고 /j/는 약 2,300Hz에서 나타난다.

반(半)모음은 포먼트 구조가 모음 및 이중모음과 매우 유사하기 때문에 그렇게 이름 지어졌다. **연구 노트**

Borden 등, 2006.

유음 /r, l/는 음절 내에서의 위치에 따라 다양한 조음점을 갖는다. 어두 위치에서 /r/는 종종 움푹 파여진 혀끝이 치경 융기에 닿지는 않으나 근접하여 산출된다. 어떤 화자는 /r/를 혀끝을 말아서 좀 더 뒤쪽에 산출지점을 가진 권설음으로 산출한다. 어말 위치에서는 /r/가 종종 혓몸이 올라가서 산출된다. 혀끝이 치경 융기에 닿게 되면 /l/가 산출되고 어말 위치에서 산출될 때는 혓몸이 올라가게 된다. /r/와 /l/의 제1, 제2 포먼트는 유사하다. 제1 포먼트는 350Hz 부근이나 그 이상인 반면, 제2 포먼트는 950Hz 부근이나 그 이상에 있다. 제3 포먼트는 두 말소리를 변별하기 위한 중요한 자질이다. /r/의 제3 포먼트는 약 1,500Hz에서 시작하여 인접 모음의 제3 포먼트로 이동한다. /l/는 대략 3,000Hz에서 짧은 안정 구간을 볼 수 있다.

그림 5-1은 구강과 조음점의 전체적인 모습을 보여 준다.

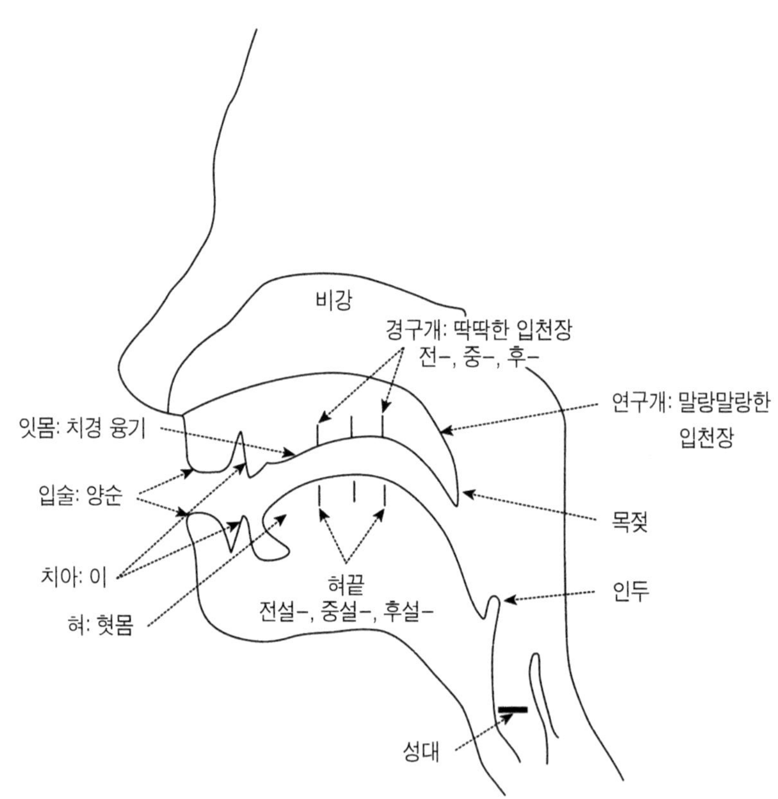

그림 5-1 ❋ 구강 구조 및 조음위치.

출처: Bauman-Waengler J: *Articulatory and phonological impairments: a clinical focus*, ed 2, Boston, 2004, Allyn & Bacon.

모음 지도

청각장애인들에게 말소리 산출을 가르칠 때 많은 경우 음성적 교수 요소와 음운적 교수 요소를 통합하는 것이 필요하다. Ling(2002)이 지적했듯이, 정확한 음성학적 위치는 아동의 목록에 없을 때는 가르쳐야 하지만, 그 말소리들은 아동이 음운적 대조를 발달시킬 수 있도록 적절한 맥락에서 사용되어야 한다. 청력 손실은 아동의 음성학적 학습과 음운학적 학습 모두를 제한한다. 결과적으로 치료는 맥락적 고려사항들을 통해 아동의 잔존 청력을 개발하는 내용을 사용해야 한다. 청력 손실을 가진 아동들—특히 심도의 청력 손실을 가진—은 종종 자음과 모음 치료가 모두 요구된다는 것을 명심해야 한다. 언어치료사는 앞에서 논의한 정상 말소리 산출의 음향학적·생리학적인 측면을 참고해야 한다.

연구 노트

만일 말소리가 아동의 목록에 없으면, 정확한 음성학적 위치를 가르쳐야 한다. 아동이 음운론적 대조를 발달시킬 수 있도록 그 말소리는 적절한 문맥에서 사용되어야 한다.

Ling, 2002.

모음의 위치와 정확한 사용을 가르치는 것은 많은 심도 청각장애 아동들을 위한 필수 목표이다. Ling(2002)은 모음 산출에서 가장 중요한 변인은 혀의 최대 협착 지점이라고 지적했다. Ling은 입술과 턱이 함께 협응한 혀의 정확한 위치를 달성하기 위해서, 아동이 다른 모음 위치를 촉진하기 위한 휴식 상태의 조음위치도 배워야 한다고 권고한다. Ling에 의하면, 아동은 휴식 상태에서 혀끝을 아래 앞니에 닿게 하거나 근접시키는 것을 배워야 한다고 한다. 턱은 아랫니와 혀가 노출되도록 약간 열려야 한다. 이 위치에서 아동은 특정 모음의 적절한 위치에 상응하는 지점으로 혀와 입술을 움직여야 한다. 턱의 과도한 움직임은 특정 모음 위치를 가르칠 때 피해야 한다. 이는 턱의 과도한 움직임은 모음을 왜곡시킬 수 있기 때문이다. Ling은 또한 모음과 이중모음을 몇 개씩 묶어서 만든 세트로 연습할 것을 권고했다. 각 세트는 앞에서 논의한 모음 산출의 변수에 따라, 즉 협착의 위치(전설, 중설, 후설), 협착의 정도(고-중-저), 입술의 둥근 정도를 고려하여 서로 다른 연습 세트로 만들어진다. 모음 지도 세트는 /ɑ, I, u/, /ɔ, ɛ, ʊ, ɪ/, /æ, ʌ, o, e/, 그리고 /ɝ, ə, ɚ/의 순서로 이루어진다.

연구 노트 **모음 위치를 가르칠 때, 입술, 턱 또는 혀의 과장된 움직임은 피해야 한다.**

Ling, 2002.

모음의 정확한 조음위치는 명료도를 향상시키며 모음과 주변 자음의 지각에 중요한 음향적 정보를 제공한다는 것을 기억해야 한다. 3,000Hz 정도까지 잔존 청력이 있으면, 모든 모음의 제1, 제2 포먼트를 들을 수 있다. 그러므로 정확한 모음 산출을 달성하기 위해 모방 방법이 음성학적 위치 단서와 함께 사용될 수 있다. 속삭임을 사용하는 것 또한 언어치료사가 고려해 볼 수 있는 방법인데, 이는 배음 구조가 제거되고 제2 포먼트가 더 강조되어 제공될 수 있기 때문이다(Ling, 1976). 속삭임의 사용은 이중모음의 산출 역시 촉진하는데, 이는 한 모음 위치에서 다른 위치로의 이동에 대한 음향학적인 정보가 더 분명해지기 때문이다. 가청 범위가 감소된다면 제2 포먼트를 들을 수 없게 되고 몇몇 모음들은 제1 포먼트를 공유하기 때문에 모음이 혼동될 수 있다. 정리하자면, 후설모음은 전설모음보다 제2 포먼트가 더 낮기 때문에 산출 기술을 가르치기 위한 초기 문맥으로 사용할 수 있다는 점을 명심해야 한다.

잔존 청력이 제한적일 때, 정확한 모음 산출을 달성하기 위해서 다른 교수법이 필요할 수 있다. 예를 들면, 언어치료사는 아동이 산출에 대한 지각을 발달시키기 위해서 혀를 만지게 하면서 특정 모음을 산출하게 할 수도 있다. 그림 자료를 보면서, 아동에게 혀를 만지면서 산출을 시도하도록 가르친다. 다른 교수법들(조음점의 모델, 도표 등)도 특정 모음의 정확한 위치를 설명하고 보여 주기 위해 사용될 수 있다.

Ling(1976)은 개별 모음에 대한 음성적 지도를 4단계로 실행할 것을 권고했다(**글상자 5-4**). 첫째 단계로, 모음을 독립음으로 이끌기 위해서 청각적 자극을 사

글상자 5-4 모음을 위한 4단계 음성적 지도

1. 모음을 독립음으로 이끌어 내기 위해 청각적 자극을 활용한다.
   - 필요하다면 음성적 배치 기법들을 사용한다.
   - 필요하다면 촉각 자극을 사용한다.
2. 모음을 독립음으로 연장 산출하도록 한다.
3. CV 문맥에서 연습한다.
4. 환자에게 /bit–but/와 같이 인접하지 않은 모음들의 대조를 사용하여 습득한 모음을 단어 안에서 사용하도록 가르친다.

용할 것을 추천했다. 청각적 자극이 성공적이지 않다면 독립음에서 정확한 산출을 수행하기 위해서 음성적 지시법이 사용될 수 있다. 조음기관의 위치를 잡기 위해 손가락을 사용하는 것과 같은 촉각적 자극과 특정 모음에 대한 단서로 시각적 신호 또한 사용될 수 있다. Perigoe(2002)는 촉각적 또는 시각적(또는 둘 모두) 단서들을 사용하였다면 그 단서들을 가능한 한 빨리 소거시켜야 한다고 권고했다.

대상자가 독립음에서 모음을 산출할 수 있을 때 두 번째 단계는 독립음에서 모음을 연장 발화하는 연습으로 구성된다. 모음을 산출하고 그 모음을 약 3초간 지속하는 것으로 연습을 구성한다. 독자들은 이중모음의 경우 한 모음 조음점에서 다른 조음점으로 이동하기 때문에 같은 방식으로 지속될 수 없다는 것에 주목해야 한다. 모음은 독립음 연습에서 연장 발화시켜야 한다. 그러나 언어치료사는 협착 지점으로부터 움직이는 것을 피하고 이중모음으로 산출되지 않도록 세심하게 모니터링해야 한다.

연습 패러다임의 세 번째 단계는 CV 문맥에서 연습하는 것이다. 양순음 /b/를 주로 초성에 사용하는데 양순음은 대상자에게 시각적 단서를 제공하기 때문이다. 양순음으로 산출을 할 수 있게 되면 다른 자음들을 도입하고 연습할 수 있다.

네 번째 단계는 음운론적 근거를 가지고 대상자가 /bit–but/와 같이 인접하지 않은 모음들의 대조를 사용하여 단어 안에서 습득한 모음을 사용하도록 한다. 최소대립쌍 대조를 위해 그림을 사용하여 아동이 음운적 차이점에 직면하도록 한다(Abraham, 1993; Gibbons and Beck, 2002; Robbins, 2000). 지도의 초기 단계는 음성적 바탕 위에 이루어지며 치료의 마지막 단계는 음운적 근거 위에 이루어진다. 이에 대한 이론적 근거는 필수적인 음성적 배치 기술(phonetic placement skills)을 가르치고 나서 적절한 음운적 대조를 발달시킨다는 것이다. 모음 대조가 발달된 후에는 의사소통 상황으로의 전이를 목표로 하는 활동들을 도입한다(Pe-rigoe, 2002). 실제적인 상황, 역할놀이, 대상자의 홍미 등이 의사소통적인 상황으로 전이하기 위한 주제로 사용될 수 있다. 아동의 산출에 대한 언어치료사의 피드백은 모음 지도 단계 동안 목표 모음의 성취에 매우 중요하다. 그러나 치료 동안 아동이 연습 산출에 대한 자기 평가를 수행하도록 해야 한다(Paterson, 1994).

대상자들은 청력 손실이 있기 때문에, 언어치료사는 대상자로 하여금 모음의 길이를 변화시키고, 다양한 음도로 모음을 산출할 수 있도록 격려해야 한다(Pater-son, 1994). 이것은 많은 청각장애 대상자들이 그들의 말에서 다양한 초분절적인 자질을 사용하는 것에 문제가 있기 때문에 중요한 요소이다. 시나 라임(rhyme)을 암송하는 것과 같은 자동화된 활동들은 모음 산출의 초분절적인 측면을 강조한 문맥에서 다양한 음들의 산출을 연습하는 데 사용될 수 있다(Ertmer et al., 2002). 언어치료사는 또한 과대비성 산출을 모니터링해야 한다. 종종 청각장애 대상자들은 모음 산

출시 기능적인 과대비성을 보인다. 이러한 경우에는 대상자가 과대비성 없이 모음을 산출하도록 가르치는 것이 필요하다.

연구 노트 언어치료사는 모음 지속시간을 다양하게 지도해야 하고 대상자가 다양한 음도로 모음을 산출할 수 있도록 격려해야 한다.

Paterson, 1994.

요약하면, 대상자는 초기부터 정확한 모음 위치 기술을 배워야 한다. 독립음에서 모음을 연장 발화하는 연습을 하고, 양순음으로 시작하는 단어에서 모음을

글상자 5-5 **모음 지도 패러다임의 요약**

지도 단계

1. 혀의 휴식 위치를 지도한다.
2. 다양한 모음 지도 하위 세트를 도입하고 음성학적 연습을 실시한다.
   a. 독립음을 연습한다.
   b. 연장된 독립음을 연습한다.
   c. CV음절 문맥에서 연습한다.
3. 다른 모음들과 대조되는 목표 모음의 음운적 연습을 도입한다.
4. 자발화에서 목표음의 사용을 촉진하기 위한 연습 활동을 포함한다.
5. 음성적·음운적 지도에서 음도의 변화를 도입한다.
6. 다양한 모음 산출의 오류에 따라 지도방법을 수정한다.

산출하며, 마지막으로 인접하지 않은 모음을 사용한 단어 대조에서 모음을 연습한다(**글상자 5-5**).

독자들은 여기에서 논의한 모음 지도방법이, 앞서 논의한 조음음운오류나 다른 저자들에 의해 확인된 다른 모음 문제를 가진 대상자들을 위해서는 수정될 필요가 있을 수 있다는 것을 명심해야 한다(Paterson, 1994).

자음 지도

자음은 산출 특성과 이에 따른 음향학적인 결과가 모음과 상당히 다르다. 이미 논의했듯이, 자음은 성도의 협착을 다양하게 하는 것을 통해 산출된다. 어떤 자음은 유성음으로 산출되는 반면 어떤 자음은 그렇지 않다. 더욱이 인접한 모음의 음향학적인 정보가 다양한 자음의 지각에 매우 중요하다(Borden et al., 2006). 이 장에서 자음 지도에 대한 논의는 조음방법, 조음위치, 발성유형에 따른 산출 특성뿐만 아니라 주파수 대역에 걸쳐 화자에게 사용 가능한 지각적인 정보 또한 다룰 것이다.

Ling(2002)은 영어의 경우 단어의 지각에 조음방법 단서가 가장 중요하며, 조음방법과 관련된 음향학적인 정보의 대부분은 1,000Hz와 그 이하의 저주파수에 분포한다고 지적했다. 다양한 자음군들(consonant classes)은 소리군(sound class)과 구별되는 불변하는 단서들을 가지고 있으며, 이는 특정 소리군의 변별을 돕는다. 예를 들어, 마찰방법의 불변하는 단서는 난류 소음원의 생성이며, 이는 좁은 협착을 통해 소리 에너지를 밀어냄으로써 산출된다. 자음들은 또한 변하는 단서들도 가지고 있는데, 이는 동시조음적인 영향에 따라 다르게 나타난다. 한 가지 예로 마찰음 앞에 오는 모음은 일반적으로 폐쇄음 앞에 오는 모음보다 지속시간이 더 길고 강도가 더 크다. 조음위치와 관련된 정보는 일반적으로 모음 전이를 통해 나타나는데, 특히 제2, 제3 포먼트에서 그러하다. 결론적으로 중주파수에서 고주파수에 있는 음향학적인 정보는 자음의 지각을 위해 필요하다. 발성유형 정보는 저주파수 음향적 에너지에 의해 제공되는데, 이러한 정보는 일반적으로 저주파수 영역에 잔존 청력이 있는 대상자들에게 사용 가능하다.

연구 노트 조음방법의 단서들은 영어에서 단어들의 지각에 가장 중요한 단서라고 믿어지며, 조음방법과 관련된 음향학적인 정보의 대부분은 1,000Hz와 그 이하의 저주파수에 분포한다.

Ling, 2002.

Ling(1972, 2002)의 연구에 따르면 자음은 다양한 산출방법을 포함한 그룹으로 도입해야 한다. 양순음 /p, b, m, w/, 순치음 /f, v/, 설치음 /θ, ð/, 그리고 성문음 /h/와 같은 좀 더 잘 보이는 음들을 초기에 가르치고 그 다음에 치경음 /s, z, t, d, n, l/와 구개음 /j, ʃ, ʒ/를 가르친다. 마지막 세트는 치경음 /r/와 구개음 /tʃ, dʒ/, 그리고 연구개음 /k, g, ŋ/을 포함한다. 자음 지도는 모음 지도에서 설명한 것과 유사한 단계들을 따른다. 말소리를 독립음에서 먼저 가르치거나(지속성 자질일 경우) 음절 문맥 안에서(지속성 자질이 아닌 경우) 가르쳐야 한다. 청각적 자극은 음을 이끌어내기 위한 방법으로 초기에 사용한다. 모음 지도에서 추천된 것처럼,

속삭이는 소리 자극은 포먼트를 더 강조하는 역할을 하기 때문에 대상자에게 더 잘 들릴 수 있다. 만약 대상자가 청각적 자극으로 목표 음소를 산출할 수 없다면 다른 기술이 사용된다. 청각적 자극 다음에 음성적 배치법을 사용할 수 있다. 음성적 배치법이 성공적이지 않다면 조음 기관의 위치를 잡기 위해 손가락을 사용하거나 소리의 기류 특성을 확인하는 것과 같은 촉각 자극이 사용될 수 있다. 독자들은, Perigoe(2002)와 같은 연구자들은 언어치료사가 대상자의 입 속에 손가락을 넣는 것을 반대한다는 것도 알아두어야 한다. 특정 자음에 대한 단서를 주기 위해 시각적 신호가 사용될 수도 있다. 모음에서 언급하였듯이 촉각적 또는 시각적 (또는 둘 모두) 단서가 사용된다면, 그 단서들은 가능한 한 빨리 소거되어야 한다.

연구 노트

어떤 언어치료사들은 촉각적 자극방법으로 대상자의 입 속에 손가락을 넣는 것을 추천하지 않는다.

Perigoe, 2002.

지속성 자질이 없는 음이라면 독립음에서나 음절에서 성공적으로 음을 습득한 후에는 적절한 운율 변화를 가진 다양한 음성적 문맥으로 전이되도록 연습을 구성해야 한다. 대상자가 처음에 모음 /i, u, ɑ/가 있는 문맥에서 어두 위치의 목표 음소를 연습하도록 한다. 그러나 Perigoe(2002)는 마찰음, 비음, 유음을 초기에 어두 위치에서 가르쳐야 한다고 추천한다.

다음에 /bi, bi, bi/와 같은 음절을 반복 산출하고, 그러고 나서 모음 조합을 다양하게 한 /bi, bu, be, bo/ 자음 반복열을 이용한다. 이러한 과정의 마지막 단계는 억양을 다양하게 한 다양한 모음 맥락에서 음절 반복을 산출하는 것이다. 언어치료사는 대상자에게 명확하고 간결한 피드백을 제공해야 하고, 대상자는 자신의 산출이 정확한지 판단해야 한다.

대상자가 특정한 목표 음소의 음성적 산출을 성취한 후에는 사용하는 언어의 음운적 기술이나 음운론적 재조직화를 이루어가도록 활동을 구성해야 한다. 모음 지도에서 논의했듯이 언어치료사는 대조를 도입하여 음향학적·의미적 대조가 대

글상자 5-6 **자음 지도시 고려사항**

음성적(phonetic)

1. 다양한 정해진 하위 항목(designated subsets)에서 잘 보이는 자음들에 뒤이어 잘 보이지 않는 자음들을 도입한다.
2. 필요하다면 독립음에서 지도한다.
   a. 청각적 자극을 사용한다.
   b. 만일 청각적 자극이 성공적이지 않다면, 나열된 위계(listed hierarchy)에서 교수 기법들을 사용한다.
3. 모음 /i, u, ɑ/가 들어간 음절로 초기 음성적 연습을 실시한다.
4. 같은 모음을 반복적으로 사용하여 목표음을 연습하는 것을 계속한다.
5. 다른 모음을 반복적으로 사용하여 목표음을 연습하는 것으로 바꾼다.
6. 운율의 변화를 강조하여 목표음과 다양한 모음을 연습한다.

음운적(phonemic)

1. 최소대립쌍 대조를 사용한다.
2. 정확한 음운적 산출과 초분절적 다양성을 확립하기 위해서 대화와 같은 자발적인 활동을 사용한다.

상자에게 제시될 수 있도록 해야 한다. 예를 들어, 대상자가 /tʃ/를 /ʃ/로 혼동한다면, 최소대립쌍을 이용하여 목표 음소와 조음방법적 대치가 대조될 수 있도록 할 수 있다. 최소대립쌍은 또한 유성과 무성 대조와, 산출 범주의 조음방법 내에서 위치 대조와 같은 다른 오류들을 안정화시키기 위해 사용될 수 있다. 대화, 이야기, 주제 설명하기와 같은 자발화 활동에 목표 음소를 통합시키기 위한 부가적인 활동이 정확한 음운적 산출을 확립하기 위해 사용될 수 있다. 지도 단계의 요약은 **글상자 5-6**에 제시되어 있다.

추가적인 교수 활동

지금까지 논의된 모음과 자음 교수를 위한 특별한 활동들에 더하여, 아래의 일반적인 원리들이 청각장애 대상자들의 치료에 적용된다(Chin, 2002; Paterson, 1994,

Perigoe, 2002).

- 각 치료 회기를 시작하기 전에 5음 검사를 사용하여 청각 보조 기기를 통한 청각적 수용력을 체크한다(Ling and Ling, 1978). /u, ɑ, i, s, ʃ/를 대상자로 하여금 따라 말하게 한다. 시작적인 단서를 제공할 수 있지만, 회기마다 일관되게 단서가 제시되어야 한다. 이 자극들은 말소리 주파수의 넓은 범위를 대표한다. 따라서 청각적 수용력의 선별 검사 역할을 한다. 선별 검사에서의 변화는 청각 보조 기기의 평가와 청각적 검사가 필요하다는 것을 말한다.
- 언어치료사는 치료시 대상자의 (앞이 아니고) 옆에 앉도록 한다. 시각적 단서가 필요하다면 언어치료사는 대상자를 향하여 몸을 돌려 적절한 시각적 정보를 제공할 수 있다. 말소리 움직임은 결코 과장되어서는 안 되며 적절한 말소리 모델이 제공되어야 한다.
- 대상자에게 수행에 대한 즉각적인 피드백을 제공한다. "잘했어", "아주 좋아" 등과 같은 긍정적인 단서를 정확한 수행 후에 제공해야 한다. 오류를 확인하고 적절한 피드백을 제공한다.
- 대상자의 수행에 대해 주기적으로 프로브(probe)를 시행해서 치료 프로그램 내에서 수정이 될 수 있도록 한다.
- 치료 회기를 길게 연장하기보다는 짧은 치료 시간으로 회기를 구성한다. 추가적으로 치료가 있는 날 가능할 때마다 짧은 치료 회기를 넓게 분포시킨다.
- 치료 회기에 단일 목표를 세우기보다는 여러 가지를 목표로 삼는 것이 좋다. 예를 들면 어떤 목표는 하나의 목표 음소의 음성학적 배치, 다른 목표 세트와의 음운론적 대조, 그리고 다양한 목표들의 대화 연습에 관련될 수 있다.
- 음성 전사를 통해 대상자가 사용하는 다양한 오류를 확인하기 위해 노력해야 한다. 이 자료들은 음성학적 교수(정확한 조음위치), 음운론적 교수(음운적 재구조화) 또는 둘 모두를 위해 중요한 정보를 제공할 수 있다.
- 학급 교사를 치료 과정에 포함시키고 치료가 교실에서 이루어지도록 한다.
- 치료 과정에 대상자의 부모를 포함시킴으로써 부모가 치료에서 이루어지고 있는 것들을 강화할 수 있다. 또한, 적절한 교수가 부모에게 제공됨으로써 학

교와 가정 간의 일관성을 유지하도록 할 수 있다.

3. 요약

청각장애 대상자들에게 말소리 기술을 가르치는 것은 의사소통 지도의 한 가지 측면일 뿐이다. 그러나 이 치료의 요소는 전반적인 언어와 문해 과정에 매우 중요하다. 이 장은 언어치료사들이 청각장애 아동들의 조음음운장애의 치료에 사용할 수 있는 정보를 제공하고 있다. Carney와 Moeller(1998)는 청력 손실을 가진 아동들을 위한 교육적, 언어적, 말소리 치료 연구에 대해서 광범위한 고찰을 하였다. 저자들은 경도에서부터 심도 범위의 청력 손실이 아동의 청력, 말과 언어, 교육적 성취, 사회-정서적 성장에 부정적인 영향을 끼친다고 결론지었다. 나아가 저자들은 감각 보조기, 다양한 의사소통 양식, 여러 가지 학업 교육과정을 포함한 많은 중재를 사용할 수 있다고 하였다. 그러나 지금까지 하나의 특정 치료법이 다른 것보다 우월하다는 확실한 연구 결과는 없다. 청력 손실은 언어치료사의 기술과 지식에 도전을 주는 감각 변인(sensory variable)이다. 이 장에서 제시하는 치료 권고사항들은 아동의 잔존 청력을 사용하고 개발하는 치료 자극과 음성적·음운적 학습을 촉진하는 교수 기술에 기초를 두고 있다.

연구 노트 청력 손실을 가진 아동들을 위한 교육적, 언어적, 말소리 치료 연구에 대한 광범위한 고찰 결과, 연구자들은 경도에서부터 심도 범위의 청력 손실이 아동의 청력, 말과 언어, 교육적 성취, 사회-정서적 성장에 부정적인 영향을 끼친다고 결론지었다.

Carney와 Moeller, 1998.

❀ 참고 문헌

Abraham S: Differential treatment of phonological disability in children with impaired hearing who were trained orally, *Am J Speech Lang Pathol* 2:23-30, 1993.

Bernthal JE, Bankson NW: *Articulation and phonological disorders*, ed 5, Boston, 2004, Allyn & Bacon.

Bess FH, Humes LE: *Audiology: the fundamentals*, ed 3, Philadelphia, 2003, Lippincott Williams & Wilkins.

Borden GJ, Harris KS, Raphael U: *Speech science primer: physiology, acoustics, & perception*, ed 5, Baltimore, 2006, Williams & Wilkins.

Carney AE, Moeller MP: Treatment efficacy: hearing loss in children, *J Speech Lang Hear Res* 41:561-584, 1998.

Chin SB: Aspects of stop consonant production by pediatric users of cochlear implants, *Lang Speech Hear Serv Sch* 33:38-51, 2002.

DeFillipo C, Clark C: Use of ambiguous visual stimuli to demonstrate the value of acoustic cues in speech perception, *J Commun Disord* 26:29-51, 1993.

Elfenbein JL, Hardin-Jones MA, Davis TM: Oral communication skills of children who are hard of hearing, *J Speech Hear Res* 37:216-226, 1994.

Ertmer DJ, Leonard JS, Pachuilo ML: Communication intervention for children with cochlear implants: two case studies, *Lang Speech Hear Serv Sch* 33:205-217, 2002.

Flexer C: *Facilitating hearing and listening in young children*, San Diego, 1994, Singular.

Gibbon FE, Beck JM: Therapy for abnormal vowels in children with phonological impairment. In Ball MJ, Gibbon FE, editors: *Vowel disorders*, Boston, 2002, Butterworth-Heinemann.

Kent RD: *The speech sciences*, San Diego, 1997, Singular.

Ling D: *Speech and the hearing-impaired child: theory and practice*, Washington, DC, 1976, The Alexander Graham Bell Association for the Deaf and Hard of Hearing.

Ling D: *Speech and the hearing-impaired child: theory and practice*, ed 2, Washington, DC, 2002, The Alexander Graham Bell Association for the Deaf and Hard of Hearing.

Ling D, Ling AH: *Aural rehabilitation: the foundations of verbal learning in hearing-impaired children*, Washington, DC, 1978, The Alexander Graham Bell Association for the Deaf and Hard of Hearing.

Northern JL, Downs MP: *Hearing in children*, ed 5, Philadelphia, 2002, Uippincott Williams & Wilkins.

Owens RE Jr: *Language development: an introduction*, ed 6, Boston, 2005, Allyn & Bacon.

Paterson MM: Articulation and phonological disorders in hearing-impaired school-aged children with severe and profound sensorineural losses. In Bernthal J, Bankson N, editors: *Child phonology: characteristics, assessment, and intervention with special populations*, New York, 1994, Thieme Medical.

Perigoe CB: Strategies for the remediation of hearing-impaired children, *Volta Rev* 94:95-118, 2002.

Revoile SG: Hearing loss and the audibility of phoneme cues. In Pickett JM, editor: *The acoustics of speech communication*, Boston, 1999, Allyn & Bacon.

Robbins AM: Rehabilitation after cochlear implantation. In Niparko JK, Kirk KI, Mellon NK et al, editors: *Cochlear implants: principles and practices*, Philadelphia, 2000, Uippincott Williams & Wilkins.

Roberts JE, Clarke-Klein S: Otitis media. In Bernthal J, Bankson N, editors: *Child phonology: characteristics, assessment, and intervention*, New York, 1994, Thieme Medical.

Ross M, Brackett D, Maxon AB: *Assessment and management of mainstreamed hearing-impaired children: principles and practices*, Austin, Tex, 1991, Pro-Ed.

Shriberg LD, Kent RD: *Clinical phonetics*, ed 2, Boston, 1995, Allyn & Bacon.

Shriberg, LD, Friel-Patti, S, Flipsen, P et al: Otitis media, fluctuant hearing loss, and speech-language outcomes: a preliminary structural equation model, *J Speech Lang Hear Res* 43:100-120, 2000.

Tye-Murray N: *Foundations of aural rehabilitation: children, adults, and their family members*, ed 2, Clifton Park, NY, 2004, Delmar Learning.

6

잔존오류를 위한 대안적인 치료법

<개요>

1. 잔존오류
2. 치료
   - 바이오피드백
   - 구어교정장치
3. 위험 요소를 가진 대상자의 확인
4. 바이오피드백 또는 구어교정장치의 이용 가능성
5. 요약

❀ 참고 문헌

<핵심용어>

구어교정장치
나무못
바이오피드백
보철
보철 위치 단서
사운드 스펙트로그래프
생리적 바이오피드백
수용적 표상
왜곡오류
음향적 바이오피드백
잔존오류
전자구개도
초음파
표현적 표상
혀등

<학 습 목 표>

- ❑ 잔존오류를 정의할 수 있다.
- ❑ 적어도 한 가지 이상의 일반적인 왜곡오류와 비일반적인 왜곡오류를 확인할 수 있다.
- ❑ 잔존오류를 가진 아동에게 사용되는 치료를 간략히 설명할 수 있다.
- ❑ 조음음운장애를 가진 아동들을 위한 대안적인 치료의 형태로서 바이오피드백과 구어교정장치에 대해 논의할 수 있다. 또한 이 방법의 효용성에 대한 근거 자료는 무엇인지 알 수 있다.
- ❑ 바이오피드백과 구어교정장치의 사용과 관련된 몇몇 이슈들을 확인할 수 있다.

몇 몇 사례에서 발달적 습득 연령이 지났는데도 조음음운오류가 남아 있는 경우가 있는데, 이때 발달적 습득의 상한 연령은 일반적으로 9세이다. 이런 경우 잔존오류를 보인다고 하며 이러한 오류는 성인이 되어서까지 지속될 수 있다. 이러한 진단의 범주에 있는 사람들은 전형적으로 전통적인 치료법으로 치료가 되지 않거나 발달적 성숙이 기대되는 시기 이후까지 조음음운오류가 지속된다. 이러한 대상자들은 비록 몇 명 되지 않지만, 종종 특별한 치료방법을 통해 목표음소를 정확하게 산출하는 것을 습득하기도 한다. 이러한 치료방법들은 학습자에게 중요한 정보를 제공하기 위해서 바이오피드백의 원리를 사용하거나, 조음기관의 위치를 잡기 위해 구어교정장치를 사용하여 적절한 조음 산출 위치와 방법을 발달시키려는 시도를 한다.

대부분의 조음음운장애인들은 성공적인 치료 경험을 하지만, 몇몇 대상자들은 그들의 문제를 해결하지 못한다. 이러한 사람들은 전통적인 치료방법이 효과적이지 않거나 발달적 습득이 기대되었던 연령을 지나서까지 발달적 오류가 지속되는 아동들로 구성되어 있다. 어떤 경우에는 성인이 되어서까지 조음음운오류가 지속된다(Shriberg et al., 1994). 이러한 경우 언어 발달, 읽기 및 다른 학습 영역에 영향을 주기 때문에 음운체계 습득을 완성하기 위한 치료가 필요하다(Shriberg and Kwiatkowski, 1994). 게다가 Crowe Hall(1991)은 조음음운오류를 가진 아동 발화에 대한 정상 화자의 지각에 대한 연구 결과, 정상 화자들은 경미한 조음음운오류

음운체계를 완전히 익히는 것은 언어발달, 읽기, 그리고 다른 학업 분야에도 결정적인 영향을 미칠 수 있는 문제이다. 만약 전통적인 치료에 반응하지 않는 아동들에 대해 대안적 치료방법을 찾아 적용하지 못하면 잔존오류가 계속 나타날 수 있다.

를 가진 화자들에게조차 부정적인 반응을 보인다는 점을 발견하였다. 더욱이 조음음운장애를 가진 화자에 대한 부정적인 반응은 문헌에서 일관적으로 찾을 수 있다(Mowrer et al., 1978; Silverman and Paulus, 1989). 이러한 대상자를 확인하고 다루기 위해서 언어치료사는 잔존오류의 범주와 이러한 대상자들에게 적용되어야 할 치료방법에 대해서 잘 알고 있어야 한다.

연구 노트

조음음운장애를 가진 아동의 발화에 대한 정상 화자의 지각에 대한 연구에서 정상 화자들은 경미한 조음음운오류를 가진 화자들에게조차 부정적인 반응을 보인다는 점을 발견하였다.

Crowe Hall, 1991.

1. 잔존오류

잔존오류(residual errors)는 조음음운오류의 하위 유형이다. 이러한 오류는 치료 또는 자연적인 성장으로 정상화되지 않고 어떤 경우에는 말소리 습득이 기대되는 시기가 지났는데도 지속된다(Shriberg, 1997). 잔존오류는 고학년 아동들이나 성인의 말소리에서 발견된다. 나아가 Shriberg는 말소리 지연으로 진단되고 치료를 받은 집단과 발달기간 동안 조음음운장애로 진단을 받은 적이 없지만 그들의 오류가 지속되는 집단으로 하위 유형을 분류하였다.

대부분의 잔존오류는 의도된 음소의 왜곡오류로 분류되는데, 이때 그 음소의 지각적인 범주에 포함되지 않는 경우를 말한다(Bernthal and Bankson, 2004; Daniloff et al., 1980; Ruscello, 2003). Shriberg(1993)는 이 왜곡오류의 원인이 말소리 발달 동안 영구적이거나 일시적인 요인이 있을 것이라는 가설을 세웠다. 연구자들은 **왜곡오류**(distortion errors)는 부정확한 변이음(allophone) 규칙 그리고/또는 감각운동 처리의 제한적 결과라고 하였다. 즉, 아동들이 왜곡으로 발현되는 부정확한 산출 수준의 규칙을 내적으로 발달시켰거나 아동의 음소 산출(surface production: 표면 산출)의 감각운동 조절에 결함이 있다는 것이며, 이 때문에 왜곡으로 지각된다는 것이다. Ohde와 Sharf(1992)에 따르면 왜곡은 비변이음적(nonallophonic) 변이 특성인 생리학적·음향학적으로 매우 특징적인 상관을 갖는다. 예를 들면, /s/의 측음오류(lisp)는 혀끝이 치경에 닿은 채 기류가 혀의 양옆(또는 한쪽)으로 흘러서 발생한다. 음향학적으로는 /s/보다 주파수와 강도가 낮아지는 결과를 가져온다.

연구 노트 왜곡오류는 비변이음적 변이 특성인 생리학적·음향학적으로 매우 특징적인 상관을 갖는다.

Ohde와 Sharf, 1992.

글상자 6-1은 문헌을 근거로 일반적(common)·비일반적(uncommon) 왜곡

글상자 6-1 일반적·비일반적 왜곡오류

말소리 산출 분류에 따른 일반적 왜곡오류

마찰음과 파찰음

- 마찰음과 파찰음의 치음화
- 마찰음과 파찰음의 측음화

유음과 모음

- /r/의 음색이 없어진 (derhoracized) /r/, /ɝ/, /ɚ/
- 연구개음화된 /l/ 또는 /r/
- 순음화된 /l/ 또는 /r/

비일반적 왜곡오류

- 약하게 산출되는 자음
- 자음과 모음의 부정확한 조음
- 구강음과 비강음 대조를 유지하는 능력이 없음
- 유무성 대조를 적절하게 유지하기 어려움

출처: Shriberg LD: Four new speech and prosody-voice measures for genetics research and other studies in developmental phonological disorders, *J Speech Hear Res* 36:105-140, 1993.

오류에 대해서 요약한 것이다(Smit et al., 1990; Shriberg, 1993). 지적한 바와 같이, 가장 빈번히 나타나는 일반적인 왜곡은 마찰음, 파찰음, 유음의 말소리군에서 주로 나타난다. Ruscello(1995b)는 학령기 아동들에게 서비스를 제공하고 있는 언어치료사 98명으로부터 수집한 설문 자료를 요약하였다. 응답자들의 대부분은 치료했던 아동들 중 낮은 비율의 아동들이 목표음소의 정확한 산출을 습득하는 데 실패하거나, 목표음소를 습득하였지만 자발적으로 산출하는 데는 실패했다고 지적하였다. 가장 빈번히 언급된 음소들은 /r/, /s/, /z/였으며, 이는 Shriberg(1993)의 연구 결과와 일치하는 것이다. 보통 일반적인 왜곡은 명료도에 큰 영향을 주지는 않지만, 그러한 왜곡이 있다는 것은 화자에게 관심을 끄는 역할을 한다(Crowe Hall, 1991). 비일반적인 왜곡은 조음음운장애를 가진 사람들에게서 종종 발견되는 조음음운체계 전반(system-wide)에 걸친 문제로 특징지어지는 오류들이다. 이러한 오류들은 발달적 음운장애라기보다는 구조, 감각, 운동이 관여된 증후(symptomatic)이다. 예를 들어, 구개열, 청각장애, 마비말장애와 같은 문제를 가진 대상자들은 비일반적인 왜곡의 목록에 들어가는 조음음운체계 전반적인 왜곡오류를 보일 수 있다. 더욱이, 조음음운체계의 전반적인 문제가 있으면 종종 말 명료도에 부정적인 영향을 준다.

연구 노트 학교 언어치료사 98명에 대한 설문 조사 결과, 대부분의 언어치료사들이 치료 아동들 중 낮은 비율의 아동들이 목표음소의 정확한 산출에 실패하거나, 목표음소를 습득했으나 자발적으로 산출하는데 실패했다고 하였다. 가장 흔한 오류 음소들은 /r/, /s/, /z/였다.

Ruscello, 1995b.

2. 치료

잔존오류를 가진 아동들을 위한 치료는 전형적으로 운동기술-학습(motor skill-learning) 접근으로 이루어진다(Fletcher, 1992; Gierut, 1998). 많은 치료대상자들이 이 치료로 조음음운오류를 바로잡았다. 대상자들은 먼저 목표음소를 정확하게 산출하는 방법을 배운다. 목표음소를 습득한 후에 자발적인 대화를 포함한 다양한 연습 수준에서 목표음소가 자동적으로 나오도록 연습 활동을 한다(제2장 참조). 그러나 목표음소를 습득하지 못한 대상자는 **바이오피드백**(biofeedback)의 원리를 포함시키거나 목표음소의 자동화 및 습득을 도울 수 있는 **구어교정장치**(speech appliances)를 사용하는 것과 같은 특별한 치료가 필요하다(Ruscello, 2003). Basmajiam(1989)은 바이오피드백이 의학계 역사상 오랫동안 사용되어 왔다고 지적하였다. 바이오피드백은 통증 관리와 근육의 재교육과 같은 문제들을 위해 사용되어 왔다. 전문가들(예: 보철 전문가)은 구조적인 결함을 막고 치아 교합을 향상시키기 위해서 치과 보철기구를 제작하여 왔다(Peterson-Falzone et al., 2001). 그러나 지금 논의하고 있는 구어교정장치는 조음기관의 위치를 잡아 주고 목표음소의 정확한 산출을 위해 사용되는 도구이다. 독자들은 이 교정장치가 특정한 위치에서 조음기관의 위치를 잡아 주는 것이며, 개별 조음기관의 움직임을 제한하기 때문에 연결발화에서는 사용될 수 없다는 것을 알아야 한다(Clark et al., 1993).

교정장치는 특정한 위치에서 조음기관의 위치를 잡아 주는 것이며, 개별 조음기관의 움직임을 제한하기 때문에 연결발화에서는 사용될 수 없다는 것을 알아야 한다. **연구 노트**

Clark 등, 1993.

바이오피드백

바이오피드백은 잔존오류의 치료나 다른 말소리와 삼킴장애 치료에 광범위하게 사용되어 왔다(Crary and Groher, 2000; McGuire, 1995; Volin, 1998). 일반적으로 의식적인 수준에서 사용될 수 없는 수행 정보가 학습자의 현재 수행을 수정하기 위해서 제공된다. Davis와 Drichta(1980)는 바이오피드백에 대해 아래와 같이 설명하였다.

> 특별히, 바이오피드백은 명확하거나 정확하게 지각하지 못하는 신경 시스템의 조절 하에 있는 특별한 생리학적인 시스템에 대한 순간순간의 정보를 제공하는 기구의 사용이라고 정의할 수 있다. 바이오피드백은 훈련하는 동안 애매한 내적 단서를 명확하게 하고, 따라서 목표 반응(예: 근육의 긴장)의 변화에 대한 정확한 정보를 제공하는 것에 효과가 있다. 이렇게 함으로써 반응을 기기적으로 조절하는 것을 촉진할 수 있다. 생리학적인 사건(event)을 정확하게 탐지하여 전기적 신호를 청각적·시각적·촉각적 또는 운동학적 피드백으로 변환함으로써 대상자는 생리학적인 사건의 수준을 즉각적이고 지속적으로 인식할 수 있게 된다. (p. 288)

바이오피드백은 여러 가지 형태일 수 있지만 문헌상에 조음음운장애에 대해 사용된 것을 살펴보면 일반적으로 대상자들에게 즉각적인 음향적 또는 생리적 수행 신호를 제공한다(Bernhardt et al., 2005; Dagenais, 1995; Gibbon, 1999; Ruscello, 1995b). 예를 들면, 대상자는 목표음에 관련된 실제적인 주파수와 강도 정보 또는 색깔이 화려한 화면(display)으로 전환될 수 있는 신호를 제공받을 수 있다. Shriberg와 동료들(1990)은 후자의 소프트웨어 화면을 **영상적**(iconic)이거나 **주제적**(thematic)인 실현으로 분류하였다. 영상적 실현은 주파수와 강도가 다양하게 변함에 따라 크기 또는 색깔에서 변화가 일어나는 것을 보여 주는 반면 주제적 실현은 주파수와 강도 정보를 변화시킴에 따라 변화하는 게임이나 다른 형태의 자극으로 구성된다. **음향 바이오피드백**(acoustic biofeedback)의 적용은 대부분 목표 산출을 수정하기 위한 실제적인 음향적 신호를 사용한다(Shuster et al., 1995). **그림 6-1**은 음향적 바이오피드백을 받고 있는 대상자를 보여 준다.

생리적 바이오피드백(physiologic biofeedback)은 수행 정보를 제공한다는 의미에서는 유사하지만, 정보의 종류에 따라 신호는 다를 수 있다(Bernhardt et al., 2005; Crary and Groher, 2000; Gibbon et al., 1999; Michi et al., 1993; Ruscello et al., 1991). 예를 들면 Ruscello와 그의 동료들은 /s/를 산출할 때 특정 음소(phoneme-specific)에 비강 누출을 보이는 성인을 치료하기 위해 비강 기류 신호

그림 6-1 ✽ 음향적 정보의 형태인 바이오피드백이 대상자에게 제공되고 있다. 언어치료사는 목표 아이템을 산출하고 대상자가 시각적 바이오피드백을 통해 목표와 연결 지을 수 있도록 시도하고 있다.

그림 6-2 ❋ 압력 자음을 산출하는 동안 구강 압력을 생성할 때 원하지 않는 비강 누출이 있는지에 대한 시각적 바이오피드백을 받고 있다. 파열음, 마찰음, 파찰음은 산출시 충분한 압력의 생성이 요구된다.

를 사용하였다. 그 대상자는 그 정보를 이용하여 /s/의 산출을 수정할 수 있었다. /s/ 음을 습득한 후에, 바이오피드백 신호를 제거하고 자동화된 연습활동을 제시하여 자발적인 대화상황에서 /s/ 음을 사용하도록 한다. **그림 6-2**는 성인 대상자가 시각적인 바이오피드백을 받고 있는 장면이다.

Shuster와 동료들(1995)의 연구는 음향적 정보를 사용한 바이오피드백 연구의 또 다른 예이다. 연구자들은 잔존오류를 보이는 두 명의 청소년에게 치료를 제공하였다. 음향적 정보를 시각적으로 보여 주기 위해 실시간 **사운드 스펙트로그래프**(sound spectrograph)가 사용되었는데, 일차적으로 대상자의 오류에 연구자의 올바른 산출을 대조시켰다. 말소리 산출에서의 차이에 대해 논의한 후, 대상자로 하여금 시각적으로 정확한 음 산출이 반영되도록 산출을 수정하도록 가르쳤다. 두 대상자 모두 오랜 시간의 전통적 치료방법으로 습득되지 않던 목표음소를 성공적으로 습득하였다. 이와 유사하게, Bernhardt와 동료들(2005)은 잔존오류를 가진 청소년들과 성인들을 **초음파**(ultrasound)를 사용하여 치료한 연구를 보고하였다. 저자들은 이 방법이 혀 모양의 차이를 분명하게 시각화했으며, 대상자들은 정확한 조음위치를 만들 때 이 정보를 사용할 수 있었다고 보고했다. 마지막으로 Dage-

표 6-1 바이오피드백 기구에 대한 요약

바이오피드백의 종류	신호
청각적	
실시간 음성 분광기	청각적 정보의 전시
생리학적	
구개도	혀 구개 접촉의 전시
초음파	조음시 혀의 모습 표시
공기역학	기압 혹은 기류의 표시

nais와 동료들(Dagenais, 1995; Dagenais et al., 1994), Gibbon과 동료들(Gibbon, 1999; Gibbon et al., 1999)은 **전자구개도**(electropalatography)를 아주 광범위하게 사용하였다. 대상자들은 아크릴로 제작한 경구개를 착용하였으며, 이 제작된 경구개는 전기적 장치(processing unit)와 컴퓨터로 연결되어 화면으로 제시되었다. 혀의 움직임이 시작되었을 때, 혀의 위치, 타이밍과 함께 경구개 조음이 캡처되었다. 저자들은 조음음운장애를 가진 다양한 대상자들에게 성공적이었다고 보고했다. **표 6-1**은 조음음운오류의 치료에 사용되는 다양한 유형의 바이오피드백을 요약한 것이다.

몇몇 언어치료사들은 바이오피드백 기술을 사용하는 것을 두려워할 수 있는데, 많은 경우 기계를 익숙하게 사용하지 못하거나 기계가 없기 때문이다. 앞서 논의했듯이, 운동기술 접근은 음소 산출을 달성하기 위해 사용된다. 연습은 독립음, 음절, 단어, 구, 문장, 대화를 포함한다. 그러나 바이오피드백 과정의 초기 요소들은 목표음소에 정신적으로 집중할(mental focus) 수 있도록 고안된다. 그렇게 함으로써 대상자는 정확한 목표음소의 산출을 습득하기 위한 정보를 사용하고 운동기술 학습의 원리 하에서 목표음소를 연습할 수 있다. Ruscello(1995b)는 바이오피드백 치료 모델은 대상자의 내적 성찰과 분석에 관련된 인지에 근간을 둔 과정이라고 제안했다.

연구 노트

바이오피드백 치료는 대상자의 내적 성찰과 분석에 관련된 인지에 기초한 처리 과정이라고 제안했다.

Ruscello, 1995b.

바이오피드백 모델의 기본적인 요소들이 **글상자 6-2**에 요약되어 있다. 처음에 대상자에게 바이오피드백 과정을 소개한다. 언어치료사는 목표음소를 산출하고 대상자와 함께 바이오피드백 화면을 보며 토론한다. 화면에 나타난 정보는 바이오피드백을 통해서만 사용할 수 있다. 결과적으로, 대상자는 그 신호가 무엇인지 오리엔테이션을 받아야 한다. 언어치료사는 또한 목표음소를 촉진하는 예들을 제공하는 동안 목표음소의 산출 자질들에 대해 설명을 한다. 이러한 처음 두 단계는 대상자의 오류 산출과 대조되는 목표음의 예들을 제공하는 대조 단계로 이어진다. 이 과정은 대상자로 하여금 모델과 현재의 산출 간의 차이를 알 수 있도록 해 준다.

글상자 6-2 **바이오피드백 치료 모델의 공통 요소**

개요

1. 언어치료사는 목표 음소의 예를 산출하고 대상자에게 바이오피드백 정보를 보여 준다(display).
2. 언어치료사는 대상자에게 목표 음소의 산출 자질에 대해 설명한다.
3. 언어치료사의 목표 산출을 대상자의 산출과 대조시켜 제공한다.
4. 대상자로 하여금 과제에 정신적으로 집중하도록 하고 바이오피드백 정보를 사용하여 정확한 산출에 자신의 산출을 매치시키도록 가르친다. 이를 통해 습득이 일어나도록 한다.
5. 연습 시도의 결과를 평가한다.
   - 대상자의 자가 평가(self-evaluation)와 피드백
   - 연습과 결과 지식에 대한 언어치료사의 평가
6. 목표 음소를 자동화하기 위해 바이오피드백 없이 연습을 계속한다.

다음 단계는 바이오피드백을 사용하여 대상자가 자신의 현재 산출을 수정하여 시도하도록 하는 것과 관련된다. 이 단계에서는 대상자 측의 정신적인 집중(focus)이 요구되는데, 이는 대상자들이 자신의 산출 특성을 바꾸기 위한 정보를 사용해야 하기 때문이다. Gibbon과 동료들(1999)은 "치료에 바이오피드백을 사용하는 것은 모호한 내적 단서들을 나타내도록 하고 … 그러한 단서들의 의식적인 통제를 발달시키도록 하는 데에 그 효과성이 있다"고 하였다. 대상자와 언어치료사는 각각의 연습 시도에 따른 결과를 평가하고 토론한다. 이렇게 함으로써 대상자가 수행한 것에 대한 피드백과 결과에 대한 지식 둘 다를 대상자에게 제공할 수 있다. 목표는 음향적 또는 생리적인 정보와 그 결과로 생긴 지각적 산출 사이의 관련성을 발달시키는 것이다. 즉, 대상자가 목표음과 음향적 또는 생리적으로 매치되는 말소리를 산출하게 되면, 대응하는 지각적 매치(perceptual match)가 존재한다고 본다. 그렇다면 대상자가 정확한 말소리 산출을 위한 구강감각적 필수 정보를 발달시켰다는 것이다(Ertmer et al., 1996). 목표음의 습득 후에 바이오피드백 기술은 소거되면서 점차 전통적인 치료법과 자발적인 말하기 맥락에서 목표음소를 자동적으로 사용할 수 있도록 한다.

사례 연구 6-1

시각적인 바이오피드백: 잔존오류의 치료를 위한 음성적 접근

D.S.는 12세 여아로 자음 /r/와 모음변이 /ɝ/, /ɚ/에서 조음오류를 보였다. /r/에 대해 전통적인 치료를 4년간 받았지만, 본 검사 시까지 나아지지 않았다. 잔존오류들은 지각적으로 목표음소들의 왜곡으로 평가되었다. 문맥검사에서 지각적으로 정확한 것으로 확인되는 목표음소들은 없었다. 다른 조음음운오류는 나타나지 않았으며, 명료도는 정상 범주였다. 그러나 /r/의 오조음은 검사자에게 지각적으로 특이하게 들렸다. 대상자는 또한 때때로 친구들이 자신과 대화할 때 자신의 /r/ 오류를 확인한다고 보고했다. 구강구조 선별검사에서는 정상 범위에 있었으며 청력은 순음검사 결과 정상이었다.

10주 동안 매주 50분씩 실시하는 치료 프로그램을 시작하였고, 그 치료 프로그램은 정확한 /r/의 산출과 모음변이를 습득하기 위해서 바이오피드백을 사용하였다. 일반적으로 의식적인 수준에서는 가능하지 않은 수행 정보를 바이오피드백을 통해 제공하였다. Kay Elemetrics 모델 5500 실시간 스펙트로그래프로 음향적 수행을 시각적으로 제시하였다. 바이오피드백 치료는 3단계, 즉 도입 단계, 확인 단계, 산출 단계로 구성되었다. 언어치료사는 초기에 몇 가지 다른 모음들을 조음하면서 대상자가 스펙트로그래프 화면에 나오는 음향적 정보를 듣고 볼 수 있도록 하였다. 다양한 모음들의 포먼트 구조는 '소리 에너지의 묶음(bunches) 또는 모음(groupings)'으로 확인하도록 하고, 각각의 특징적인 패턴을 시각화했다.

대상자가 10회의 연속적인 시도에서 포먼트 구조를 8회 정확하게 확인할 수 있을 때, 도입 단계가 종료되었다. 다음으로 확인 단계에서 언어치료사는 /ɝ/과 /r/ 토큰들(tokens)을 산출하고, 스펙트로그래프를 멈춘 후에 대상자가 연습 토큰을 산출하도록 했다. 언어치료사의 토큰과 대상자의 토큰을 시각적으로 함께 보여 주고, 포먼트 구조를 대상자의 것과 대조하여 비교한다. 특히 F2와 F3가 합쳐지는 것이 정확한 /r/ 산출과 관련된 중요한 시각적인 단서임을 대상자에게 알려주었다. 확인 단계는 대상자가 언어치료사의 토큰과 자신의 연습 토큰 사이의 차이를 10회의 연속적인 시도에서 8회 확인할 수 있을 때 종료되었다. 이 처음 두 단계는 한 번의 연습 회기로 완성되었다.

산출 단계는 /ɝ/, /ir/, /ar/ 연습과 관련된 것이었다. D.S.는 스펙트로그래프 앞에 앉아서 연습 토큰을 산출하였다. 그 반응은 언어치료사가 지각적으로 정확하다고 판단했을 때, 그리고 음향적 화면이 정확한 /r/ 산출과 일관된 포먼트 패턴을 보였을 때, 정확하게 산출된 것으로 하였다. 연습은 대상자가 한 회기당 125~150 토큰을 산출할 만큼 집중적 (intense)이었다. D.S.가 /r/와 모음변이를 정확하게 산출할 수 있게 되었을 때 바이오피드백 치료가 종료되었다. 그러고 나서 목표음의 산출 연습은 시각적인 바이오피드백 정보 없이 단어, 구절, 문장, 자발적 발화로 전이되었다.

해설

D.S.는 전통적인 치료방법으로는 해결되지 않는 잔존오류를 가지고 있었다. 그래서 대상자가 자음 /r/와 /ɝ/, /ɚ/ 모음의 변이를 정확하게 산출할 수 있도록 바이오피드백 정보가 제공되는 것이 필요했다. 대상자는 부가적인 시각적·음향적 정보를 포함한 감각적인 피드백 정보를 받는 동안 치료 과제에 정신적으로 집중하도록 요구받았다. 또한 언어치료사로부터의 결과지식(knowledge of results)이 부가적으로 제공되었다. 일단 습득이 이루어진 후, 운동기술-학습 테크닉이 다양한 문맥에서 목표음소를 자동화하기 위해서 이용되었다.

바이오피드백 치료의 평가

연구 결과들은 바이오피드백이 전통적인 방법을 통한 교정이 잘 이루어지지 않는 잔존오류에 대한 가능한 치료법임을 지지한다. Volin(1998)은 다양한 말장애를 다룬 문헌에서 바이오피드백 연구들의 문헌 연구를 시행했다. 바이오피드백 연구들 중 7편의 치료 연구가 조음음운장애를 다루고 있었다. 이중 3편의 연구가 원인불명의 오류를 가진 아동들을 치료한 것이었고, 3편은 청력이 손실된 아동들을 대상으로, 나머지 하나는 선천적으로 구개열을 가지고 태어난 아동을 대상으로 한 것이었다. 모든 경우에서 긍정적인 결과가 보고되었지만, 대부분의 연구들이 바이오피드백 치료를 받지 않은 통제 집단이 없는 단일 대상 반복 측정 설계로 바이오피드백의 효과성 연구를 실시한 단일 대상이나 작은 그룹의 사례 연구였다. 증거 기반 치료의 견지에서, 타당한 치료는 매우 높은 수준의 과학적 엄격성(rigor)에 기초를 두어야 하기 때문에 보다 진전된 실험적 정밀성(scrutiny)이 필요하다(Baker and McLeod, 2004; Clark, 2005; Justice and Fey, 2004; Lass et al., 2004). 전통적인 치료에 효과가 없는 조음음운장애를 가진 아동들의 치료에 효과적이라는 믿을 만한 증거가 있으나 좀 더 실험적인 증거가 필요하다.

연구 노트 바이오피드백 연구를 고찰해 보면 조음음운장애 치료 연구가 모두 7개 있다. 3개는 알려지지 않은 원인을 가진 아동을 대상으로, 3개는 청각장애를 가진 아동을 대상으로 연구하였으며, 1개는 구개열을 가진 아동을 대상으로 연구하였다. 모든 경우에서 바이오피드백은 지속적인 치료효과가 있었다.

Volin, 1998.

종종 전통적인 치료로 효과를 보지 못하여 확실한 음소 습득에 어려움을 겪고 오류가 나타나는 어떤 대상자들은 왜 그런지 질문을 받을 수 있다. 앞서 언급한 것과 같이, 왜곡오류는 부정확한 이음 규칙 때문일 수도 있고 제한적인 감각운동처리의 결과일 수도 있다. 바이오피드백 연구자들은 이 두 가지 가설 모두 관련이 있다고 설명하였다. Shuster와 동료들(Shuster et al., 1992; Shuster et al., 1995)은 부정확한 이음 규칙 때문이라는 가설에 동의한다. 그들은 음소오류가 음소의 기저 표상에 결함이 있기 때문이라고 본다. 이것은 화자가 개별 형태소에 기저표상을 가지고 있다는 것이다. 기저표상은 의미적인 요소와 형태소의 음운론적 학습을 포함한 추상적인 부분이다. 부가적으로 어떤 연구자들은 아동들이 형태소의 수용 및 표현 기저 둘 다를 가지고 있다고 추측하였다. **수용적 표상**(receptive representation)은 아동들이 이해하는 단어의 청각적 자질을 포함하고, **표현적 표상**(expressive representations)은 아동들이 산출하는 단어의 조음적 자질을 포함한다. Straight(1980)에 따르면 수용적 표상과 표현적 표상은 각각 독립적이지만 서로 영향을 준다. 수용적 표상과 표현적 표상이 합쳐지면서 아동의 음운이 발달하게 된다. 잔존오류를 가진 아동들은 수용적 표상과 표현적 표상이 합쳐지는 것에 실패한 것일 수도 있다. 이런 경우에 잔존오류를 가진 아동들은 정확한 목표음소의 내적 모델을 가지고 있지 않기 때문에 청각적인 자극을 제공하는 전통적인 치료기법으로는 아무 효과가 없을 수 있다.

연구 노트

왜 어떤 대상자들은 확실한 음소를 습득하기가 어렵고, 산출시 오류가 나타나고, 종종 전통적인 기법의 치료가 효과적이지 않는가? 하나의 가설은 음소의 기저표상에 문제가 있다는 것이다.

Shuster 등, 1995.

연구 노트

연구자들은 음소에 대한 수용적 표상과 표현적 표상이 독립적이지만 아동들의 음운 발달에 서로 영향을 준다고 가정하였다.

Straight, 1980.

Gibbon(1999)의 가설에 의하면 잔존오류는 운동 조절 부족 때문이라고 하였다. Gibbon과 동료들(Dagenais, 1995)은 조음음운장애를 가진 학령기 아동의 이런 오류를 **분화되지 않은 동작**(undifferentiated gestures)이라고 명명하고, 혀 위치와 구개 접촉을 근거로 확인하기 위해 전자구개도를 가지고 분석해 보았다. 분화되지 않은 동작의 결정적인 자질은 전설음을 산출하는 동안 전정 중앙의 중간(anterior midsagittal)과 후정 중앙의 중간(posterior midsagittal) 구개에 혀가 접촉하는 것이었다. 이 위치에서 조음하는 것은 정상적인 아동들이 산출에서 보이는 전형적인 혀, 구개의 위치와는 차이가 있는 것이었다. Gibbon은 분화되지 않은 동작이 운동 조절 발달의 지체나 장애를 만든다고 추측하였다. 이 지연가설(delay hypothesis)은 분화되지 않는 동작이 정상적인 아동의 조음 발달에도 존재하고 있다는 의미를 내포하고 있다. 왜냐하면 이러한 분화되지 않은 동작들은 성장하는 운동 조절 시스템을 반영하기 때문이다. 바꾸어 말하면 장애 가설은 분화되지 않은 동작은 화자의 산출 문제를 해결하지 못하는 보상적 전략이고 따라서 이러한 발달적 오류가 습관이 되어 잔존오류가 된다고 보았다.

연구 노트 대안적인 가설은 잔존오류를 운동 조절의 결함으로 설명하기도 한다. 분화되지 않은 동작(설첨과 구개의 접촉)은 운동 조절이 지체되거나 조음음운발달 장애를 가지고 올 수 있다.

Gibbon, 1999.

구어교정장치

이전의 정의에 따르면, 구어교정장치라는 용어–여기에서 논의되는 문맥으로 본다면–는 목표음소의 정확한 산출을 확립하기 위한 목적으로 조음위치를 잡아 주는데 사용하는 장치이다(**글상자 6–3**). 바이오피드백과는 차이가 있는데, 대상자에게 어떤 추상적인 생리학적 신호를 주는 것이 아니다. 조음위치를 가르치기 위해서 이전에도 기기(devices)나 교정장치(applinaces)를 사용하였다. 예전의 교정장치는 매우 부실하게 만들어졌는데, 가령 혀등을 수정하기 위해서 사용하거나 주문제작한 교정장치에 나무못을 사용하는 것과 같은 것이다(Borden, 1974, 1984). 예를 들면, Altshuler(1961)는 /s/ 산출시 조음위치를 지시하기 위한 장치를 제작하는 것에 대해서 설명하였다. 언어치료사는 30mm 길이로 조각을 자르고 그때 끝 부분을 거의 25°의 각으로 자른 것을 이용하여 **혀등**(tongue blade)의 모양을 바꾼다.

글상자 6-3 구어교정장치의 예

- 수정된 혀등—쐐기 모양의 도구로서 혀를 수직면과 중심면에 접촉하게 하고, 피실험자가 /s/를 산출하도록 도와준다.
- 보철적 배치 단서—구강에 사용하는 도구로 구강 안이나 밖에서 대상자의 조음자들이 의도한 소리를 산출하도록 도와준다. /r/ 소리를 낼 수 있도록 도와준다.
- 나무못—위아래 어금니가 접촉하게 하는 장치로, 아래턱을 안정시키고 대상자의 혀를 적정한 자리에 배치시켜 /r/ 소리를 낼 때 도움을 준다.
- 주문 제작된 치과장치—치과의에 의해 제작된 도구로, 턱뼈로 삽입되고 치과용 조임쇠로 고정하여 대상자의 혀 위치를 잡아 줌으로써 /r/ 소리를 산출할 수 있도록 도와준다.

이러한 쐐기 모양 교정장치는 혀의 정중앙과 수직으로 위치시킨다. 수정된 혀등의 위치와 모양은 /s/를 산출할 때 중앙으로 공기가 나오도록 하고 측면으로 공기가 나가는 것을 막아준다. 저자는 교정장치가 혀에 닿도록 하였을 때 10명 중 9명이 목표음소를 독립음에서 정확하게 산출했다고 하였다. 문맥자극으로 음을 전이하는 것은 피험자들이 '이미지화'함으로써 가능하였고 교정장치는 독립음에서 /s/의 위치를 여전히 정확하게 잡아 주었다.

Mowrer(1970)는 어떤 대상자들에게는 정확한 목표음소 산출을 위해서 '보철 배치 단서' 장치가 필요하다고 하였다. **보철 배치 단서**(prosthetic placement cues)는 구어교정장치의 한 형태인데, 이것은 의도하는 목표음소 산출을 위해서 조음지시를 목적으로 구강 안이나 밖에 사용하는 것이다. Mowrer는 /r/ 음소를 끌어내기 위해 조음기관의 위치를 잡아 주는 장치를 개발하였다. 이 기기는 작은 플라스틱판으로서 혀의 아래에 삽입하고 /r/를 산출하는 혀의 조음위치를 잡도록 도와준다. 이 기기의 성공률에 대해서는 보고된 바가 없지만, 저자는 /r/ 음소에 오류가 있는 대상자가 지각적으로 정확한 음소를 산출하게 할 수 있다고 하였다. 이 교정장치는 문맥에서 /r/ 음소의 산출을 연습할 때는 사용할 수 없다. 유사하게 Leonti와 동료들(1975)은 전통적인 치료방법으로 /r/를 정확하게 산출하지 못하는 대상자에 대한 사례 연구를 발표하였다. 언어치료사는 구강 구어교정장치를 제작하여 정확한 음소 위치에 해당하는 입안의 혀 위치에 삽입하였다. 저자들은 대상자가 이 교정장치를 착용하고 독립음에서 /r/ 음소를 정확하게 산출할 수 있었다고 보고하였다.

Shriberg(1980)의 보고에 의하면 /r/ 산출에 교정장치를 사용하지 않지만 **나무못**(wooden dowel)을 혀의 측면에 삽입하여 사용한다고 하였다. 못은 하악을 안정시키기 위해서 위쪽과 아래쪽 어금니 표면에 접촉하여 대상자가 /r/를 산출하는 혀 위치에 놓는다. 저자는 절차에 대해서 다음과 같이 설명하였다.

> 아이에게 어떠한 지시도 하지 마십시오. 그러나 아이가 모음과 반모음 또는 /r/ 산출을 위해서 스스로 혀의 움직임을 이해하고 노력하도록 하십시오. 그러면 아이는 '그럴 수' 있는 것처럼 보일 것입니다. 언어치료사는 정확한 모델을 차분하게 지속적으로 제공하고 혀와 입술의 위치에 대해서 어떤 지시도 하지 마십시오. 이완된 입술과 둥글어진 입술을 대조하여 볼 수 있도록 거울을 손에 들고 있으십시오. 하지만 아이가 주도적으로 할 수 있도록 하십시오. 아이가 스스로 언어치료사의 모델과 일치한 음을 산출할 수 있는 혀의 위치를 찾게 되면 격려하십시오. (p. 109)

턱의 안정화 장치는 대상자가 CV 음절 문맥에서 /r/를 정확하게 산출할 수 있을 때 제거해야 한다. 위 저자는 나무못(wooden dowel)을 이용하여 턱을 안정시키는 목표를 약 12명의 사례에서 성공하였다. Shriberg (1980)는 턱의 안정화 장치가 입술과 턱 움직임의 방해가 없는 혀의 위치를 의식적으로 인식하는 것을 돕는다고 하였다. 이 나무못은 턱의 안정화를 목적으로 사용하는 바이트블록과 유사하게 사용된다(제3장 참조).

여기에서 소개할 마지막 연구는 Clark과 동료들(1993)이 수행한 것인데, 역시 /r/ 습득에 대해서 다루었다. 연구자들은 치과 교정에서 사용하는 것과 유사한 상악궁에 삽입하는 **보철**(prosthesis)기구를 개발하였다. 이 기기는 치과의사가 각 아동에게 맞게 주문 제작하였다. 이 기기는 /r/ 산출을 위해서 혀를 위치하고 확실하게 고정시키는 데 도움을 주었다. Clark과 동료들은 /r/ 음소를 적어도 6개월가량 전통적인 방법으로 치료받았지만 유의미하게 변화가 없는 36명의 대상자를 모집하였다. 이 대상자들을 무작위로 네 집단으로 분류하였고, 각 집단은 치료를 받는 동안 기기를 사용하고 청각적인 자극을 받는 집단, 기기를 사용하지만 청각적인 자극은 받지 않는 집단, 청각적인 자극을 받지만 기기를 사용하지 않는 집단, 기기와 청각적인 자극을 모두 사용하지 않는 집단으로 이루어졌다. 청각적인 자극은 각 연습 수준에서 언어치료사가 목표음소의 모델링을 제시하는 방법으로 구성하였다. 청각적인 자극이 없는 조건은 언어치료사가 /r/에 대한 청각적인 자극 없이 음소의 위치만 제공하였다. 모든 대상자들에게 목표음소를 독립음, 음절, 단어 수준에서 연습하는 기회를 제공하였다. 기기를 사용한 집단의 아동들은 기기를 사용하지 않은 집단의 아동들보다 통계적으로 유의하게 높은 점수를 획득하였다. 연구자들은 이렇게 통계적으로 차이가 나는 것은 기구를 사용하여 독립음 수준에서 /r/를 즉각적으로 성공한 집단이 기기를 사용하지 않은 집단보다 더 빨리 문맥에서 연습할 수 있게 된 것 때문이라고 해석하였다.

구어교정장치의 평가

여기에서 논의된 자료는 교정장치와 기기(devices)가 조음음운오류의 수정에 사용되었음을 보여 준다. 전통적인 치료방법으로 극복되지 않은 잔존오류를 가진 경우에 조음위치를 잡아 주는 것은 대상자들이 정확한 조음위치를 습득하는 것을 도와준다. 연구자들은 정확한 음소 산출을 발달시키기 위해서 감각적 피드백을 대상자에게 제공하고 교정장치가 제거되어도 수행 수준이 떨어지지 않는다고 확신한다(Ruscello, 1995a). 입안에 삽입하는 어떤 것이 말소리를 산출을 하는 데 제한적이기는 하므로 대상자들이 입안에 삽입된 기기를 위치시키고 계속 자발적으로 구어를 산출할 수 없다. 장치는 목표음소를 정확하게 산출할 수 있도록 한다. 장치를 통해 조음위치를 잡아 주면 긍정적인 결과가 나타난 것을 어떻게 설명할 수 있을까? 화자는 말소리를 지각적으로 정확하게 산출하는 것을 목표로 하는 지도를 받는 동안 말소리 산출시 운동 조절 규칙을 변경하여 구강의 해부학적 위치를 수정해서 반응하는 것 같다.

연구 노트 치료를 받아도 잔존오류에 효과가 없다면 교정장치를 이용한 조음점 배치법이 대상자의 정확한 조음위치를 획득하는 데 도움을 줄 수 있다. 연구자들은 이 방법이 정확한 산출을 발달시킬 수 있는 감각적 피드백을 제공하고, 결국 수행 수준이 감소되지 않고 교정장치를 제거할 수 있다고 확신한다.

Ruscello, 1995a.

Moon과 Jones(1991)는 조음기관들 간의 상호작용적인 관계가 다양한 말하기 조건에서 지각적으로 정확한 말소리 산출의 발달이 주요 목표인 협응적인 구조 중의 하나라는 가설을 세웠다. 가령 입술, 턱, 혀와 같은 조음기관들은 말소리 산출 동안 서로 상호작용을 한다. 그러나 각 조음기관들은 특정한 문맥을 말하거나 다른 예기치 못한 조건에서는 다르게 움직일 수도 있다. 운동 목표를 달성하기 위해 조음기관들이 변별적으로 기여하는 것은 협응적 구조의 협력 작용(synergy)을 반영하는 것이다. 화자는 개별음 수준에서라기보다는, 화자의 메시지에 포함된 전체적인 규칙으로 폭넓은 운동 규칙을 발달시킨다. 조음기관이 상호작용하며 지각적으로 정확한 말소리를 산출하는 데에 허용 범위를 갖는다. 조음위치에 교정장치를 사용하여 정확하게 음소를 형성하는 연구에서 화자는 목표음소 산출을 수행하기 위해 운동 규칙을 변경한다고 제안하였다. 교정장치를 사용하여 음소를 정확하게 산출한 후에는 교정장치를 제거한다. 교정장치가 제거되어도 화자는 적절한 조음운동이 기존의 규칙 체계와 협력할 수 있게 되었기 때문에 정확한 산출을 유지한다.

3. 위험 요소를 가진 대상자의 확인

앞서 논의된 다른 방법이 하나 또는 더 많은 말소리를 습득하거나 자동화하는 데 문제를 경험한 대상자들에게 제한적으로 사용되었다. 연구들을 살펴보면, 전통적인 치료방법으로 음체계를 습득하는 데 어려움을 보일 수 있는 위험 요소를 보이는 대상자들의 공통적인 요소를 확인하는 것이 중요하다. 대부분의 경우에 /r/ 습득에 문제가 있고, /r/ 음소를 치료목표로 결정하고 있다. /r/ 산출과 연관된 산출 결함에 대한 참고 문헌들은 아주 많다(Creaghead and Newman, 1989). 더욱이 이러한 조음음운오류는 주로 왜곡오류라고 되어 있다. 독자들은 왜곡오류가 의도한 음소의 지각적인 허용 범주에서 벗어난 산출 오류임을 상기해야 한다(Daniloff et al., 1980).

대부분의 연구에서 대상자는 6개월에서 거의 2년 정도 전통적인 방법으로 치료를 받았으며 치료기간이 지난 후에 의미 있는 효과를 보는 데 실패하였다. 더욱이 나이가 있고 자극반응도가 낮은 대상자들은 전통적인 치료방법이 효과적이지 않았다. Volin(1998)은 정상적인 경우에 조용하게 숨 쉬는 동안 호흡 비율을 조절하는 것을 배울 수 있다는 운동학습 실험을 실시하였다. 기초선에서 과업에 대한 각 대상자의 자극반응도를 확인하였고, 대상자들은 무작위로 바이오피드백 치료집단과 구어피드백 치료집단으로 나누어 배치하였다. 이 연구 결과, 낮은 자극반응도를 보인 대상자들은 구어피드백 치료에서는 향상되지 않았지만, 바이오피드백 치료에서 유의미하게 높은 향상을 나타냈다. 저자들은 바이오피드백을 기초선 평가 또는 시도 치료 동안 과업에 대해 낮은 자극반응도를 나타내는 대상자의 경우에 선택적으로 고려할 수 있다고 결론을 내렸다. 이러한 결과는 전문가가 대상자와 양육자로 하여금 이런 대상자에게는 치료에서 다른 선택을 고려할 수 있도록 경각심을 가지게 하는 것이라고 제안하였다. **표 6-2**에 확인된 위험 요소를 요약해 놓았다.

연구 노트

정상인들을 대상으로 조용히 호흡하는 동안 호흡 속도를 조절하는 것을 학습하도록 하는 연구에서 이들 대상자들은 무작위로 바이오피드백을 받는 집단과 구어피드백을 받는 집단으로 나누어졌다. 그 결과, 낮은 자극반응도를 가졌다면 바이오피드백을 받는 것이 더 효과적으로 향상되었음을 알 수 있었다.

Volin, 1998.

표 6-2 대안적인 조음오류치료방법을 사용하는 것과 관련된 공통 요인

요인	대상자의 위험 요인
조음음운장애의 유형	의도된 음소의 지각적인 경계를 벗어난 왜곡된 오류
치료 중단의 수준	목표음소 산출의 정확한 습득 실패
치료기간	6개월 혹은 그 이상 치료효과가 없는 경우
자극반응도 검사 시도	초기 시도 치료기간 동안 목표음소에 대한 자극반응도가 없을 때

4. 바이오피드백 또는 구어교정장치의 이용 가능성

바이오피드백 절차와 구어교정장치는 조음음운장애를 가진 대상자의 소규모 하위 집단에 사용되는 방법으로 매우 긍정적인 결과를 얻었다. 그러나 이 방법의 일반적인 실현 가능성에 대해서는 이 장에서 토론되었다(**글상자 6-4**). 예를 들면, 음향학적인 또는 생리학적인 피드백을 이용한 치료에는 대상자에게 적절한 신호를 제공하는 장치가 필요하다. 이 장치의 비용은 지난 몇 년간 낮아졌으며 소프트웨어는 컴퓨터로 작동할 수 있도록 다양하게 발달하였다(Gibbon and Beck, 2002; Masterson and Rvachew, 1999; McGuire, 1995). 그러나 비용은 여전히 고려되어야 될 부분이고, 특히 언어치료사는 제한된 대상자를 위한 기기 구입에 대해서 잘 판단해야 한다. 더욱이 초음파와 같은 기기는 대부분의 치료에 사용되지 않고 전자구개도도 주문 제작된 구개판 제작이 필요하다. 이와 유사하게 Clark과 동료들(1993)이 개발한 구어교정장치는 치과의사가 제작해야 한다. 마지막으로, 기구를 어느 정도의 수준으로 사용할 수 있어야 하지만 어떤 전문가는 그러한 수준이 되지 않을 수 있다.

대안적인 치료법에 많은 쟁점이 있기는 하지만 조음음운오류를 가진 대상자들에게 기회는 있다. 예를 들면, Ruscello와 동료들(1995)은 대학의 임상실과 지역학교 시스템 사이의 연합 서비스 전달 모형을 개발했다. 대상자는 대학의 임상실에서 바이오피드백 치료에 참여하여 정확한 목표음을 산출할 수 있게 되었다. 이 치료 단계가 완벽하게 되면 학교 언어치료사가 대상자의 학교에서 자동적인 활동

글상자 6-4 바이오피드백과 구어교정장치 사용을 둘러싼 쟁점

결점

- 기구 사용 비용
- 비실용성(예: 너무 많은 시간과 노력)
- 전자구개도(electropalatography; EPG)를 위한 맞춤 제작된 구개판
- 치료 경험의 복잡한 단계

장점

- 둘 혹은 그 이상의 기관들이 연합하는 협력적 서비스 전달 모델
- 언어치료사가 환자에게 지역적인 중심을 요구하는 센터 기반 모델
- 많은 환자들이 사용하기 위한 포괄적인 도구 개발

으로 전이시킨다. 이 사례 연구는 대안적 치료 형태가 필요한 대상자를 위해 두 기관이 협력한 예이다. Gibbon과 동료들(1999)은 조음음운장애를 가지고 있고 대안적인 치료가 필요한 아동에게 광범위하게 전자구개도를 사용하였다. 전문가들이 전자구개도 치료를 위한 대상자를 전자구개도 적용이 가능한 지역센터에 의뢰하고 연구자들이 그 발달을 보고하였다. 이러한 센터 기반 모형은 지역적으로 소외되거나 재정적인 비용 때문에 서비스를 받을 수 없는 대상자에게 치료 기회를 제공한다.

연구 노트

협력적인 서비스 전달 모형에서 대상자는 바이오피드백 치료를 우선 대학의 임상실에서 받고 후에 지역의 학교 기반 체계로 가서 학교 언어치료사가 자동화 활동을 할 수 있게 하는 것이다. 다른 모형으로 지역센터에서 언어치료사가 전자구개도 치료로 대상자를 치료하는 경우도 있었다. 세 번째 모형으로 대학 임상실에 있는 기구에 적합한 기준에 맞는 대상자들이 우선 기구를 맞추고 지역의 전문가가 대상자의 학교에서 치료하는 것이다.

Clark 등, 1993; Gibbon 등, 1999; Ruscello 등, 1995.

Clark과 동료들(1993)은 협력 모델을 사용했는데, 우선 지역 언어치료사들에게 정확한 /r/ 소리 산출을 촉진하는 구어교정장치가 적합한 대상자의 특성 기준을 알려 추천을 받았다. 아동들은 대학의 의료센터에서 장치를 맞추고, 지역의 언어치료사가 대상자의 학교에서 모든 치료를 시행한다. Clark의 모형은 Ruscello와 동료들(1995)에 의해 보고된 협력치료, Gibbon과 동료들(1999)이 논의한 지역의 이용 모형의 일부 속성들을 함께 갖고 있다. 마지막으로 구어교정장치 개발에서 고려해야 할 것은 어떤 대상자라도 사용할 수 있는 일반적인 교정장치의 제작이다. 교정장치가 필요할 때는 언제든지 언어치료사는 반복적으로 소독하여 사용할 수 있어야 한다.

5. 요약

조음음운장애를 경험한 아동들의 일부에게는 전통적인 치료법이 효과적이지 않다. 이러한 아동들은 일반적으로 지각적 왜곡오류로 분류되는 잔존오류를 갖고 있다. 많은 연구들이 바이오피드백과 조음산출 위치에 구어교정장치를 사용하여 잔존오류를 수정하는 데 성공적이었다고 보고하였다. 연구자들은 왜 대상자들이 잔존오류를 발달시키는지 그리고 왜 전통적인 치료방법으로 효과를 보지 못하는지를 설명하기 위해서 서로 다른 가설들을 제안하였다. 많은 위험 요소들이 이 집단의 특성으로 나타났다. 이 특성들은 왜곡오류가 존재하고, 정반응 산출을 습득하지 못하고, 상당한 양의 치료를 받았음에도 긍정적인 효과가 없었으며, 목표음소에 대한 자극반응도가 낮았다는 것이다.

대안적인 치료방법이 널리 확산되는 것을 제한하는 쟁점들이 이 장에서 논의되었다. 그러나 몇몇 서비스 제공 모형들은 이런 서비스를 필요로 하는 대상자들에게 잘 제공될 수도 있는 잠재력을 보여 주었다.

❀ 참고 문헌

Altshuler MW: A therapeutic oral device for lateral emission, *J Speech Hear Disord* 26: 179-181, 1961.

Baker E, McLeod S: Evidence-based management of phonological impairment in children, *Child Lang Teach Ther* 20:261-285, 2004.

Basmajian JV: Introduction: principles and background. In Basmajian R, editor: *Biofeedback: principles and practice for clinicians*, Baltimore, 1989, Williams & Wilkins.

Bernhardt B, Gick B, Bacsfalvi P et al: Ultrasound in speech therapy with adolescents and adults, *Clin Linguist Phon* 19:605-617, 2005.

Bernthal JE, Bankson NW: *Articulation and phonological disorders*, ed 5, Boston, 2004, Allyn & Bacon.

Borden GJ: What is an orthophoniste? *ASHA* 16:203-206, 1974.

Borden GJ: Consideration of motor-sensory targets and problem of perception. In Winitz H, editor: *Treating articulation disorders: for clinicians by clinicians*, Austin, Tex, 1984, Pro-Ed.

Clark HM: Clinical decision making and oral motor treatments, *ASHA* 10:8-9, 34-35, 2005.

Clark CE, Schwarz IE, Blakeley RW: The removable r-appliance as a practice device to facilitate correct production of In, *Am J Speech Lang Pathol* 2:84-92, 1993.

Crary MA, Groher ME: Basic concepts of surface electromyographic biofeedback in the treatment of dysphagia: a tutorial, *Am J Speech Lang Pathol* 9:116-125, 2000.

Creaghead NA, Newman PW: Articulation and phonetics and phonology. In Creaghead NA, Newman PA, Secord WA, editors: *Assessment and remediation of articulatory and phonological disorders*, ed 2, Columbus, Ohio, 1989, Merrill.

Crowe Hall BJ: Attitudes of fourth and sixth graders toward peers with mild articulation disorders, *Lang Speech Hear Serv Sch* 22:334-339, 1991.

Dagenais PA: Electropalatography in the treatment of articulation! phonological disorders, *J Commun Disord* 28:303-330, 1995.

Dagenais PA, Critz-Crosby P. Adams JB: Comparing abilities of hearing-impaired children to learn consonants using palatographic or traditional aura-oral techniques, *J Speech Hear Res* 37:687-699, 1994.

Daniloff R, Wilcox K, Stephens MI: An acoustic-articulatory description of children's defective/5/productions, *J Commun Disord* 13:347-363, 1980.

Davis SM, Drichta CE: Biofeedback: theory and application to speech pathology. In Lass N, editor: *Speech and language advances in basic research and practice*, New York, 1980, Academic Press.

Ertmer DJ, Stark RE, Kanlan GR: Real-time spectrographic displays in vowel production training with children who have profound hearing loss, *Am J Speech Lang Pathol* 5:4-16, 1996.

Fletcher SG: *Articulation: a physiological approach*, San Diego, 1992, Singular.

Gibbon FE: Undifferentiated lingual gestures in children with articulatory phonological disorders, *J Speech Lang Hear Res* 42:382-397, 1999.

Gibbon FE, Beck JM: Therapy for abnormal vowels in children with phonological impairment. In Ball MI, Gibbon FE, editors: *Vowel disorders*, Boston, 2002, Butterworth-Heinemann.

Gibbon FE, Stewart F, Hardcastle WJ et al: Widening access to electropalatography for children with persistent sound system disorders, *Am J Speech Lang Pathol* 8:319-334, 1999.

Gierut JA: Treatment efficacy: functional phonological disorders in children, *J Speech Lang Hear Res* 41(suppl):S85-SlOO, 1998.

Justice LM, Fey ME: Evidence-based practice in schools, *ASHA* 9:4-5, 2004.

Lass NJ, Ruscello DM, Pannbacker M: *Oral motor treatment in clinical speechpathology*. Proceedings of the American Speech-Language-Hearing Association Telephone Seminar, February 2004.

Leonti SL, Blakeley RW, Louis HM: *Spontaneous correction of resistant /r/ using an oral prosthesis*. Paper presented at the annual meeting of the American Speech-Language-Hearing Association, Washington, DC, 1975.

Masterson JJ, Rvachew S: Use of technology in phonological intervention, *Semin Speech Lang* 20:233-249, 1999.

McGuire RA: Computer-based instrumentation: issues in clinical applications, *Lang Speech Hear Serv Sch* 26:223-231, 1995.

Michi K, Yamashita Y, Satoko I et al: Role of visual feedback treatment for defective /s/ sounds in patients with cleft palate, *J Speech Hear Res* 36:277-285, 1993.

Moon JB, Jones DL: Motor control of velopharyngeal structures during vowel production, *Cleft Palate Craniofac J* 28:267-273, 1991.

Mowrer DE: *Lectures in methods of speech therapy*, Tempe, Aniz, 1970, Arizona State University Bookstore.

Mowrer DE, Wahl P, Doolan SJ: Effect of lisping on audience evaluation of male speakers, *J Speech Hear Disord* 43:140-148, 1978.

Ohde RN, Sharf DJ: *Phonetic analysis of normal and abnormal speech*, New York, 1992, Macmillan.

Peterson-Falzone SJ, Hardin-Jones MA, Karnell M: *Cleft palate speech*, ed 3, St Louis, 2001, Mosby.

Ruscello DM: Speech appliances in the treatment of phonological disorders, *J Commun Disord* 28:331–353, 1995a.

Ruscello DM: Visual feedback in treatment of residual phonological disorders, *J Commun Disord* 28:279–302, 1995b.

Ruscello DM: Residual phonological errors. In Kent R, editor: *Encyclopedia of communication disorders*, Boston, 2003, MIT Press.

Ruscello DM, Shuster LI, Sandwisch A: Modification of context-specific nasal emission, *J Speech Hear Res* 34:27–32, 1991.

Ruscello DM, Yanero D, Ghalichebaf M: Cooperative service delivery between a university clinic and a school system, *Lang Speech Hear Serv Sch* 26:273–277, 1995.

Shniberg LD: An intervention procedure for children with persistent In! errors, *Lang Speech Hear Serv Sch* 11:102–110, 1980.

Shniberg LD: Four new speech and prosody-voice measures for genetics research and other studies in developmental phonological disorders, *J Speech Hear Res* 36:105–140, 1993.

Shniberg LD: Developmental phonological disorders: one or many? In Hodson BW, Edwards ML, editors: *Perspectives in applied phonology*, Gaithersburg, Md, 1997, Aspen.

Shniberg LD, Gruber FA, Kwiatkowski J: Developmental phonological disorders III: long-term speech-sound normalization, *J Speech Hear Res* 37:1151–1177, 1994.

Shriberg LD, Kwiatkowski J: Developmental phonological disorders I: a clinical profile, *J Speech Hear Res* 37:1100–1126, 1994.

Shniberg LD, Kwiatkowski J, Snyder T: Tabletop versus microcomputer-assisted speech management: response evocation phase, *J Speech Hear Disord* 55:635–655, 1990.

Shuster LI, Ruscello DM, Smith KD: Evoking /r/ using visual feedback, *Am J Speech Lang Pathol* 1:29–34, 1992.

Shusten LI, Ruscello DM, Toth AR: The use of visual feedback to elicit correct /r/, *Am J Speech Lang Pathol* 4:37–44, 1995.

Silverman FH, Paulus PG: Peer reactions to teenagers who substitute 1w! for /r/, *Lang Speech Hear Serv Sch* 20:219–221, 1989.

Smit AB, Hand L, Freilinger JJ et al: The Iowa articulation norms project and its Nebraska replication, *J Speech Hear Disord* 55:779–798, 1990.

Straight HSS: *Auditory versus articulatory phonological processes and their development in children.* In Yeni-Komshian GH, Kavanagh JF, Ferguson CA, editors: Child phonology volume 1: production, New York, 1980, Academic Press.

Volin RA: A relationship between stimulability and the efficacy of visual feedback in the training of a respiratory control task, *Am J Speech Lang Pathol* 7:81–90, 1998.

용어 사전

감각신경성 청력 손실(sensorineural hearing loss): 청감각 말초 기관의 손상으로 인한 청력 손실의 형태. 와우 유모세포의 손상 또는 청신경의 병리적 상태가 있는 경우이다.

감소된 구강내압(reduced intraoral pressure): 파열음, 마찰음, 파찰음이 연인두 부전, 경구개 누공(fistulae), 또는 이 두 가지 모두로 인해 불충분한 공기 압력으로 산출되는 경우를 말한다.

개구교합(open bite): 전방 상악과 하악의 치아 사이가 열려 있거나 거리가 좀 있는 상태이다.

결과지식(knowledge of results, KR): 임상가 등 외부로부터 대상자에게 제공되는 수행 관련 정보에 적용되는 음운학습 개념. 결과 지식은 질적이거나 양적이며, 두 특성을 모두 가지기도 한다.

경구개파열음(middorsum palatal stop): 연인두 폐쇄부전, 구개누공이 있는 일부 아동들이 /t/, /d/, /k/, /g/를 대치하여 산출하는 보상조음

경직형 마비말장애(spastic dysarthria): 상부 운동 뉴런의 손상에 기인하는 말운동장애. 상부 운동 뉴런 체계는 뇌간과 척추에 위치한 하부 운동 뉴런과 직접적 또는 간접적 연결 경로를 갖는 피질 운동 영역과 연합 영역을 포함한다. 주로 지각되는 말소리 자질들은 거친 음성, 과대비성, 부정확한 자음, 감소된 말속도이다.

공명 자질(sonorant feature): 상대적으로 성도를 제한하지 않고 만들어지는 말소리. 유음, 비음, 모음, 활음이 이 자질을 공유한다.

과비성(hypernasality): 유성음, 특히 모음을 산출할 때 지각되는 비강 공명

교대운동 과제(diadochokinetic tasks): 상이한 조음기의 최대 반복 속도를 평가하는 데 이

용하는 과제. 반복 과제는 대개 음절로 구성하며 말 운동 통제의 지표가 된다.

교차교합(crossbite): 상악의 치아가 하악의 치아에 비해 안쪽 또는 혀쪽으로 위치한 치열 상태. 경도에서 중도의 상태를 보일 수 있다.

구강안면 디지털 증후군 유형 1(oral-facial-digital syndrome, type I): 구강안면 디지털 증후군 참조

구강안면 디지털 증후군(oral-facial-digital syndrome): 유전적으로는 다르지만 나타나는 형태가 유사하여 함께 묶은 9개의 다른 장애유형이다. 주요 임상적 증상은 두개안면, 사지, 피부, 중추신경계, 신장에 문제가 나타난다. 말소리 장애는 해부학적으로 비정상적인 혀와 구강 소대가 확장된 결과일 것이다.

구강운동치료(oral motor treatment; OMT) 비구어 구강운동과 구강 자세를 목표로 하는 치료법들의 통칭. 말소리 산출에 필요한 운동패턴을 발달시키고 말 산출에 필요한 근육을 강화하기 위해서 실시한다.

구개거상(palatal lift: **구개올림**): 일반적으로 연구개의 신경학적 손상이 있는 경우 말소리 산출을 위해 연인두 폐쇄 능력을 향상시키기 위해 사용하는 보조 장치

구개마찰음(palatal fricatives): 구개지점에서 만들어지는 마찰음. 영어의 /ʃ, ʒ/ 소리. 마찰음 참조

구비강 천공(oronasal fistulae): 외과적으로 구개를 봉합하였으나 비강으로 생긴 구멍

구순구개열(cleft lip and palate): 출생 전 발달과정에서 입술이나 입천장 또는 두 구조 모두가 융합되지 못하여 나타나는 선천성 결함. 입술이나 구개(또는 양 구조)에서 나타나는 결함의 정도는 다양하다.

구어 강도(speech intensity): 데시벨(dB)로 측정된 구어신호의 소리 에너지. 강도의 지각적 용어는 소리크기(loudness)이다.

구어 교정장치(speech appliance): 연인두 부전이나 경구개 누공이 있는 대상자들을 위해 사용되는 구강내압 보철 장치. 세포가 손실되었거나 연구개 움직임이 부족한 경우 사용될 수 있다.

구어 명료도(speech intelligibility): 청각장애 청자에 의해 이해되는 말소리를 측정하기 위해 사용되는 지수(청각장애를 고려하였을 때). 명료도는 주파수, 강도, 그리고 지속시간의 복잡한 기능이다. 청각장애 없이 조음음운장애를 가진 대상자의 경우, 이 용어는 청자에 의해 대상자의 자발적인 구어가 이해되는 정도를 말한다.

구조적 결함(**기질적 이상**)(structural defects): 본질적으로 큰 문제가 아닐 수 있는 치아 결손 등의 문제, 또는 큰 문제인 구순열과 구개열 등 성도에 있는 해부학적 비정상성.

구조화된 놀이(structured play): 놀이 형태의 활동, 특히 아동이 보다 형식적인 양식의 교수에 반응하지 않는 경우 사용되는 치료 활동

구획 순서화(block sequencing): 상이한 수준의 치료를 실행하는 운동학습 개념. 치료 수준은 언어적으로 덜 복잡한 단계에서부터 보다 복잡한 단계로 진행하는 방식으로 도입한다. 이 개념은 전반적으로 시도적 치료 과정 동안에는 보다 높은 반응정확도를 유도하지만 무선 순서화에 비해 일반화 측면에서는 불리하다.

국가 효과측정체계(National Outcome Measurement System, NOMS): 말장애, 삼킴장애, 언어장애의 치료 결과에 대한 자료를 수집하기 위한 목적으로 미국말언어청각협회(ASHA)가 실시한 프로젝트.

근접밀도(neighborhood density): 낱말 수준에서 한 개의 음소를 대치하거나 생략 혹은 첨가하여 만들 수 있는 음성적 최소대립 낱말들의 수의 많고 적음

기저핵(basal ganglia): 대뇌반구의 기저(바닥) 부위에 위치한 핵 집합체. **추체외계**로도 알려져 있는데, 운동의 시작과 통제에 있어 핵심 역할을 수행한다.

긴장/이완 쌍(tense/lax pairs): 모음에서 근육의 긴장 자질의 산출과 관련된 대조적인 용어. 긴장은 이완보다 혀의 긴장이 더 크고 지속시간이 더 길게 산출되는 모음을 말한다.

나무못(wooden dowel): 말소리를 이끌어내기 위해 턱을 고정하는 방법으로 사용되는 어금니 사이에 삽입되는 작은 나무 축(shaft)

난청(hard-of-hearing): 경도, 중등도, 중도의 청력 손실을 보이는 대상자의 분류에 이용되는 용어

내적 음운지식(internal phonological knowledge): 의미의 차이를 나타내기 위해 말소리 범주를 이용하는 방법, 형태소 구성에 이용되는 말소리 범주에 관한 내적 지식

농(deaf): 평균 청력 수준이 70dB 이상인 심도 청력 손실

다중대립(multiple oppositions): 음운 대조를 이용하여 다중음소 붕괴를 치료하는 음운치료법. 하나의 말소리와 여러 개의 목표음을 동시에 대조시켜 훈련한다.

다중음소 붕괴(multiple phoneme collapse): 성인형 음운체계에 나타나는 음운 대조가 붕괴되어 있음. 여러 개의 목표음 대조가 붕괴되어 여러 개의 목표음 대신 하나의 말소리를 사용한다.

단어 빈도(word frequency): 한 언어에서 특정 단어가 발생하는 규칙성

대설증(macroglossia): 비대한 혀.

대조 강세 연습(contrastive stress practice): 마비말장애 대상자에게 적용하는 중재 기법. 대

상자는 임상가가 주는 여러 가지 단서에 대한 반응으로 운율 패턴을 다양하게 변화시켜 발화를 산출한다.

대조 반복훈련(contrastive drills): 발달성 마비말장애의 훈련에 이용되는 치료 기법. 상이한 낱말 쌍 대조를 이용하여 대상자로 하여금 조음위치, 조음방법, 유성성 문제(또는 이 문제들의 조합)를 구분할 수 있도록 돕는다.

대치 오류(substitution errors): 어떤 말소리가 다른 말소리의 위치로 대치되는 오류를 말한다. 일반적으로 조음의 위치나 방법 (또는 둘 모두)에서의 변화를 반영한다.

도구적 학습(operant learning): 자극-반응-강화의 교수주기를 사용하는 학습이론. 말소리 체계의 산출과 같은 다양한 행동을 교수할 때 적용한다.

동음이의어(homonymy): 음소 대조의 붕괴로 인해 하나 혹은 여러 개의 성인형(목표) 낱말 대신 하나의 발화로 대치하여 산출함

동족음(cognates): 동일한 조음방법과 조음위치에서 산출되나 유성성의 측면에서 차이를 보이는 말소리 쌍. /p, b/는 동족음 쌍의 예이다.

동족파열음(plosive cognates): 파열음 참조

듣기(audition): 듣는 과정.

라포(rapport): 치료사와 대상자, 치료사와 부모 간의 지원 관계 형성

마비말장애(dysarthria): 중추신경계나 말초신경계의 손상으로 인해 조음 운동의 실행과 호흡, 발성, 공명, 운율의 문제를 보일 수 있는 말운동장애

마찰음(fricatives): 기류나 음향 에너지 또는 두 가지 모두를 성도의 좁은 협착 부위로 통과시켜 산출하는 자음 부류. /f, v, θ, ð, s, z, ʃ, h, ʒ/가 마찰음에 해당된다.

말운동장애(motor speech disorder): 말소리 산출에 필요한 운동 계획, 근육 움직임의 협응, 움직임의 타이밍 또는 움직임 패턴의 시행(또는 이 문제들의 조합)에 문제를 보이는 신경학적 말소리 장애. 조음 문제 외에도 호흡, 발성, 공명, 운율과 같은 생체 의사소통 체계의 문제도 보일 수 있다.

맹관기법(cul-de-sac technique): 연인두 폐쇄부전 아동들에게 이용하는 치료 기법. 아동으로 하여금 압력자음을 산출하는 동안 임상가나 아동 스스로가 콧구멍을 막아 비누출을 방지한다.

명료도 반복연습(intelligibility drills): 대상자가 최소쌍 낱말 세트를 산출하면 임상가가 확인하는 치료 절차

모색행동(groping): 말소리를 실제로 산출하기 전에 입 안에서 조음 동작을 시도함. 아동기 말실행증(CAS)과 관련된 증상으로 보고되는 경우도 있다.

모음 전이(vocalic transitions): 모음의 앞과 뒤에 오는 말소리의 영향으로 모음의 포먼트 주파수에 생기는 변화. 이는 청자에게 중요한 말지각 단서를 제공한다.

모음(vowels): 성대의 진동에 의해 만들어지는 소리 에너지로 산출되는 말소리 부류. 특정 형태를 가지며 상대적으로 개방된 성도를 통해 공명된다. 모음은 어두 초성 폐쇄음의 산출에서 중요한 변수이다.

무선 순서화(random sequencing): 모든 수준의 치료가 단일 치료 회기 내에서 대상자에게 무작위 순서로 시행되는 운동 학습 개념. 이 방법은 일반적으로 회기 당 반응 정확도는 감소되지만 구획 순서화(block sequencing)와 비교했을 때 일반화가 더 잘된다.

바이오피드백(biofeedback): 신경계의 통제 하에 있어 학습자가 명확하게 인지하지 못하는 생리체계에 대해 장비를 이용하여 즉시 정보를 제공해 준다.

바이트블록(bite block): 아크릴로 만든 블록으로, 말 치료를 실시하는 동안 턱을 안정시키기 위해 치아 사이의 측면에 위치시킨다.

반공명(또는 상쇄공명, antiresonances): 스펙트럼 경사(포락선)의 최저값으로, 공명 또는 스펙트럼 정점(peak)의 반대에 해당된다. 반공명은 비음을 산출할 때 주 공명강(인두 및 비강)의 공명에 구강 공명이 더해지면서 일어난다.

반모음(semivowels): 구강 공명이 생기도록 어느 정도 성도를 열고 만들어 내는 말소리, 반모음들은 /j/, /w/, /l/, /r/, /m/, /n/, /ŋ/이다.

반복연습(drill): 대상자에게서 다수의 연습 반응을 유도하기 위해 고안된 고도로 구조화된 치료 절차

반복연습/놀이(drill/play): 반복연습과 유사하나 연습 반응을 유도하기 위해 게임과 같은 일부 동기유도 활동을 이용한다는 측면에서 차이가 나는 치료 절차

반응 일반화(response generalization): 목표 행동이 대상자에게 가르치지 않은 행동으로 일반화되는 것을 말한다.

발달적 마비말장애(developmental dysarthria): 감각운동 실행에 문제를 보이는 말운동장애. 이 장애를 가진 아동들은 조음운동의 실행을 어려워하고, 중추신경계나 말초신경계의 손상으로 인해 호흡, 발성, 공명, 운율 등 기타 말 산출 요소의 문제를 보이기도 한다.

발달적 오류(developmental errors): 모국어의 말소리 체계를 습득해 가는 아동들의 말에서 흔히 발견되는 정상적 변이. 이러한 말소리 오류는 성도의 해부학적 조건이나 생리적 조건의 변이 때문에 나타나는 것이 아니며, 나이가 들면서 없어지거나 발달 시기

이후에도 지속되어 치료가 필요해지기도 한다.

발성시작시간(voice onset time; VOT): 구강 자음의 방출과 후행하는 모음의 성대 진동 사이의 간격. 이는 어두초성 폐쇄음의 산출에 중요한 변인이다.

베크위드-위드만 증후군(Beckwith-wiedemann syndrome): 성장, 두개안면, 위장, 대사, 생식기, 운동 발달을 포함하여 중추신경계에 영향을 미칠 수 있는 증후군. 대설증과 치열 부정교합의 결과, 대개는 말장애가 필연적으로 나타난다.

보상조음 오류(compensatory errors): 성문파열음 등 의도한 말소리나 말소리 부류를 대신하여 산출하는 말소리 체계 오류. 연인두 폐쇄부전이나 구개누공이 있는 아동들의 말에서 자주 나타난다.

보철 위치 단서(prosthetic placement cues): 특정 목표 음소를 이끌어 내기 위해 조음 기관의 위치를 잡아 주기 위한 목적으로 구강의 바깥쪽 또는 안쪽에 사용되는 구강 장치의 유형

보철 전문 치과의사(prosthodontist): 보철을 제조하는 치과 전문의

보철(prosthesis): 말 산출, 연하기능, 또는 두 가지 모두를 개선하기 위한 목적으로 보철 전문의에 의해 제작된 구강 내 장치. 말 산출을 위한 연인두 폐쇄 기능의 향상을 위해 환자에 따라 맞춤 제작된다.

분절적 오류(segmental errors): 대상자의 구어에 존재하는 말소리 오류

비강 난기류(nasal turbulence): 비누출이 일어날 때 나타남. 기류가 비강을 통과하면서 비강 조직을 진동시키거나, 비폐색(nasal obsturction)으로 인해 좁은 협착 부위로 기류가 빠져 나가면서 발생한다. 비강 난기류가 생길 때는 비강 스침소리나 난기류성 소음으로 지각된다.

비강마찰음(nasal snort): 기류를 직접 비강 통로로 보내면서 산출되는 보상조음. 마찰음을 대치하여 산출되는 경우가 많으며, **후비강마찰음**(posterior nasal fricative)이라고도 한다.

비강소음(nasal murmur): 비음의 산출 특성으로 나타나는 음향학적 현상. 저주파수대의 공명이나 비음 포먼트를 관찰할 수 있다.

비누출(nasal emission): 압력자음, 특히 압력무성자음을 산출하는 동안 코로 기류가 누출됨. 비누출이 일어날 때 소음이 들리는 경우도 있고, 들리지 않는 경우도 있다.

비단어 목록(nonce item): 허용 가능한 음운구조이거나 아닐 수 있는데, 의미 있는 형태소가 아닌 음소의 조합. 비단어 목록은 그림이나 사진과 연결 지어 사용되며, 음소의 간섭효과를 감소시킬 때 사용한다.

비주요 부류 자질(nonmajor class feature): 개별 소리의 산출자질 중 조음장소, 조음방법, 발성유형 자질들을 말한다. 예를 들어 /p/는 무성의 양순 폐쇄음이다. 이 자질들은 그 반대편에 해당하는 소리를 갖고 있으며, 자음과 모음 같은 소리의 기본적인 주요 분류 안에서 이 자질의 차이로 인해 소리들이 다르게 구별된다.

사운드 스펙트로그래프(sound spectrograph): 말소리의 주파수, 강도, 지속시간 변수를 시각적으로 보여주는 음향 분석 기구

상위음운 치료접근법(metaphon approach): 음운 대조의 산출은 최소한으로만 강조하고, 주로 초언어적 인식을 이용하여 목표 음운변동을 치료하는 방법

생리적 바이오피드백(physiologic biofeedback): 전형적으로는 인식 수준에서는 이용할 수 없는 어떤 형태의 생리학적 신호형태를 학습자에게 피드백으로 제공하는 것이다. 공기역학, 근전도, 전자구개도 정보들이 이 유형의 피드백에 사용되는 신호의 예이다.

선행사건(antecedent events): 치료 과정에서 대상자로부터 특정 반응을 이끌어 내기 위해 고안된 자극으로 이루어진 활동.

설소대단축증(ankyloglossia): 설소대(혀 소대)의 삽입 위치로 인해 혀의 움직임이 제한됨. 이러한 해부학적 상태를 혀유착증(tongue-tie)이라고도 한다.

성문파열음(glottal stop): 성대를 완전히 닫았다가 재빨리 열면서 산출하는 파열음. 일부 구개열 화자들이 보상조음으로 산출한다. 일부 정상 화자의 경우, /t/와 /d/의 변이음으로 산출하기도 한다.

성염색체성 구개열): 성별과 관련되어 유전되는 선천적 결함. 때로는 설소대단축증이 함께 관찰된다.

소설증(hypoglossia): 비정상적으로 작은 혀

소설-지결손증 연쇄(hypoglossia-hypodactyly sequence): 혀와 손가락이나 발가락의 일부 또는 전부가 없는 특징을 주로 보이며, 비교적 드물게 나타나는 선천성 기형

속도 훈련(speed drill): 음성적 교수에서 일정 시간 동안의 반복연습을 통해 목표 음소를 자동화하기 위해 사용되는 치료 기법

수동적 말 특성(passive speech characteristics): 연인두 폐쇄 결함과 같은 구조적 문제로 생기는 말소리 장애. 과대비성, 비강누출, 자음산출시 압력의 약화 등이 그 예이다. 필연적 오류라고도 한다.

수용성 표상(receptive representations): Straight(1980)가 제안한 이론의 구성요소. 한 언어의 화자는 내적으로 저장된 형태소 각각에 대한 심층적 표상을 가진다고 한다. 심층

적 표상이란 의미적 요소와 형태소에 대한 학습된 음운적 특징을 포함하는 추상적인 내용이다. 수용적 형태는 아동이 이해할 수 있는 단어들의 청각적인 자질들을 포함하는 반면 표현적 형태는 아동이 산출할 수 있는 단어들의 조음적 자질들을 포함한다.

순치마찰음(labiodental fricatives): 상악(위턱) 절치(가운뎃니)와 아랫입술을 협착시켜 산출하는 마찰음(마찰음 참조). /f, v/가 해당된다.

슬릿 마찰음(slit fricatives): 둥근 공간(circular orifice)이 아닌 타원형(elliptic) 공간으로 마찰음을 산출하는 경우를 말한다. /f/, /v/, /θ/, /ð/를 포함한다.

실조성 마비말장애(ataxic dysarthria): 대뇌피질과 연결되어 있는 소뇌 연결부의 병변에 의해 생기는 말운동장애. 주된 지각적 말 특성으로는 과도하고 동일한 강세 문제(운율)과 부정확한 자음 산출을 들 수 있다.

씨-스케이프(see-scape): 비 누출이 있는지 탐지할 수 있는 값싸고 간단한 기구

아동기 말실행증(childhood apraxia of speech, CAS): 말 산출에 요구되는 숙련 운동의 계획 및 프로그래밍에 영향을 미치는 신경학적 결함으로 정의할 수 있는 발달적 말운동장애. 말 산출 오류와 운율 변이를 주된 특징으로 나타낸다.

액주식 기압계(water manometer): 공기압을 측정하기 위해 사용되는 액체로 차 있는 유리관

양순음(bilabials): 위아랫입술을 이용하여 산출되는 말소리. /b, p, m/를 예로 들 수 있다.

역동(또는 동적) 범위(dynamic range): 말소리에 대한 대상자의 청각 민감성(청력) 역치* 와 불편할 정도로 크게 여겨지는 수준 간의 강도 차이

역량 중심 구성(capability-focus construct): 아동에 대한 음운 평가, 기존의 위험 요인 및 주의력, 동기, 노력과 같은 학습 선행요건을 고려하였을 때 판단되는 말 변화 능력 또는 잠재력을 참조로 하는 가설적 치료 모델

연구개 마찰음(velar fricative): 혓몸과 연구개 지점을 협착시켜서 산출하는 보상 대치 조음

연구개음(velars): 파열음 /k/, /g/와 같이 연구개 조음점에서 만들어지는 말소리

연인두 부전(velopharyngeal dysfunction): 말하는 동안 연인두 기전의 불완전한 폐쇄를 말한다. 일반적으로 과대비성, 비강누출이 나타나는 결과를 가져오며 보상 오류가 나타날 수 있다.

---

* (역자 주) 말소리를 들었음을 인식할 수 있는 최소 음량

오피즈 증후군(Opitz syndrome): 구개안면, 생식기, 위장, 중추신경계, 심장의 문제를 포함하는 증후군이다. 일반적으로 말언어와 관련되는 신경계통의 문제로 인해 말언어 발달이 지체된다. 구개파열이 있다면 보상적 오류가 나타날 수도 있다.

왜곡오류(distortion errors): 변이음이라 볼 수 없고 다른 음소로도 볼 수도 없는 목표음 변이.

운동기술 학습(motor skill learning): 간단하고 복잡한 운동기술을 가르치기 위해 개발된 원리로 구성된 학습 유형. 그 원리와 기저 이론을 말소리 체계 장애 아동과 성인의 지도에 적용한다.

운동이상형(또는 이상운동형) 마비말장애(dyskinetic dysarthria): 대뇌반구의 기저 부위에 위치한 핵 집합체인 기저핵 손상의 결과로 나타나는 말운동장애. 부정확한 조음과 음성 문제를 주된 특징으로 보인다.

운율 자질(prosodic features): 운율 참조

운율(prosody): 음절, 낱말, 구, 절과 같은 음성학적 단위 위에 얹히는 초분절적 자질. 운율자질에는 강세, 억양, 강도, 음도, 연접, 말속도 등이 있다.

유음(liquids): 모음과 유사하게 성도가 상대적으로 열려 있는 상태에서 산출되는 말소리로, 구강 반모음이라고도 한다. /r, l/가 이에 해당된다.

유표성(markedness): 언어의 언어학적 속성과 관련된 개념. 한 언어 내에서 선호되는 자질은 무표적 자질에 해당된다. 예를 들어, 유성성은 이러한 자질 유형의 예로, 무성성의 대립 자질이다. 음운치료의 목표음을 선정할 때 이러한 개념을 적용한다. 따라서 임상가는 대립 자질의 습득을 촉진하기 위해 선호 자질(무표 자질)을 가르쳐야 한다.

음성적 배치(phonetic placement): 말소리의 위치를 가르치는 교수법. 언어치료사는 구어적으로 지시하거나 조음자의 위치를 보여주는 도표를 이용할 수 있다.

음성적(phonetic): 언어의 소리들이 갖고 있는 지각적, 생리적 혹은 음향학적인 것과 관련되어 있다는 형용사

음소 특정적 비강누출(phoneme-specific nasal emission): 하나 혹은 그 이상의 압력자음을 산출하는 동안 비강으로 공기가 방출되는 현상. 구조적이거나 신경학적인 문제보다는 잘못 학습된 결과로 언어치료로 개선시킬 수 있다.

음소(배열) 제약(phonotactic constraints): 대상자의 음성학적 음소적 목록 안에서 특정 소리가 나타나거나, 특정 소리들이 연쇄되는 것이 제한되는 음운현상. 목록제약, 위치제약, 연쇄제약 등이 있다.

음소대조(음운대조)(phoneme contrast): 아동에게는 없지만 구별되는 음소를 만들기 위한 음운치료를 목적으로 수행. 최소대립, 다중대립, 최대대립들이 대조훈련의 예이다.

음소적(음운적)(phonemic): 의미를 구별할 수 있는 대조가 가능한 음소(언어의 소리들)와 관련되어 있다는 형용사

음압(sound pressure): 단위 면적당 힘의 양이 측정 단위인 음압 수준으로 측정된 소리 강도

음운지식(phonological knowledge): 언어의 말소리 체계에 대한 지식. 음운지식은 음향학적-지각적 지식, 조음-음성학적 지식, 내적 지식을 아우르는 조합의 결과이다.

음절 구조(syllable structure): 핵(neuclus: 일반적으로 모음)을 가지고 있는 말소리의 단위. 단일 또는 복수의 자음 분절음이 모음에 선행하거나 후행할 수 있다.

음향 바이오피드백(acoustic biofeedback): 음향 신호의 형태로 학습자에게 제공되는 피드백으로, 대개 의식수준에서는 이용할 수 없다. 주파수, 강도, 기간(혹은 이 변수의 조합)과 같은 음향학적 변수는 말 수행을 조정하는 데 이용한다(바이오피드백 참조).

이완형 마비말장애(flaccid dysarthria): 말 산출에 관여하는 근육계, 뇌신경 및 척수신경, 신경이 분포하는 근섬유를 자극하는 뇌간과 척수에 위치한 하부운동신경의 손상에 의해 나타나는 말운동장애. 약한 조음 접촉, 기식성의 음질, 과비성을 주된 말 특성으로 나타낸다.

이중모음(diphthongs): 성도가 개방된 상태에서 산출되는 말소리로, 동일한 음절 핵 내에서 하나의 모음 조음 동작에서 다른 모음 조음 동작으로 변화시켜 산출된다(모음 참조).

이차 강화물(secondary reinforcers): 학습자에게 내적인 가치를 주는 강화물. 구두적 칭찬, 토큰 경제, 수행 피드백과 같은 형태로 도구적 학습을 사용한 치료에서 종종 사용된다.

인두마찰음(pharyngeal fricative): 혀의 기저부와 인두벽을 협착시키고 그 협착된 곳에서 공기를 마찰시켜 내는 보상조음 오류형태

인두성형술(pharyngoplasty): 연인두 부전을 치료하기 위한 인두의 수술적 처치 과정

인두폐쇄음(pharyngeal stop): 혀등과 인두벽을 폐쇄했다가 빠르게 개방하여 산출하는 보상조음 오류 형태

인지언어 변인(cognitive-linguistic variables): 지능, 언어, 학업수행과 같이 말소리 체계 장애와 상관되어 있거나 공존하는 변인

일차 강화물(primary reinforcers): 대상자의 생물학적 혹은 생리학적 욕구(혹은 둘 모두)에

향하는 것. 아동이 바라는 음식물은 간혹 원하는 행동의 강화물로 이용된다.

자극 일반화(stimulus generalization): 비슷한 자극들에 의해 유발되는 특정한 자극에 대한 학습된 반응

자연스러운 놀이(naturalistic play): 원하는 목표반응을 유도하는데 사용되는 다양한 놀이 활동. 임상가는 스스로 말하기와 모델링을 제공하는 등의 유도기법들을 사용하여 목표반응의 산출을 촉진시킨다.

자연스러움(naturalness): 특정 화자에게 있어 운율의 적합성 혹은 부적합성을 묘사하는 지각 용어

자질 대조(feature contrasts): 조음위치나 조음방법을 대치(또는 조음위치와 조음방법 모두 대치)함으로써 마찰음을 파열음화하는 등 음운변동 오류의 범주

잔존오류(residual errors): 조음음운 오류의 하위 유형. 성숙을 통해 해결되지 않거나 치료를 받은 후에도 말소리 습득 기대 연령을 지나서까지 문제가 지속되는 경우를 말한다.

재진술(recasts): 자연적인 대화 기반 교수 형태. 치료사는 대화를 주고받는 상황에서 목표 오류에 대한 인식은 높이면서 대화의 "자연스러움"은 깨뜨리지 않도록 대상자의 오류를 지적한다.

전달구(carrier sentence): 문장 문맥 내에서 목표음의 산출을 연습하기 위해 고안한 정형화된 문장틀

전음성 청력 손실(conductive hearing loss): 외이도에서 내이에 이르는 부위의 문제가 원인이 되어 나타나는 말소리 전달의 문제

전자구개도(electropalatograpy): 입천장에 인공 구개를 착용한 상태에서 말을 산출하면 혀와 입천장의 접촉을 감지하는 장비. 학습자에게 생리적인 바이오피드백 신호를 제공해 준다.

조음지식(articulatory knowledge): 말소리의 산출 특성에 대해 대상자가 알고 있는 지식(음운지식 참조).

조화 또는 동화(harmony or assimilation): 문맥에 민감한(문맥의 영향을 쉽게 받는) 말소리 변화를 의미하는 음운변동 오류. 낱말 내에서 대조되는 목표자음 중 하나가 동일한 낱말 내에 위치하는 다른 자음의 자질을 띄게 된다.

주요 자질 부류 차(major class differences): 말소리 부류를 크게 구분하는 데 주요 부류 자질을 이용함. 이렇게 하면 말소리를 크게 모음 대 자음, 자음 대 활음, 공명음 대 방해음으로 구분할 수 있다.

주파수 정보(spectral information): 말소리의 지각을 위해 청자가 사용 가능한 말소리의 주파수와 강도 변이로 구성된 정보

주파수(frequency): 성대와 같은 말 산출 기제의 진동 횟수. Hz를 측정 단위로 한다.

중이염(otitis media): 특별한 증상을 보이지 않을 수도 있는 중이의 염증

증폭(amplification): 말소리의 강도를 증가시키는 과정.

지속시간 정보(durational information): 모음 길이 등 말소리의 여러 가지 타이밍 측면에 관한 정보. 이러한 유형의 정보는 화자가 말소리 지각에 이용할 수 있는 단서를 풍부하게 해 준다.

지속적 양압 제공(Continous positive airway pressure, CPAP): 연인두 폐쇄부전의 치료에 이용할 수 있는 절차. 말 연습 과제를 수행하는 동안 근육의 저항력을 증가시키도록 고안된 장비를 이용한다.

지연 청각 피드백(delayed auditory feedback, DAF): 장비를 이용하여 자신의 말소리에 대한 청지각을 지연시킴. DAF는 여러 말 산출 장애 화자의 말 속도를 변화시키는 데에도 이용된다.

초분절적인 요소(suprasegmentals): 운율(prosody) 참조

초음파(ultrasound): 관심 대상의 해부를 확인하기 위해 고주파수 음파를 사용하는 영상매체

촉진 문맥(contextual facilitation): 대상자의 목표음 산출이 정확하게 산출된 것으로 지각되는지 알아보기 위해 음성환경을 이용하여 정밀하게 검사하는 방법

최대대립(maximal opposition): 아동의 목록 내에 없는 말소리와 기능하고 있는 말소리를 짝짓거나, 아동의 목록 내에서 빠져 있는 두 말소리를 짝지어 음운치료에 이용하는 대조 접근법. 이 두 경우 모두 주요 부류 차나 비주요 부류 차를 보이도록 대조쌍을 선정한다.

최소대립쌍(minimal pairs): 동음이의어가 되지 않도록 하기 위해 아동의 오류음과 목표음을 대조하는 음운치료법

치간마찰음(interdental fricatives): 혀가 상악(위턱)과 하악(아래턱) 절치(가운뎃니) 사이로 약간 돌출되면서 산출되는 마찰음(마찰음 참조). 여기에는 /θ, ð/가 해당된다.

치경마찰음(alveolar fricatives): 잇몸(치경) 위치에서 산출되는 마찰음(마찰음 참조). /s, z/가 이에 해당된다.

치열 교합(dental occlusion): 위아래 치열 궁 간의 관계. 상악과 하악의 제1대구치의 위치를 기준으로 판단한다.

통제행동(control behavior): 치료될 수 있는 행동과 독립적인 행동. 치료 과정 동안 주기적으로 통제 행동을 표집하는데, 이 행동은 치료하지 않으며 치료하는 행동과 다소 다르기 때문에 변화를 기대하지 않는다. 단일대상 연구설계에 자주 포함시키는 요소로, 치료 효과의 타당화에 이용한다.

파열음(plosives): 폐쇄음 참조

파찰음(affricates): 파열음과 마찰음의 특성이 결합되어 산출되는 자음 부류. 특정 조음위치에서 성도를 완전히 폐쇄하였다가 뒤이어 점진적으로 기류가 방출되면서 산출된다. /ʧ/와 /ʤ/가 그 예다.

폐쇄음(stop sounds): 성도의 완전한 폐쇄 이후 공기의 빠른 방출, 음향적 소리 에너지, 또는 둘 모두 발생하는 자음의 부류. 종류는 /p, b, t, d, k, g/

포먼트(formants): 말을 산출할 때 스펙트럼 상의 공명주파수 강도 또는 정점의 분포

표현성 표상(expressive representations): Straight(1980)*이 제안한 이론의 요소(수용성 표상 참조)

피드백(feedback): 학습자의 수행 정보 분석에 관한 운동학습 개념. 이러한 형태의 정보는 연습 시도 과정에서 다양한 유형의 감각정보와 의식적 자기성찰(내성)을 통해 내재화된다.

필연적 오류(obligatory errors): 구조적 문제로 인해서 생기는 생리학적 움직임 혹은 정확한 소리의 산출에 필요한 음직임의 문제. 일반적으로 언어치료의 대상이 아니며 간혹 수동적 말 특성이라고도 한다.

혀등(tongue blade): 구강 조음기관들의 위치를 잡아주고 관찰하기 위해 사용되는 나무로 만든 자.

호기 기능(expiratory function): 구어나 비구어 과제를 이용하여 말 산출을 위한 성문하압을 측정함

호기 점검(inspiratory checking): 말을 산출하는 동안 호흡 협응력을 증진시키기 위해 고안된 기법. 대상자로 하여금 먼저 숨을 깊이 들이 마신 뒤에 천천히 내쉬며 말하게 한다.

혼합성 난청(mixed hearing loss): 청각의 전도부와 감각부 양측에서의 청력 손실. 이러한

---

* Straight HSS: Auditory versus articulatory processes and their development in children. In Yeni-Komshian GH, Kavanagh, JF, Ferguson, CA, editors: *Child Phonology Volume 1: porduction*, New York, 1980, Academic Press.

유형의 청력 손실에 대한 조처는 각 요소의 관여 정도에 따라 달라진다.

혼합형 마비말장애(mixed dysarthria): 운동계 전반에 널리 퍼져 있는 손상을 반영하는 말 증상을 보이는 말운동장애

활음(glides): 동일한 음절 내에서 하나의 조음위치에서 다른 조음위치로 미끄러지듯 전환하여 산출되는 말소리. 구강 반모음으로 분류하기도 한다. 활음에는 /w, j/가 있다.

후설모음(back vowels): 후설 또는 혓몸 위치에서 산출되는 모음(모음 참조). 여러 후설모음은 입술을 동그랗게 만든 상태에서 산출된다.

후속사건(consequent events): 자극에 대한 반응에 연이어 나타나는 강화나 피드백

훈련 시도(training trial): 대상자의 반응으로부터 축적된 치료 이벤트. 반응 정확도 자료는 개별 이벤트들에서의 대상자의 수행에 대해 수집된다.

찾아보기

[ㄷ]

[ㄹ]

[ㅁ]

[ㅂ]

[ㅈ]

[ㅊ]

역자 소개

김수진

고려대학교 심리학과 학사·석사
이화여자대학교 대학원 언어병리학 박사
현, 나사렛대학교 언어치료학과 교수

〈저·역서 및 논문〉

기능적 조음음운장애 아동의 종성 음운변동 분석, **언어청각장애연구**, 15(4), 549-560
언어병리학과 학문간 구어연구 탐색, **한국어학**, 45, 27-43
조음음운장애(2007, 시그마프레스)

한진순

이화여자대학교 특수교육학과 학사·석사
이화여자대학교 대학원 언어병리학 박사
전, 우송대학교 언어치료·청각재활학부 교수

〈저·역서 및 논문〉

언어장애 진단평가(2011, 학지사)
구개열 및 두개안면기형: 말과 공명에 미치는 영향(2010, 시그마프레스)
의사소통장애: 전 생애적 조망(2007, 시그마프레스)

장선아

연세대학교 언어병리학협동과정 박사
아이오와주립대학병원 이비인후과 연구 청각사
현, 우송대학교 언어치료·청각재활학부 교수

〈저·역서 및 논문〉

RS Tyler, SA Chang, P Tao, S Gogel, AK Gehringer (2009). Tinnitus, Hyperacusis, and Music. In Chasin, M. (ed). *Hearing loss in musicians: Prevention and management.* Plural Publishing.

SA Chang, RS Tyler, C Dunn, H Ji, S Witt, B Gantz, M Hansen (2010). Performance over time on adults with simultaneous bilateral cochlear implants. *Journal of American Academy of Audiology, 21;* 35-43.

말지각 능력이 우수한 인공와우 착용 아동들의 조음 특성: 정밀전사 분석방법을 중심으로, **말소리**, 62, 33-49.

박상희

대구대학교 학사·석사·박사
University of Iowa Post Doc.
현, 대구사이버대학교 언어치료학과 교수

〈저·역서 및 논문〉

청각과 언어재활의 실제(2009, 시그마프레스)
한국표준그림조음음운검사(2008, 학지사)
수준별 조음음운장애 치료 프로그램(2008, 학지사)

아동의 조음음운장애 치료

발 행 일 2011년 8월 30일 초판 1쇄 발행
저 자 Dennis M. Ruscello
역 자 김수진·한진순·장선아·박상희
발 행 인 구본하
발 행 처 도서출판 박학사
주 소 서울시 마포구 서교동 460-26 동아빌딩 2층
전 화 (02)3142-3764~5
팩 스 (02)3142-3766
웹사이트 www.pakhaksa.co.kr
등록번호 제10-2230호

가격 15,000원 ISBN 978-89-91633-88-9